I0593043

Sami Tchak

PETER LANG

Bruxelles • Bern • Berlin • New York • Oxford • Wien

Documents pour l'Histoire
des Francophonies

Les dernières décennies du xxe siècle ont été caractérisées par l'émergence et la reconnaissance en tant que telles des littératures francophones. Ce processus ouvre le devenir du français à une pluralité dont il s'agit de se donner, désormais, les moyens d'approche et de compréhension. Cela implique la prise en compte des historicités de ces différentes cultures et littératures.

Dans cette optique, la collection « Documents pour l'Histoire des Francophonies » entend mettre à la disposition du chercheur et du public des études critiques qui touchent à la complexité comme aux enracinements historiques des Francophonies sous forme de monographies, d'analyses de phénomènes de groupe ou de réseaux thématiques. Elle cherche en outre à tracer des pistes de réflexion transversales susceptibles de tirer de leur ghetto respectif les études francophones, voire d'avancer dans la problématique des rapports entre langue et littérature. Elle comporte une série consacrée à l'Europe, une autre à l'Afrique, une aux Amériques, et une aux problèmes théoriques des Francophonies.

La collection s'inscrit dans les perspectives transverses et transfrontalières de l'Association européenne des études francophones (AEEF) dont elle a publié les actes de plusieurs grands colloques internationaux. Elle est dirigée par Marc Quaghebeur.

 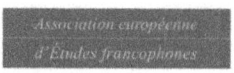

AEEF (AISBL)
24 Rue de Monnel
B - 7500 Tournai, Belgique
https://etudesfrancophones.wordpress.com/

Papa Samba DIOP (Dir.)

Sami Tchak

Les voies d'un renouveau

Documents pour l'Histoire des Francophonies / Afriques
Vol. 53

Illustration de couverture : © Vera Kambo, coll. part., reproduction studio Alice Piemme / AML

Ouvrage publié grâce au soutien financier de l'Équipe de Recherches L.I.S. (EA 4395, Directeurs : Vincent Ferré, Anne Raffarin et Pascal Sévérac) et de l'EUR FRAPP « Francophonies et Plurilinguismes » (Dir. Yolaine Parisot).

Cette publication a fait l'objet d'une évaluation par les pairs.

© P.I.E. PETER LANG s.a.
Éditions scientifiques internationales
Bruxelles, 2022
1 avenue Maurice, B-1050 Bruxelles, Belgique
brussels@peterlang.com ; www.peterlang.com

ISSN 1379-4108
ISBN 978-2-8076-1896-1
ePDF 978-2-8076-1897-8
ePub 978-2-8076-1898-5
DOI 10.3726/b19163
D/2021/5678/80

Information bibliographique publiée par « Die Deutsche Bibliothek »

« Die Deutsche Bibliothek » répertorie cette publication dans la « Deutsche Nationalbibliografie » ; les données bibliographiques détaillées sont disponibles sur le site <http://dnb.ddb.de>.

Table des matières

ATELIERS

HOMMAGES – TÉMOIGNAGES

INTRODUCTION

Papa Samba Diop (UPEC, EA 4395 LIS)

D'une publication à l'autre Sami Tchak occupe une place de plus en plus importante dans le champ littéraire francophone. Il s'y illustre d'abord par une thématique iconoclaste : car rares sont, avant son entrée en littérature, les romanciers africains ayant traité de manière aussi explicite de l'adultère ou de l'inceste, du sadisme, du masochisme ou de l'homosexualité. En outre, en déterritorialisant dans *Place des fêtes* (2001), *Hermina* (2003), *La Fête des masques* (2004), *Le Paradis des chiots* (2006) et *Filles de Mexico* (2008) l'intrigue de l'Afrique à l'Amérique du Sud et aux Grandes Antilles, il innove en opérant le choix d'une correspondance à son époque et au concept de *littérature-monde* développé par Michel Le Bris et Jean Rouaud[1]. Strictement étudiée sous cet angle, son œuvre littéraire est tout aussi controversée qu'elle ne compte de fervents lecteurs.

Mais d'autres singularités de l'auteur font consensus, notamment son écriture alerte et l'inventivité narrative qui façonnent ses romans comme ses essais en métadiscours où l'intertextualité, servie par des lectures encyclopédiques, débouche sur un *patchwork* ludique et un jeu de miroirs de facture éminemment postmoderne.

Le présent ouvrage regroupe en quinze « analyses de textes », deux « ateliers » et six « hommages-témoignages », diverses propositions de

---

[1]   Le Bris, Michel, Rouaud, Jean, (dir.), *Pour une littérature-monde*, Paris, Gallimard, 2007, 344 p.

lecture de cette œuvre traçant les voies d'un renouveau dans la circulation poétique entre le roman, le conte et l'essai.

Analyses de textes

. Marie-Rose Abomo-Maurin relève, sous la thématique générale du dialogue interculturel euro-africain, l'impasse où s'engage l'ethnologie telle que pratiquée par le chercheur mis en scène dans *L'ethnologue et le sage*.

. Kodjo Attikpoé aborde l'œuvre de Sami Tchak dans la perspective d'un écrivain soucieux de révéler la condition humaine d'un point de vue existentialiste fondé sur des récits de vie de « petites gens ».

. Flora Boffy, comparant Al Capone le Malien à Scarface, découvre dans le roman une « interprétation illuminée de l'Afrique », qui enchevêtre les lieux et les temps.

. Citant Lilyan Kesteloot, d'abord rétive à la crudité du langage, puis convertie à la nouveauté de l'écriture des « enfants de la postcolonie », Odile Cazenave étudie la création romanesque chez Sami Tchak comme une volonté de « créer une chaîne d'écriture et de liens de parenté, non d'enfermement, mais d'ouverture et de liberté », notamment avec l'univers fictif d'Ananda Devi. La porosité entre les deux écritures est mise en évidence.

. Papa Samba Diop distingue plusieurs périodes dans l'œuvre littéraire de Sami Tchak dont il retient la référence-révérence aux précurseurs que sont Césaire, Senghor et Damas.

. Guillaume Gauthier saisit dans *L'Ethnologue et le sage* un message : le dépassement d'une certaine rationalité, pour une « acceptation du mystère » afin d'« accéder à une conception plus complète de l'Humanité ».

. Alice Lefilleul axe sa lecture d'*Al Capone le Malien* sur la notion de subversion qu'elle place au cœur de l'écriture de Sami Tchak, y voyant la marque du sociologue dont les premiers travaux ont porté sur des communautés de marginaux.

. Charif Majdalani rend compte, sous le titre « Altérité et violence », du *Paradis des chiots* et de *Filles de Mexico,* le premier roman lu sous l'angle de la violence et de la candeur, le second sous celui de l'altérité. L'« ironie perverse » sous-jacente à la tonalité générale du *Paradis des chiots* est mise en relief ainsi que l'indétermination caractéristique de sa fin où

« l'on recommence à se demander si ce que Lucia décide d'adopter est un jeune garçon des bidonvilles ou un simple chien des rues ».

. Landry-Wildrid Miampika envisage la démesure du texte et des corps comme trait saillant de l'écriture de Samy Tchak, où des « confluences transtextuelles » et une constante « transcontinentalité des imaginaires » télescopent « deux continents-espaces aussi proches que contradictoires » : l'Afrique et l'Amérique latine. En outre, de Sade à Sami Tchak il établit les proximités thématiques dans leur « conception libre des règles morales et des usages sociaux du corps ».

. Pierre Ndemby Mamfoumby relève dans *L'Ethnologue et le sage* la mise en scène de deux visions antagonistes du monde, et de cette opposition observe l'importance des notions de « double » et de « dédoublement » dans la réalité des personnages comme dans celle des espaces culturels en confrontation.

. Steeve Renombo discerne un flux et un reflux dans l'œuvre littéraire de Sami Tchak examinée comme paradigme de l'itinéraire contrasté des écrivains africains pris dans les courants centrifuges de la mondialisation.

. Juan Sebastián Rojas rend compte d'*Hermina,* fondé sur l'idée que son auteur, sans renoncer aux thématiques chères à la paralittérature, transmue un matériau de « mauvais genre » en littérature canonique.

. Thorsten Schüller (*in memoriam*) met en lumière quelques hypotextes de *La fête des masques,* et la filiation possible entre les univers romanesques de Flaubert, Rachlide et Sami Tchak, où il relève la multivalence de l'usage du pseudonyme.

. Selon Vincent Simedoh, *Filles de Mexico,* roman expérimental, est à l'image du reste de l'œuvre « où s'inscrit de façon analytique la condition du sujet postcolonial dans une modernité déterminée par la gestion d'une série de legs : assimilation, ambivalence, identité et écriture ».

. Considérant que l'auteur les aborde pour en exhiber toutes les formes déviantes, Rachel Stucky procède à la lecture d'une page de *La fête des masques* où s'entrelacent les thèmes de l'amour, du pouvoir et de la liberté.

Ateliers

Sont regroupés dans « Ateliers » deux entretiens de Sami Tchak : le premier avec Isabelle Chariatte Fels, à l'Université de Bâle, le 27 avril

2016, lors d'une lecture publique donnée par l'auteur aux Basler Afrika Bibliographien ; le second, « Questions à Sami Tchak », à l'Université Paris-Est Créteil, le mercredi 26 avril 2017, avec les doctorants du séminaire de littératures francophones.

Hommages-Témoignages

Six textes d'hommage ou de témoignage sont réunis sous ce titre : 1. Le discours prononcé à l'Université de Lomé par Kangni **Alem** le 3 mars 2017, lors de la remise du Diplôme d'excellence à Sami Tchak ; 2. « Orbite tchakienne » d'Ananda **Devi** retraçant le cheminement d'une amitié et d'une complicité littéraires ; 3. « Sami Tchak, jouisseur de l'instant » d'Annie **Ferret** révélant comment l'auteur écrit « dans une jouissance enfantine de l'instant » ; 4. Sous le titre « La gloire de l'Afrique », Jean-Marie Gustave **Le Clézio**, enthousiasmé par *Al Capone le Malien*, salue en ce livre l' « ironie salutaire » qui est de celles « qui aujourd'hui donnent des ailes à la littérature française » ; 5. « En cheminant avec Sami Tchak » de Boniface **Mongo-Mboussa**, témoignage d'amitié, atteste aussi une profonde connaissance de la genèse des œuvres ; 6. Kouam **Tawa**, sous le titre « Décryptage, Tchak l'enchanteur », rend compte de sa lecture à haute voix, dans un café-restaurant-théâtre à Bafoussam, d'*Al Capone le Malien*.

Annexes

En « Annexes » sont illustrés l'arrivée de Sami Tchak dans son village natal et son accueil traditionnel, la forge du père de l'auteur, et la cérémonie de remise du Diplôme d'excellence à l'Université de Lomé (Auditorium de l'Institut Confucius).

ANALYSES DE TEXTES

L'ETHNOLOGUE ET LE SAGE, OU DES DIFFICULTÉS D'UN DESTIN COMMUN

Marie-Rose Abomo-Maurin

La lecture du huitième roman de Sami Tchak, *L'ethnologue et le sage*, replonge dans le passé colonial, dont les idées, le regard des administrateurs et des missionnaires, ont été décriés par les écrivains de la première génération. Le titre s'efforce, par une conjonction de coordination [et], de rapprocher deux personnages que tout oppose, l'ethnologue et le sage. Cette alliance détonne par les statuts anachroniques qu'elle suggère. L'ethnologie renvoie à l'étude de sociétés dites « primitives », « non civilisées »[1]. Le savant qui vient étudier ces « peuples sans histoire ni écriture » s'installe sur un territoire d'investigations. Il observe une ethnie, son passé, son évolution, ses caractéristiques, et classe ses découvertes. Sa posture d'observateur, sa nature allogène et sa conscience d'être « supérieur » en font un être singulier. Quant au sage, l'Imam, il est présenté comme une personne d'expérience, menant une vie exemplaire de moralité, reconnue par une communauté qui l'honore. Tels sont, dans le petit village de Tédi, où règne le puissant Wouro Tou (Cfef Éléphant), les personnages principaux portant l'intrigue dans *L'Ethnologue et le sage*. Les comparses, les Tèdiennes et les Tèdiens, mènent une vie rythmée par des usages pluriséculaires. L'Islam, leur seule religion, régente leur existence morale, lorsque, dans cet environnement touché par de rares effets de la modernité, arrive un chercheur européen, Maurice Boyer. Dès lors, se met en branle une série de malentendus propres à bouleverser le

---

[1] Expression mise en relief par nous. D'autres mises en relief sont signalées de cette manière dans le présent article.

cours habituel de la vie en ces lieux où l'iman veille à la tranquillité de ses coreligionnaires, tout comme Wouro Tou règne sans crainte.

Dès l'ouverture de son récit, le romancier attire l'attention sur le « regard biaisé » et le manque d'intérêt[2] véritable de l'ethnologue pour les autochtones. L'accumulation d'éléments descriptifs amalgamés par une caméra donne à réfléchir. Naît dès l'abord le pressentiment d'un échec de la future rencontre entre l'homme de science et les Autres. Les interprétations erronées et dramatiques que l'ethnologue donne des usages des Tèdiens n'attestent-elles pas paradoxalement l'ignorance du « savant » ? Enfin, comment s'intéresser réellement à l'objet de son étude si le sujet observé est finalement soi-même ?

Au bout d'un objectif

Le roman s'ouvre sur l'absence de villageois, alors que la caméra balaie une place pourtant dite polyvalente. Ce vide initial est expressif de la primauté accordée à la beauté du décor plus qu'aux êtres censés l'habiter. La démarche de Maurice Boyer s'inscrit dans cette optique. L'ethnologue disjoint ses intérêts de ceux de ses hôtes (Tchak : 2013 : 31) et s'installe d'emblée dans une observation « oblique ». La désinvolture de l'approche des êtres et des choses en transforme la réalité, la déforme. La liberté de choix dans les sujets, laisse libre cours aux fantasmes du photographe et ouvre la voie à des figures d'amplification dans la fantaisie à toute épreuve (p. 58–59).

L'observation de l'Autre à travers un prisme ne garantit aucune neutralité ou objectivité scientifiques. Le choix des objets à filmer est en lui-même falsificateur et dissimulateur. Étranger débarquant d'Europe, et campé dans son champ d'investigation comme d'autres s'installeraient à leurs bureaux, l'ethnologue est persuadé qu'il peut, sans contrepartie, recueillir, interpréter et diffuser à sa guise toute information relative à l'être et à l'existence des populations qu'il découvre (p. 35). Derrière la caméra, œil de l'Europe, le chercheur chosifie cet autre regard, l'œil de l'Afrique, qu'il est inapte à percevoir comme narquois (p. 23). Il est à ce point enfermé dans ses vues étroites qu'il en arrive procéder à des catégorisations parmi les Tèdiens. Wouro Tou (p. 14–16), la mère de Yaya

---

[2]   Une autre approche de ce récit comme conte ou fable permettrait de considérer l'absence de caractérisation comme inhérente au genre adopté ici.

Nintchè (p. 37–39) et ce dernier lui-même, sont rangés dans le camp de la gent à « civiliser », tandis que l'Imam Alfa Salifou (p. 16–21) et la jeune épouse du chef, Amama, qui savent lire et écrire (p. 14–16), ne lui semblent pas être à leur place dans Tèdi qu'il considère comme une contrée reléguée aux confins de la mentalité primitive.

Clichés et cartes postales

À Tèdi, Maurice Boyer échappe à l'expérience de l'altérité, de la vie avec l'Autre, son sujet d'étude. Dans cette « observation participante » où il tente de se fondre dans les habitudes et les traditions, son regard ne se départit pas de sa rigidité oblique. Le scientifique ne procède pas comme le lui prescrivent les lois de son domaine d'exploration. Il ne se distingue guère des premiers voyageurs, explorateurs et missionnaires européens. L'ambiguïté des rapports avec les peuples rencontrés comme la variabilité de leurs paroles sont des invariants. Cette démarche est riche de clichés, de poncifs et des stéréotypes.

La description du village africain, qui inaugure le roman, frappe par son manque d'originalité et atteste le recours à des propos rabâchés. Le discours se repaît de catégorisations et de classements appartenant au passé. Loin d'être un espace de vie et d'échanges entre êtres humains, le village se dévoile dans ce discours comme une juxtaposition de plans. Ces clichés s'emboîtent pour constituer d'immenses tableaux (p. 7). Et la monographie de Tèdi et des Tèdiens rédigée par Maurice Boyer ne perce pas de véritables mystères. Cette superficialité de l'ethnologue se manifeste par son goût pour les parures, les vêtements et certaines scènes de la vie quotidienne. Ces éléments coïncident avec ce qu'il espère que son discours révèle sur l'Afrique : un continent dominé par la superficialité. En somme, l'ethnologie vise ici à consigner les petites et grandes singularités distinguant les êtres humains et les régions qu'ils habitent. Elle cherche à garnir davantage une déjà bien surchargée galerie d'images exotiques susceptibles d'assouvir les fantasmes de « bourgeois somnambules »[3]. Les grandes fêtes et les célébrations, où l'on assiste à la métamorphose des villageoises en princesses, deviennent d'exaltantes

---

[3]   L. S. Senghor, *Œuvre poétique*, « Prière de paix », in *Hosties noires*, Paris, Seuil, 1990, p. 93 : « Ils [les Européens] ont incendié les bois intangibles, tirant Ancêtres et génies par leur barbe paisible. / Et ils ont fait de leur mystère la distraction dominicale de bourgeois somnambules ».

occasions de voyeurisme. Les photos prises au cours de ces manifestations, telles des cartes postales devant immortaliser l'instant, illustrent une vie envoûtante, susceptible de faire rêver un étranger (p. 25–30).

À l'énumération d'objets touchés par l'« amour » de Maurice Boyer s'adjoint une sensualité palpable. Il observe dans la vêture et les parures, comme dans la danse des femmes, des éléments propres à l'érotisme et suggérant des postures intimes. La redécouverte de ces êtres, dont il a signalé les distorsions physiques et une « forte odeur » (p. 25), réhabilite de vieux clichés relatifs à l'altérité irréductible des Africains. La révision de ces préjugés millénaires, bien que difficile, s'impose, mais mettrait en évidence l'inconséquence des premiers regards, plus enclins à stigmatiser qu'à *sym-pathiser*.

En somme, les descriptions de Maurice Boyer, autant que ses photographies où l'exotisme s'abreuve au pittoresque, témoignent du parti pris de son regard toujours en quête de sa propre justesse. Cependant, l'abondance des clichés ethnographiques, à la source d'images dégradantes pour le peuple étudié, relève plus de l'esprit qui la crée que de la réalité du peuple observé. Elle rappelle l'incapacité de l'observateur étranger à se démarquer de verdicts antérieurs et de premières images collées aux « sociétés primitives », comme à sa psyché, en dépit des moments de réflexion et de recul qu'il s'efforce d'observer.

Lecture erronée des usages

Maurice Boyer tente de se fondre dans le quotidien des Tèdiens, mais cette fusion en milieu indigène ne s'accomplit pas. Son attitude l'empêche de gagner le cœur de la population. Il impose sa pensée, la raison supérieure devant être européenne. À la primauté de cette logique occidentale s'adjoint un réflexe de domination que l'ethnologue ne peut dissimuler. En effet, gonflé d'automatismes ingurgités par son univers de naissance, il rêve de sociétés normées sur le modèle occidental. La scène au cours de laquelle Wouro Tou bat son épouse, puis l'accuse de l'avoir mis en colère, provoque une réelle confusion chez l'étranger (p. 14–17). Alors qu'il manque d'initiative, il ressasse les clichés séculaires présentant l'Africain dans un état de déchéance physique constant (p. 25–26). Le recours à la gradation des éléments de cette perpétuelle dévastation, en dépit du retournement des compliments, confirme sa mésestime, mais également son instabilité et son insolence.

Constamment installé dans la provocation, le chercheur se révèle inapte à respecter l'Autre et ses usages. Il avoue chercher l'affrontement (p. 41). Mais la liberté qu'il s'octroie porte préjudice à la base de la structure communautaire, l'Islam. Ce comportement, qu'on peut facilement considérer comme léger, suscite la crispation des autochtones. Maurice Boyer le sait, qui réfléchit par moments à ses propres réactions (p. 49). Mais ces instants de lucidité sont de courte durée. L'ethnologue confesse sa nostalgie de sa société : « ma propre société venait me rappeler à elle pour me rendre encore plus amer mon soi-disant goût de l'Autre » (p. 71). En effet, dans ce milieu où l'Islam impose à tous ses lois, dont jeûnes et abstinences, l'envie d'un verre de vin rouge, plutôt que de cette eau qui est devenue son breuvage quotidien, rappelle la difficile acceptation de son environnement. L'orgueil et la prétention de celui qui aurait pu appartenir à la communauté des savants jurent d'avec la sagesse requise dans les contacts entre êtres humains. Alors que le chef le convoque dans sa cour pour « affaire le concernant »[4], Maurice Boyer, campé sur ses positions d'homme supérieur, se demande de quel droit. Cette non-conformité à la hiérarchie sociale locale assimile son comportement à de la folie (p. 76). Ici, son raisonnement d'Occidental renseigne sur sa principale sa faiblesse. À force de juger l'Autre par le filtre de clichés et de théories fallacieuses, il compromet les chances d'un destin commun.

L'ethnologie paradoxale

Le chercheur est perdu parmi les usages qu'il doit examiner, et ne peut prévoir les réactions de la population qu'il côtoie. Sa surprise est réelle au moment du procès intenté par un fils à sa mère. Sa consternation l'amène à oublier son statut d'étranger, d'Européen, d'hôte et d'observateur ne pouvant agir comme un membre de la communauté. Ses aveux sonnent toujours comme un regret et, parfois, comme des excuses qui arrivent trop tard (p. 37). La promptitude de ses réactions s'assimile souvent à son incapacité à se maîtriser et à ne pas s'immiscer dans les affaires des Tèdiens. En somme, il est régulièrement abusé par sa propre logique.

L'ethnologue comprend la maigreur d'une fillette aperçue près d'un puits comme la preuve de la maltraitance quotidienne des enfants (p. 55–56). Selon lui, « les corrections et humiliations physiques »

---

[4]   Expression camerounaise : pour signaler que la convocation n'est pas amicale.

appartiendraient à « la comédie de tous les jours » (p. 57). La mise en parallèle entre les violences évoquées et les moments d'immense tendresse qui l'étreignent sont les axes autour desquels s'élabore le discours qu'il doit livrer au monde : en somme, le Noir est fruste. Mais, s'agissant du comportement sexuel ses hôtes, Maurice Boyer va apprendre, surpris, qu'une pudeur innée inhibe la parole des Tèdiens lorsqu'il est question d'évoquer les « secrets de la nuit », ceux des couples. La très superficielle familiarité établie entre l'étranger et la population locale ne peut lui permettre de percer ces mystères (p. 24). Et les réponses qu'il reçoit à ce sujet, évasives et insatisfaisantes, sont que « la nuit appartient à la nuit » (p. 24).

Bien qu'il se targue de comprendre quelques mots de *tem*, la langue locale, l'« observation participante » en laquelle il identifie son attitude, l'expose comme une proie facile. Wouro Tou finit par le lui révéler (p. 97). Ainsi ont commencé, à son insu, sa mise à l'écart et la mainmise sur sa personne. Mais, une fois de plus, il apparaît comme celui qui ne veut pas comprendre. Le moment le plus tragique du manque de discernement de Maurice Boyer est celui où il empêche la vipère sacrée d'avaler un crapaud (p. 69–70). Cette mauvaise interprétation des lois de la nature qu'il n'a pas su intégrer à sa science, prépare sa condamnation. Le chercheur en ethnologie bouleverse une loi naturelle dans un univers dont il aurait dû d'abord se faire expliquer la logique, les croyances et les pratiques (p. 97–98).

« Faire corps » ?

Les divergences fondamentales existant entre les Tèdiens et l'étranger et homme de science naissent de la volonté de ce dernier de calquer la culture de ses hôtes sur la sienne, en minorant la première. L'anime la conviction d'être détenteur d'une pensée hégémonique et d'une culture seule apte à gouverner l'univers et à en jouir de toutes les richesses, quitte à spolier les peuples faibles. Cette légèreté dans le savoir de l'ethnologue comme dans son savoir-être ne garantit pas la réussite de son entreprise. N'agit-il pas aux antipodes de la présentation que fait Marc Augé[5] de l'anthropologie ? Qu'on se rappelle aussi le Révérend Père supérieur de Mongo Beti (1956) se comportant en croisé. En comparaison, l'attitude de Maurice Boyer paraît encore plus

---

[5]   Marc Augé, *Le Métier d'anthropologue : sens et liberté*, Paris, Galilée, 2006, p. 34.

ambiguë (p. 78, 84, 87), qui frise les idées colonialistes voyant dans les peuples noirs des masses d'hommes et de femmes à éduquer, le cas échéant avec le fouet (p. 78–79, 83, 87), comme Aimé Césaire[6] le dénonce non sans ironie face à la conscience universelle. Cette injure consistant à voir dans les Africains un peuple attardé, à « dresser » et orienter dans le sens de la « civilisation », est encore faite dans le discours d'un récent chef d'État français pourtant chaleureusement accueilli en terre africaine[7].

Humilier un Imam et brûler le Coran participent du même mépris. Mais la situation prend une tournure inattendue lorsque dans le roman de Sami Tchak le chef ordonne qu'on gifle l'ethnologue, persuadé qu'il est que « le Blanc n'est pas Dieu » (p. 93–94). Le soufflet reçu marque un tournant dans le texte comme dans la dimension symbolique des rapports Nord-Sud. Un Noir humilie un Blanc. « Ceux qui ne réagissent jamais » renvoient à leur « science » leurs « vainqueurs omniscients et naïfs »[8].

Une difficile amitié

Dans « Règles de parenté et extension de la parentalité dans *Le Fruit défendu*, roman d'Ahanda Essomba »[9], nous assimilions l'amitié à la parenté, car elles sont fondées sur l'affection et la sympathie. Comme dans une famille, un clan ou un lignage, l'instauration de liens forts et inaliénables engage les parents ou amis dans une relation où toute rupture de la concorde établie est transgression. L'accord exige l'échange de services, de visites et de cadeaux : « Se connaître, entre membres d'une tribu, d'un clan, n'est pas une option de vie, mais bien une obligation » (art. cité, p. 34). Il en va de même de l'amitié qui, très rapidement, devient fraternité et parenté par adoption. L'hospitalité africaine est un devoir inscrit dans les pratiques et les usages[10]. Or, Maurice Boyer se soustrait aux activités de ses hôtes en se dérobant au partage auquel la communauté le convie. Par son comportement, il rompt le contrat qu'impose

[6] Césaire, Aimé, *Cahier d'un retour au pays natal*, Paris, Présence africaine, 1983.

[7] Discours prononcé le 26 juillet 2007 par le Président Nicolas Sarkozy, à l'Université Cheikh-Anta-Diop de Dakar.

[8] Césaire, Aimé, *Cahier d'un retour au pays natal* (1939), Paris, P.A., 1983, p. 48.

[9] *In* Leguy, Cécile (dir.), *L'Expression de la parentalité dans les arts de la parole en Afrique*, Paris, Karthala, 2019, p. 25–44.

[10] Basunga Nzinga, *Antoine, Sagesse et pouvoir. Une herméneutique du pouvoir*, ITCJ – Baccalauréat canonique en théologie, mémoire en ligne, 2010, p. 29.

l'accueil reçu, et s'érige en donneur de leçons. Un constat s'impose par conséquent : l'homme de science ne s'intéresse qu'à ce qui relève de sa propre culture sur une terre qui n'est pas la sienne. De la sorte, il manque à tous les devoirs de l'amitié. Il aura beau chercher le cœur des Tèdiens, ces derniers ne lui réservent que des sourires, ce dont il a horreur.

Chez les Tèdiens, l'amitié n'est possible qu'entre « êtres humains » d'égale valeur, la qualité d'être humain n'étant reconnue qu'à ceux qui sont circoncis et qui respectent les lois de la communauté. Si « Dieu seul sait avec quoi il vous a fabriqués » (p. 68), les Tèdiens et les Blancs ne peuvent ni se ressembler ni être des amis. Cette différence fondamentale détermine les attitudes des uns et des autres : Wouro Tou dénie à Maurice Boyer toute possibilité d'être un ami ou un ennemi, car l'une et l'autre qualité supposent l'existence d'un lien d'égalité. Plus dramatique encore, il le confine au statut d'étranger (p. 95), donc de celui qui vient d'ailleurs, rendu « étrange » par la non-conformité de ses dires comme de ses actes à la norme communautaire locale. La prise de conscience tardive chez l'ethnologue (p. 126) de cette discordance ne peut le sauver. Cependant, contrairement à Ferdinand Oyono[11], Sami Tchak ne conclut pas son histoire sur un échec irrémédiable.

Le rejet et le mépris changent de camp lorsque pour la première fois l'ethnologue éprouve de la peur et s'enfuit dans la nuit. Sa relégation dans une maison aux formes dissemblables de celles de l'ensemble du village, et posée à l'écart de tous, annonçait déjà sa « différence ». Cette exclusion se fait plus concrète au moment où il se radicalise et défie l'Imam (p. 62). L'histoire du crapaud qu'il extrait de la gueule de la vipère marque la rupture totale. C'est pendant sa comparution devant les Tèdiens, assis sur un tabouret, vis-à-vis de ceux qu'il méprise, qu'il perçoit enfin la symbolique dudit siège. Ce banc des accusés le persuade de sa solitude et de son insignifiance. Et les propos du chef évoquant les échanges problématiques entre les races constituent un acte d'accusation grave auquel le coupable doit répondre. Or, en quittant le village dans la nuit, plutôt que de rechercher les moyens d'une réconciliation, l'ethnologue se drape dans la peau de l'étranger fuyant ses responsabilités et, de ce fait, ruinant toutes les chances d'une réelle amitié entre les peuples.

L'ethnologie, à l'instar d'autres sciences qui étudient l'Homme dans son environnement naturel, a évolué. Toutefois, le séjour de Maurice Boyer chez les Tèdiens dévoile la persistance encore lourde d'un regard

---

[11] *Le Vieux nègre et la médaille*, Paris, Julliard, 1956, p. 150.

biaisé. Ce chercheur poursuit l'œuvre de construction d'une altérité toujours problématique, voire d'une distance qui ne se résorbe jamais. Sa lecture erronée des usages, en « scientifique », inquiète ceux qu'il observe. Il en va de même de son comportement de colonialiste qui fige les Tèdiens dans des postures de repli identitaire que son discours et ses entretiens avec les villageois ne contribuent par ailleurs pas à dénouer. Alors qu'il se croit seul observateur des villageois, il ne se doute pas qu'il est épié par ceux qu'ils étudient. Et l'Imam qu'il abhorre secrètement se révèle être un sage comprenant, lui, la complexité de l'existence. Son expérience lui a enseigné en effet que la sagesse demande qu'on sache adapter ses exigences aux situations. Ainsi, en alliant vérité, mystère et discernement, le porte-parole du Prophète se présente-t-il, en fin de compte, comme celui qui amène l'étranger à la conscience de l'Autre dans toute son humanité. Enfin, morale du roman, il est le seul apte à poser les bases efficientes d'une réconciliation entre deux visions du monde : l'africaine et l'européenne.

Bibliographie

Abomo-Maurin, Marie-Rose, « Règles de parenté et extension de la parentalité dans *Le Fruit défendu*, roman d'Ahanda Essomba », *in* Cécile Leguy (dir.), *L'Expression de la parentalité dans les arts de la parole en Afrique*, Paris, Karthala, 2019, p. 25–44

Augé, Marc, *Le Métier d'anthropologue : sens et liberté*, Paris, Galilée, 2006.

Basunga Nzinga, Antoine, *Sagesse et pouvoir. Une herméneutique du pouvoir*, ITCJ – Baccalauréat canonique en théologie, mémoire en ligne, 2010.

Césaire, Aimé, *Cahier d'un retour au pays natal*, Paris, Présence africaine, 1983, p. 44.

Beti, Mongo, *Le Pauvre Christ de Bomba*, Paris, Présence africaine, 1956.

Matungulu, Otene, *Être avec pour vivre vrai. Essai d'une spiritualité bantu*, Lubumbashi, St-Paul Afrique, 1982.

Oyono, Ferdinand, *Le Vieux nègre et la médaille*, Paris, Julliard, 1956.

Sarkozy, Nicolas, *Discours*, prononcé à l'Université Cheikh-Anta-Diop de Dakar, le 26 juillet 2007.

Senghor, Léopold Sédar, *Œuvre poétique*, « Prière de paix », in *Hosties noires*, Paris, Seuil, 1990.

Tchak, Sami, *L'ethnologue et le sage*, Libreville, Odem, 2013.

SAMI TCHAK ET LES « VIES MINUSCULES »

Kodjo Attikpoé

Sami Tchak fait son entrée en littérature sous son vrai nom, Sadamba Tcha Koura, avec le roman *Femme infidèle*[1], une critique âpre de l'ordre phallocratique. Il qualifie lui-même sa prose de « roman militant »[2], dont la tonalité féministe lui a valu l'étiquette d'auteur « masculin féministe » : « Sadamba Tcha-Koura, l'un des rares auteurs masculins féministes de la littérature négro-africaine a le mérite de ne jamais lasser le lecteur par son obsession de réhabiliter la femme africaine bafouée » (4ᵉ de couverture). Mais treize années plus tard, avec la publication de *Place des Fêtes*[3], un roman singulier dont le jeune narrateur transgresse l'ordre du discours au sens foucaldien[4], « *il dit prendre un nouveau départ dans le domaine de la fiction* » (4ᵉ de couverture). Ce changement de paradigme se traduit surtout par la mise en œuvre de nouveaux procédés formels témoignant sans doute de la prise de conscience par Sami Tchak du fait que « lorsqu'on parle de littérature, on parle de la création du beau, on parle de l'art »[5]. Néanmoins, on observe une certaine continuité dans la pensée de l'auteur, notamment en ce qui concerne le statut social des personnages. En effet, le social, fortement inscrit dans l'écriture de l'auteur togolais, en représente un

---

[1] Tcha-Koura, Sadamba, *Femme infidèle*, roman, Lomé, Dakar, Abidjan, Les Nouvelles Éditions Africaines, 1988.

[2] Tchak, Sami, *La sexualité féminine en Afrique*, Paris, L'Harmattan, 1999, p. 17.

[3] Tchak, Sami, *Place des Fêtes*, roman, Paris, Gallimard, coll. « Continents Noirs », 2001.

[4] Foucault, Michel, *L'ordre du discours* (Leçon inaugurale au Collège de France, 2 décembre 1970), Paris, Gallimard, 1971, p. 11.

[5] Tchak, Sami, « Littérature et engagement en question », *Africultures* (L'engagement de l'écrivain africain), n° 59, avril–juin 2004, p. 44.

aspect essentiel. Ici, l'œuvre romanesque se voue à tenir un compte minutieux de l'existence des plus faibles, des petites gens, ou encore des « vies minuscules »[6], des « vies sans relief », des « vies sans horizon », des « vies sans importance », toutes formules chères à Sami Tchak. Dans *Filles de Mexico*, l'écrivaine Deliz Gamboa affirme à ce propos :

> Tu sais, me dit la vieille midinette, je tente de traduire la détresse des petites gens. Mon Théâtre, ma poésie, mes romans et les documentaires que je réalise pour la télévision concernent les petites gens, des femmes, des hommes, des gosses que la grande littérature ne prend pas en compte. Nos grands écrivains ont su traduire les tragédies de l'Amérique latine […], mais rarement leur intérêt s'est concentré sur ces vies minuscules aux grandes souffrances[7].

Dans une déclaration épitextuelle, Sami Tchak explique son attachement littéraire aux petites gens :

> Ce qui me touche au contraire, ce sont ces gens dont on se désintéresse en général, mais qui représentent la majorité. […] Ces vies minuscules qui ne retiennent l'attention de personne, ce sont finalement elles qui font l'humanité. Quand on prend les quelques milliards d'habitants de la planète, on se rend compte que quatre-vingt-dix-neuf pour cent des gens au moins ont des vies sans importance[8].

En outre, la fiction de Sami Tchak déploie un imaginaire transgressif qui l'inscrit dans le sillage des « œuvres à prétention novatrice »[9], pour reprendre l'expression de Marc Angenot, c'est-à-dire caractérisées par deux « formes d'outrance dont la combinaison est censée se dialectiser : surenchère et transgression des limites du dicible d'une part, – simultanément, recherche d'une *profondeur* philosophique, marques d'une méditation littéraire […] »[10]. Elle se veut ainsi une réflexion sur la condition humaine, une exploration des destins individuels, d'où le fait qu'elle s'articule souvent autour des récits de vie.

---

[6] On peut voir ici un clin d'œil intertextuel au livre *Vies minuscules* de Pierre Michon (Paris, Gallimard, 1984).

[7] Tchak, Sami, *Filles de Mexico*, roman, Paris, Mercure de France, 2008 p. 40–41.

[8] Cf. Brezault, Éloïse, *Afrique. Paroles d'écrivains*, Montréal, Mémoire d'encrier, 2010. p. 369.

[9] Angenot, Marc, *Le cru et le faisandé. Sexe, discours social et littérature à la Belle Époque*, Bruxelles, Éditions Labor, 1986, p. 9.

[10] *Ibid.*, p. 138.

Notre propos est d'analyser le parcours des personnages malheureux dans l'œuvre romanesque. Dans un premier temps, nous nous concentrerons sur des personnages féminins dont le malaise ou l'échec existentiel donnent lieu à des médiations sur les relations humaines. Dans un deuxième temps, nous étudierons la figure de l'enfant débrouillard, symbole des grandes souffrances engendrées par la marginalité et l'exclusion sociales.

Les vies féminines « sans relief »

L'univers fictionnel de Sami Tchak repose sur la transgression. Celle-ci repose sur la sexualité conçue comme instrument d'un projet esthétique. Ce recours à la sensualité comme matériau littéraire exige de l'auteur une grande inventivité, afin que l'écriture ne sombre pas dans la monotonie ou ne se ravale à une désolante vulgarité. Par ailleurs, il convient de noter que l'œuvre transgressive fait souvent appel à des jugements de valeur, à la sensibilité du lecteur, selon qu'il est un « libertin » ou un « puritain ». L'effet transgressif est variable, il peut être « blâmable ou admirable », comme le souligne Marc Angenot : « ce qui était censé produire un effet de transgression [...] pouvait selon les cas émoustiller le lecteur, le choquer, ou encore le faire communier esthétiquement avec l'auteur dans le sentiment d'une conquête libératrice du "vrai"…[11]. »

De ce point de vue, l'œuvre de Sami Tchak est peuplée de personnages de libertins ou de prostituées qui bafouent les règles élémentaires de la bienséance. À l'exception de *Femme infidèle*, ils agissent « en tant qu'êtres autonomes fondés sur leur propre morale, sur leurs propres lois »[12]. Et dans cet univers, le « jugement moral est suspendu »[13]. Il n'existe pas d'instance qui condamne ou sanctionne. L'appréciation est laissée aux soins d'une instance extérieure : le lecteur[14]. En réalité, ce que Sami Tchak lui-même

---

[11] Angenot, Marc, *Le cru et le faisandé. Sexe, discours social et littérature à la Belle Époque, op. cit.*, p. 9.

[12] Kundera, Milan, *Les testaments trahis*, Paris, Gallimard, 1993, p. 18.

[13] *Ibid.*, p. 18.

[14] Dans son essai *Les audaces érotiques dans l'écriture de Sami Tchak* (Paris, L'Harmattan, 2011), Baguissoga Satra exprime son étonnement au sujet de l'absence de condamnation morale des personnages tchakiens : « Généralement le public, qui représente la société, condamne les personnages marginaux. Mais dans les romans de Sami Tchak l'entourage des héros hésite à condamner les comportements déviants.

appelle sa « lecture sexuelle du monde »[15] lui permet d'explorer la vie des petites gens, et au-delà, de dessiner, dans la perspective kundérienne, la *carte de l'existence* humaine, celle-ci étant comprise comme « le champ des possibilités humaines »[16].

Comme nous l'avons mentionné, chez Sami Tchak, la femme marginalisée est déjà présente dès le premier roman. Selon l'auteur, cette première expérience scripturale découle d'un « intérêt intellectuel plus affiché pour les femmes »[17] durant sa vie d'étudiant à Lomé, la capitale de son pays d'origine. Cette attention se traduit par une patiente observation des conditions de vie des femmes. Sa démarche romanesque est donc fondée par la volonté de mettre à nu les injustices à l'égard des femmes, notamment dans le domaine de la sexualité. *Femme infidèle* dépeint un univers social soumis à l'idéologie patriarcale que Talahatou, narratrice à la première personne, s'attache à combattre, se livrant du même coup à des réflexions sur la condition féminine en général, et sur la sexualité des femmes en particulier.

Contrainte par sa mère d'épouser un homme polygame, au détriment de l'élu de son cœur, elle en conçoit une image foncièrement négative du monde masculin. À ses yeux, la vie des hommes est vulgairement dominée par les pulsions sexuelles[18] :

> Lui, il ne pouvait pas résister. Les hommes ne résistent pas quand sous leur nez se trouve une belle femme. Leur sang bouillonnant s'infiltre dans leur âme et la rage court dans leurs veines. Ils se débarrassent de leur raison et se laissent aiguillonner par l'instinct sexuel, l'instinct violent et aveugle qui, je le sais, fait des adultes connaissant la vie, mais aussi des épaves. […]. Mais on sait aussi que beaucoup d'hommes ont fait de la luxure leur lot quotidien, devenant ainsi des obsédés sexuels, et perdant de vue le sens de leur vie (*Femme infidèle*, p. 7).

Les actes répréhensibles semblent être justifiés par la société […]. Pourquoi s'acharner à orienter des récits vers l'individu marginal qui nie les valeurs en vigueur ? » (p. 169–170).

[15] Voir http://www.dailymotion.com/video/x1jytd_entretien-avec-sami-tchak_creation (consulté le 17 mars 2021).

[16] Kundera, Milan, *L'Art du roman*, essai, Paris, Gallimard, p. 61.

[17] Tchak, Sami, *La sexualité féminine en Afrique*, *op. cit.*, p. 11.

[18] Duchet, Claude, « Pour une socio-critique ou variations sur un incipit », *Littérature*, n° 1, 1971, p. 5–14.

Tout le parcours narratif de Talahatou tend à démontrer la vérité de son assertion, elle-même étant le symbole d'un destin collectif : celui des femmes brimées. La narration, portée par la voix de ce personnage féminin, se déploie comme un récit de vie charriant de lamentables images d'hommes violents, irresponsables et archaïques dans leur vision du monde, parce qu'« enchaîné[s] par [leur] désir charnel » (*ibid.*, 32). Worou, le polygame et époux imposé à Talahatou, incarne ici le bourreau de la femme. Pour renforcer l'image des hommes esclaves de leurs désirs sexuels, la narratrice rapporte qu'elle n'est nulle part à l'abri de leur concupiscence. Elle est souvent l'objet d'attouchements, notamment durant ses déplacements en transport en commun :

> Les hommes, je les connais assez, ont toujours dit que les voyages leur offrent l'occasion de nouer des amitiés avec les femmes. Ils avouent moissonner de la même manière les bonnes fortunes que leur offrent les bars, les salles de cinéma et autres lieux. [...]. Ils prétendent que les femmes de notre siècle sont paillardes, concupiscentes et lubriques. En tout cas, ils utilisent des termes analogues pour déclarer, dans leur cercle, que les femmes actuelles ne sont que des putains. [...] Pourquoi les hommes ne réalisent-ils pas que ce sont eux qui, physiquement et mentalement, deviennent malades au point de ramener tout le sens de la vie à la recherche effrénée des moyens de satisfaire leurs besoins sexuels ? (*ibid.*, p. 60).

Afin de triompher des « pratiques rétrogrades » au sein de sa société, Talahatou entre en rébellion contre tout l'ordre établi. D'abord par la transgression des coutumes de son ethnie relatives à l'habillement. De confession musulmane, et femme mariée, elle est astreinte à un code vestimentaire bien déterminé. Résolument, elle en prend le contrepied :

> Je finis d'enduire ma peau d'une crème de beauté et parfumai la robe que je devais enfiler. Cette robe, je ne l'ignorais pas, était un défi aux coutumes Tem, elle était un défi à mon statut de femme mariée, musulmane de surcroît. Mais elle faisait ma joie, car je voulais effectivement défier mes coutumes (*ibid.*, p. 16–17).

Il naît ainsi une logique de transgression visant à mettre à nu certaines formes d'hypocrisie ou de mensonges dans lesquelles la société s'est enfermée. En effet, le fait pour une femme *tem* de transgresser le code vestimentaire est considéré par la société comme un acte de souillure : « La robe est un signe de la perversité des mœurs, disent les Tem » (*ibid*, 18). Talahatou, en bravant cet interdit, a bien conscience qu'à partir de son geste elle est considérée comme une « femme de mauvaise vie » :

« Mais moi, qui me promènerais en ville, j'attirerais sur moi l'attention des hommes. Pourtant, je songeais : « Les habits ne sont pour rien dans nos égarements. Beaucoup de femmes de chez nous, à Lomé, malgré leur apparence de bonnes musulmanes, parce qu'elles ne quittent pas leur madras, ne vivent pourtant que de prostitution. En pagne ou en robe, elles font la même chose » (*ibid.*, p. 18–19).

La deuxième forme de transgression trouve son expression dans le désir de commettre l'adultère pour se venger ou pour défier la société, d'où le titre du roman, *Femme infidèle*. *A priori*, il pourrait laisser croire que l'intention du roman est de prononcer une sentence contre la femme infidèle, si l'on considère que le monde masculin accepte difficilement l'infidélité féminine. En réalité, le roman pose, à travers les réflexions de la narratrice, un regard lucide sur la liberté des femmes, qui, au-delà de l'aspect vindicatif, s'inscrit dans le combat pour l'égalité des sexes : « Vivre comme les hommes, m'autoriser plusieurs hommes tout comme ces derniers cultivent le goût des relations extra-conjugales : telle était la devise que je nourrissais dans le grand silence de mon cœur » (*ibid.*, 34). L'expression de ce désir de vengeance montre que l'infidélité féminine, en réponse à celle des hommes, devrait être vue comme un « fait social normal »[19], à l'encontre des idées reçues. Car, de l'avis de Talahatou, rien au monde ne pourrait, si une femme décide d'être infidèle, l'en empêcher : « Je leur dirais : "Enfermer une femme dans une piaule sans ouverture, pourvu qu'elle le veuille, elle sera infidèle" » (*ibid.*, 82).

Femme infidèle, on le voit, n'est pas une apologie de l'infidélité féminine, mais procède tout simplement à la déconstruction des idées reçues et des discours hégémoniques, et démonte les mensonges et hypocrisies de la vie, tout en interrogeant les limites de la liberté tant voulue par Talahatou. En effet, selon ce personnage, la liberté sexuelle peut s'avérer être, pour la femme, une arme à double tranchant. Comment se réclamer d'une liberté sexuelle totale et garder en même temps sa dignité de femme ? Tel est le dilemme qui la taraude. Comment éviter d'être l'objet des « rires sarcastiques » des hommes qui apprendraient qu'elle a été « ramassée dans un bus » pour une « aventure » ? (*ibid.*, 72). La narratrice résume bien l'ambiguïté de son combat : « L'émancipation de la femme ne renferme rien d'autre qu'une nouvelle humiliation pour elle » (*ibid.*, 75). Qu'est-ce à dire ? En mettant en avant le droit à l'infidélité dans la revendication de l'égalité des sexes, la femme s'expose à la vindicte des hommes qui

---

[19] Tchak, Sami, *La sexualité féminine en Afrique*, op. cit., p. 118.

acceptent difficilement que « la femme puisse être infidèle comme [nous] »[20] (*ibid.*, 73).

Dans d'autres romans de Sami Tchak, le thème de la liberté sexuelle féminine est également abordé, mais sous un autre angle où sont soulevées des questions existentielles plus complexes. Dans *Hermina*[21], Garcia Mira, se berçait dans sa jeunesse d'illusions en entretenant de l'Amour et de la vie conjugale une conception idéaliste. Mais un échec sentimental ouvre la voie à des réflexions désabusées sur le sens de la vie, la réalité de l'Amour et les servitudes du mariage : « Beaucoup de couples sont devenus une sorte de creuset où l'un devient l'enfer de l'autre » (*ibid.*, 293). À travers le regard de Mira Garcia, l'œuvre cherche à exprimer le malaise dans la civilisation, pour reprendre la formule de Freud :

> « Nous avons atteint l'âge de l'antibonheur », écrivit-elle un jour dans son carnet, pour préciser le lendemain : « Quand je dis nous, je parle de notre civilisation, et ce serait bête de chercher à identifier des responsables de cette situation, c'est collectivement que nous avons construit notre commun enfer, celui que chacun vit au plus profond de lui quelle que soit sa place dans cette société. Nous sommes tous dans le pétrin existentiel » (*ibid.*, p. 294).

Cette crise civilisationnelle ne signe-t-elle pas que nous vivons tous, malgré les apparences, des « vies minuscules » ? Ici, Sami Tchak, par un subtil jeu intertextuel, caractéristique majeure de son écriture, glisse une phrase de Pascal Sevran, qui conforte le lecteur dans son interprétation : « "Tant de vies médiocres et si peu de suicides" ! » (*ibid.*, 295).

Que faire, lorsqu'on a perdu toutes ses illusions ? Se suicider ? Le suicide, en effet, pose une question fondamentale relative au sens de la vie. Selon Albert Camus, « il n'y a qu'un problème philosophique vraiment sérieux : c'est le suicide. Juger que la vie ne vaut pas la peine d'être vécue, c'est répondre à la question fondamentale de la philosophie »[22]. Mira

---

[20] Si l'on considère le discours social (Marc Angenot, 1889. Un état du discours social, Longueuil, Le Préambule, 1989), on peut ici donner raison à ce personnage féminin dans la mesure où la société a tendance à poser un regard admiratif sur les coureurs de jupons (le terme allemand « Frauenheld » – traduction littérale : le héros des femmes – l'exprime si bien), tandis que cette même société crie haro sur les femmes aux multiples fréquentations, qu'elle traite de tous les noms : « putain », « fille facile », « femme vénale », « femme aux mœurs légères », « salope » etc.

[21] Tchak, Sami, *Hermina*, roman, Paris, Gallimard, coll. « Continents Noirs », 2003.

[22] Camus, Albert, *Le mythe de Sisyphe. Essai sur l'absurde*, Paris, Gallimard, 1942, p. 15.

Garcia ne veut pas emprunter ce chemin, contrairement à son ancienne collègue, Lydia Morales :

> Que lui restait-il ? La liberté sexuelle ? [...] Mais l'image de la libertine qu'elle se construisait ne reposait que sur des mots. De toutes les façons, la liberté sexuelle ne signifie plus rien, tous les discours et tous les actes censés la traduire ne sont qu'un masque derrière lequel se dissimulent des désirs inassouvis, des fantasmes nés dans l'abstinence forcée, des solitudes profondes (*Hermina*, p. 296).

Le libertinage s'impose donc comme ultime solution à la misère existentielle. Mira Garcia va ainsi illustrer la pensée sous-jacente de l'écrivain : qui est, face à ces « solitudes profondes », de peindre ses personnages sous des traits ambigus, derrière des masques, sous leurs aspects trompeurs. Le masque devient chez cet auteur un instrument servant à saisir l'Homme dans toute sa complexité, comme le suggère le titre *La fête des masques*[23], qui invite le lecteur à ne pas demeurer à la surface des choses, mais à prospecter, au-delà des masques, la profondeur de la misère humaine.

L'image de l'homme obsédé par le corps et le sexe de la femme, déjà décrite dans *Femme infidèle*, se reproduit également dans d'autres romans (voir *Hermina*). Sous ce rapport, les hommes s'imaginent les trajectoires féminines comme des « vies sans relief ». En luttant pour sa liberté sexuelle, Mira Garcia va faire les frais de cette avidité des hommes :

> Elle était seule, tragiquement seule. Bien sûr, elle prétendait avoir de faciles contacts avec les hommes, mais elle n'avait jamais été pour eux qu'un objet interchangeable du même plaisir. Aucun d'eux n'avait envisagé sérieusement de faire sa vie avec elle. Ils étaient pourtant friands de son petit corps insatiable et de son talent à conduire les autres au-delà de leurs limites (*ibid.*, p. 282).

Dans *La fête des masques*, il en va de même d'Alberta, une femme cultivée et belle. Elle ne réussira pas à réaliser bâtir une vie heureuse avec un homme, car sa beauté physique, un atout majeur, devient une entrave à son bonheur : « "Tous viennent à moi, comme ça, me font des compliments sur mon corps, sur mes seins, sur ma bouche, et puis, comme ça, ils jouent, oui ils jouent, c'est quand ils veulent, jamais rien de très sérieux" » (*La fête des masques*, 16).

---

[23] *La fête des masques*, roman, Paris, Gallimard, coll. « Continents Noirs », 2004.

Les récits de vie de Talahatou, de Mira Garcia et d'Alberta mettent en évidence l'art de Sami Tchak consistant, à partir du banal libertinage sexuel, d'étoffer son discours à la dimension de la complexité des relations entre hommes et femmes, et, ainsi, d'introduire le lecteur dans la psyché de ses personnages féminins. En abordant la solitude féminine, les romans cherchent aussi à montrer que le désir des personnages féminins ne se borne pas à l'horizon des délices de la chair. Dans *Femme infidèle*, Talahatou décrit son mari comme un homme violent, et de surcroît incapable d'affection : « Mais l'acte sexuel sans amour ne procure aucune joie ; il laisse plutôt au cœur une blessure que le moindre souvenir rouvre aussitôt » (*Femme infidèle*, 10). Dans *La fête des masques*, le même discours est tenu par Alberta :

> Mais une femme, ça ne vit pas que de bites et de pain ! [...] Mais la poésie d'un regard, le miel des mots, la douceur d'une caresse, la richesse d'une discussion, le sentiment d'avoir l'autre comme paravent contre tout, l'extase matérielle que procure l'autre, même s'il ne fait ni ne donne rien d'extraordinaire, savoir et sentir sa présence, juste au moment où sa présence est toute la richesse qu'on souhaite ! (*La fête des masques*, 89–90).

Avoir absolument besoin de l'Autre pour donner du relief à sa vie conduit aussi à une impasse existentielle. Ce « mensonge de l'existence » (*Hermina*, 295), selon le mot laissé par Lydia Morales avant son suicide, fait sans doute écho à Meursault, le personnage camusien qui s'interroge sur le sens de l'amour et du mariage[24].

Tout comme les femmes, les enfants font aussi l'objet de marginalisations de toutes sortes, et apparaissent encore plus comme des « vies minuscules aux grandes souffrances » (*Filles de Mexico*, 41).

L'enfance marginalisée

La ville, lieu d'exclusion par excellence, engendre diverses figures de la marge, que certains romans de Sami Tchak mettent en scène. Dans *Filles de Mexico*, la marginalité enfantine est abordée à travers le regard d'un adulte, celui du personnage narrateur, l'écrivain Djibril Nawo. Celui-ci fait la rencontre d'un enfant nommé Antonio, l'occasion pour lui de découvrir le monde de ces êtres livrés à eux-mêmes. Antonio, orphelin,

---

[24]   Camus, Albert, *L'étranger*, Paris, Gallimard, coll. Folio, 1942.

fait partie en réalité, de la catégorie des enfants des rues qui n'ont pas opté pour la rapine comme moyen de survie. Il se débrouille comme « petit jongleur », parfois comme « petit cracheur de feu » ou comme « petit laveur de vitres de voitures. » À travers son exemple, le roman montre que l'enfant des rues, qu'il choisisse de survivre par son propre labeur ou par le vol, est confronté toujours à la même inhumanité. La sensibilité de Djibril Nawo au sort de ces enfants parias, écrasés par la machine sociale et la frénésie urbaine, témoigne de son sens marqué pour le social en tant qu'écrivain, ce qui le distingue des adultes au cœur endurci, comme le passant à la mise distinguée, qui rudoie Antonio en le traitant de « pourriture » (*Filles de Mexico*, p. 48). Le personnage écrivain symbolise ici la conscience critique émue par ces marginalités enfantines :

> Vermine urbaine, délices des bourlingueurs, cibles des rapaces, corps souples pour hédonistes friands des proies des marges. Qu'étais-je pour eux ? Et surtout qu'étaient-ils pour moi ? [...] ces enfants dont l'apparence disait rarement l'âge, ces gosses si pleins de vie parce qu'ils étaient toujours si près de leur mort [...] finissaient par m'obséder, ils me poursuivaient jusque dans mes rêves, ils prenaient place au plus profond de moi (*ibid.*, p. 57–58).

Sami Tchak avait déjà placé la vie de ces rebuts de la société au cœur de son roman *Le paradis des chiots*[25], titre qui signale d'emblée l'identité métaphorique de ces « vies minuscules ». Le terme « chiot », fait allusion à la vie d'errance de ces enfants fragiles dont l'existence est comparable à celle des chiots errants, mais aussi à leur côté effrayant qui se manifeste surtout lorsqu'ils agissent en bande comme une meute.

À première vue, le titre du roman procède d'un jeu de langage. Comment un espace urbain, lieu de survie et de tous les dangers, où « la mort et les maladies se sont installées en reines » (*ibid.*, 32), peut-il s'avérer être un havre de paix, un paradis pour les enfants marginalisés ? S'agit-il de produire, de manière ironique, d'exprimer le contraire de la réalité, autrement dit, l'enfer des chiots ? Le paratexte éditorial lève l'ambiguïté en précisant que dans ce paradis il est plutôt question d'un dur combat pour la survie : « Dans un bidonville d'Amérique latine nommé El Paraíso, une bande d'enfants combat avec âpreté pour survivre ; [...] *Le Paradis des chiots* peint un monde d'une extrême violence où les rapports de domination et d'humiliation sont omniprésents... ». Le paratexte fournit un autre indice éclairant, qui ressort d'un passage du roman placé

---

[25]   Tchak, Sami, *Le paradis des chiots*, roman, Paris, Mercure de France, 2006.

en exergue : « Nous sommes repartis à pied à El Paraíso, notre paradis à nous, pas beau la nuit, mais c'était notre paradis à nous [...]. » La perspective narrative, ici, permet de comprendre que ce sont les enfants eux-mêmes qui qualifient leur territoire de « paradis ». Mais ce passage consigne aussi l'errance, la mobilité permanente dans l'espace urbain où est tenue prisonnière la vie de ces enfants. Ainsi, pour saisir le sens du terme « paradis », convient-il de garder à l'esprit que ces enfants habitent El Paraíso, (un bidonville) d'où ils se rendent dans la capitale, la « vraie ville » (*ibid.*, 151) où se trouvent leurs « lieux de chasse » (*ibid.*, 151). Mais cette ville, en dépit de sa beauté, est extrêmement dangereuse : « D'El Paraíso où les rares endroits éclairés attiraient des nuées de gosses et d'insectes, on voyait la vraie ville, mer de lumières d'une beauté à te couper le souffle, on avait du mal à imaginer qu'il s'agissait là d'une ville plus mortelle qu'un coup de fusil » (*ibid.*, p. 16).

Construit comme un roman polyphonique, *Le paradis des chiots* fait retentir trois voix principales marquées par les intertitres « Ernesto raconte », « Linda raconte », « El Che raconte ». La voix d'Ernesto est la principale de ces voix, qui ne sont pas toutes celles des enfants, celle d'El Che étant plutôt une voix d'adulte. Le roman brosse de la sorte le portrait d'un certain nombre d'enfants de la rue, et Ernesto introduit dans le récit d'autres personnages d'enfants. Le roman décrit leur parcours, et met en relief leur psychologie. Certains d'entre eux peuvent être qualifiés d'enfants des rues à « temps partiel » tels qu'Ernesto et Laura qui, après l'errance quotidienne, peuvent rentrer chez eux : « Laura et moi c'était pas pareil, on errait dans la rue, mais on avait nos mamans qui avaient un nid suffisant pour deux au moins. On avait de la chance » (*ibid.*, 153). D'autres passent pour de véritables résidents de la rue, en ce sens qu'ils ont surgi un beau jour à El Paraíso, sans que l'on sache d'où ils venaient : « Riki, lui, c'était un vrai gosse errant, on ne savait pas où il était né, ni qui étaient ses parents, Riki, lui galopin de la rue » (*ibid.*, 153). Juanito, le meneur en chef, est logé à la même enseigne : « un autre gosse sans horizon, ni père ni mère, ni hier, ni demain, surgi un beau matin à El Paraíso, Juanito sans valise » (*ibid.*, 19). Le petit Arturo Nadal, lui, se distingue par son amour pour les chiennes, étant donné qu'il vit de la vente de leurs chiots. Ici le récit du narrateur de quatorze ans revêt des accents fantasmagoriques. Gabriel Bastos Wende, alias El Supremo a aussi ses particularités : cet enfant chétif, qui a « eu la quille droite rognée aux trois quarts » (*ibid.*, 154) après avoir sauté sur une mine dans la région contrôlée par la guérilla, a survécu « avec les images de sa maman qu'on violait, de sa sœur qu'on violait, de son père qu'on étripait » (*ibid.*, 154). Dans la rue, il subit une rapide métamorphose : « au début assez craintif mais devenu très vite un crâneur de la rue, mendiant en exhibant son moignon et il disait, Donnez à l'orphelin qui a une jambe raccourcie, donnez ! » (*ibid.*, 154). Personnage attachant, il s'insère dans ce lieu bruissant de rumeurs qu'est la ville. Ernesto le décrit comme l'oreille de la ville : « Il connaissait tout le monde et avait dix mille oreilles qui se détachaient de son corps pour courir toutes les rues à la recherche de petites histoires » (*ibid.*, p. 154).

Lorsqu'on examine la « sémantique de la rue »[26], surtout par rapport au phénomène des enfants des rues, c'est la violence qui caractérise cet univers. Celle-ci éclate, comme le montre l'incipit, d'abord au sein des bandes d'enfants où les plus faibles subissent la volonté et la loi des plus forts. L'ouverture du récit sur cette lutte pour le pain quotidien n'est pas anodine en ce sens qu'elle se focalise sur cette bataille existentielle qui gouverne le quotidien des enfants marginalisés. La misère se lit sur le corps de tous ces enfants dont le roman prend soin de décrire l'apparence physique souffreteuse. Aussi n'est-il pas étonnant qu'ils soient tous malingres. Riki, un caïd, « était maigre et court » (*ibid.*, 13). Juanito, le chef de bande, « était mince et grand, très grand, mais d'une telle minceur que quand soufflaient les vents, on avait l'impression qu'il allait, lui, se casser en dix morceaux » (*ibid.*, 19). Laura, la fille d'Eva Lorca, est également décrite comme une « maigrichonne » (*ibid.*, 21).

À travers le récit de Linda, *Le paradis des chiots* met aussi en évidence le sort des gamines jetées dans la rue, jetées dans la prostitution et livrées à l'appétit sexuel des adultes de tout acabit. Le nom du bar, « *La Planète des gamines* », est expressif du cynisme pervers et de la cruauté du monde adulte. Si « La planète des enfants » désigne en réalité un lieu, un espace qui accueille les enfants en détresse, soucieux de leur bien-être physique et moral, « *La Planète des gamines* », nom empli de poésie et laissant entendre l'élévation et la candeur, est plutôt une antiphrase, ce bar n'étant rien d'autre qu'une vulgaire maison de prostitution où l'on s'adonne à l'exploitation sexuelle de très jeunes filles.

L'enfant des rues a-t-il une chance de sortir de sa marginalité ? De ce point de vue, *Le paradis des chiots* s'achève sur une note pessimiste, sans

---

[26] Mitterand, Henri, *Le Discours du roman*, Paris, Presses Universitaires de France, 1980, p. 195.

toutefois que le roman ne cherche à ériger en héros ces enfants fragiles, en leur prêtant des gestes augustes pour triompher seuls de leur marginalité.

Le bonheur de ces gamins des rues dépend avant tout de la bienveillance du monde adulte à leur égard, comme en témoigne la générosité de la femme artiste grâce à laquelle l'histoire d'Ernesto connaît une fin heureuse : « Lucia Aguillera m'a dit, Je t'emmène, tu vas vivre chez moi, les chaînes, c'est fini, tu vas vivre chez moi » (*ibid.*, p. 223). Quant aux autres enfants, des survivants, à l'exception de l'unijambiste atteint dans la rue par une balle perdue, on peut penser qu'ils resteront aussi longtemps que lui esclaves de la rue, pessimisme que partage Ernesto dans l'excipit du roman : « Un jour, tu verras, El Paraíso ne sera plus habité que par les chiots, ce sera leur paradis » (*ibid.*, p. 223). Par ailleurs, le verbe « pleuvoir », le dernier mot du texte, recèle un sens métaphorique dans la mesure où il renvoie aussi à ce pessimisme prévoyant d'autres malheurs leur tombant dessus : « Et Juanito a toussé en même temps que sa mamita, et dans l'œil de Riki comme dans celui de Laura, j'ai vu, je l'ai bien vu, le petit nuage, et j'ai dit, Il va encore pleuvoir » (*ibid.*, p. 223).

Al Capone le Malien[27] décrit au passage la situation d'une fillette Bi'Ntou Kéïta que sa maladie mentale a reléguée au rang de rebut de la société, sans cesse soumise à toutes sortes de violences physiques et de brutalités impunies. Le narrateur, témoin de ces scènes inhumaines, rapporte :

> « Soudain, un jeune Kouyaté […] lui donna l'assaut, comme un animal qui voulait punir un intrus sur son territoire. Son pied atteignit violemment la fillette dans les côtes. […] Le comble de la violence me fut offert, lorsque Souba, le boy chauffeur de Namane Kouyaté, surgit de nulle part pour balancer son pied dans le ventre de la petite malade mentale » (*ibid.*, 89–90). Tout comme l'écrivain Djibril Nawo qui se prend d'affection pour Antonio, l'enfant de rue dans *Filles de Mexico*, Dramane Kouyaté, le sage, l'humaniste, sort de ses gonds à la vue de cette maltraitance infligée à un être fragile. Il se pose d'abord en moraliste, en rappelant qu'aucun humain n'est à l'abri des maladies handicapantes, de la déchéance corporelle : « Personne ne te garantit que tu échapperas à la folie, à la cécité, à la surdité, car tout vivant est au carrefour de tous les malheurs » (*ibid.*, p. 110).

---

[27] Tchak, Sami, *Al Capone le Malien*, roman, Paris, Mercure de France, 2011.

Cet épisode permet à Dramane Kouyaté de prononcer un discours mémoriel, qui évoque un pan glorieux de l'histoire du *Mande* et par ricochet de toute l'Afrique :

> Que sommes-nous devenus, gens de Niagassola, hein, que sommes-nous devenus pour ne même plus tolérer nos propres malades, hein, les miens, hein ? Voulez-vous que je vous rappelle quelques paroles du *Serment du Mandé*, prononcé par notre maître Soundjata en 1222, hein ? La charte des chasseurs disait : « Toute vie étant une vie, que nul ne s'en prenne gratuitement à son voisin, que nul ne cause du tort à son prochain, que nul ne martyrise son semblable". Mais regardez bien, mes sœurs, mes frères, regardez bien ! Ceci est une vie. » Il serra fort la fillette contre lui (*ibid.*, p. 111).

On pourrait avancer que cette brutalité absurde, exercée sur une fillette sans défense, symbolise les violences contemporaines sous toutes leurs formes, celles qui assombrissent la vie du continent où l'on a pourtant inventé la charte des droits humains (le *Serment du Mandé*) bien avant la Déclaration universelle des droits de l'Homme.

Le souci de l'écrivain Sami Tchak de narrer la vie de « petites gens » relève d'une conception existentialiste du roman. Ici, l'auteur investit le champ de la liberté du sujet féminin, et interroge sur la conscience de l'adulte face à la marginalité incontrôlable des enfants. Et son option pour le genre romanesque transgressif relève d'un procédé artistique permettant de partir de la banalité du fait sexuel pour s'élever à de graves observations sur l'aventure qu'est l'existence humaine. Qu'il s'agisse de la femme qui découvre que la liberté sexuelle est une arme à double tranchant, étant donné qu'elle pose la question de sa dignité, ou de cette autre qui s'adonne au libertinage comme ultime remède aux désillusions et à l'échec existentiel, leurs récits de vie mettent en relief l'avidité de l'homme pour le corps féminin, et tentent d'explorer la complexité des notions d'amour et de mariage.

Quant à la représentation émouvante des figures d'enfants jetées dans l'enfer de la rue et ses souffrances sans nom, elle dit bien la profondeur de la misère sociale globale. Parmi les voix qui s'élèvent pour la dénoncer se distinguent celle de l'artiste-peintre Lucia Aguillera dans le roman *Le paradis des chiots*, dont la dédicace, « À Constanza Aguirre, artiste peintre colombienne, pour les idées que m'a inspirées son œuvre majeure *Les anonymes* », révèle ainsi tout son sens ; mais aussi celle des personnages d'écrivains dans *Filles de Mexico*. En somme, leur engagement artistique est mis au service d'une constante méditation sur la condition humaine et les injustices sociales.

Bibliographie

Angenot, Marc, *1889. Un état du discours social*, Longueuil, Le Préambule, 1989.

Angenot, Marc, *Le cru et le faisandé. Sexe, discours social et littérature à la Belle Époque*, Bruxelles, Éditions Labor, 1986.

Brezault, Éloïse, *Afrique. Paroles d'écrivains*, Montréal, Mémoire d'encrier, 2010.

Camus, Albert, *Le mythe de Sisyphe. Essai sur l'absurde*, Paris, Gallimard, 1942.

Duchet, Claude, « Pour une socio-critique ou variations sur un incipit », *Littérature*, N° 1, 1971, 5–14.

Foucault, Michel, *L'ordre du discours*, (Leçon inaugurale au Collège de France prononcée le 2 décembre 1970) Paris, Gallimard, 1971.

Kundera, Milan, *Les testaments trahis*, essai, Paris Gallimard, 1993.

Kundera, Milan, *L'Art du roman*, Paris, Gallimard, 1986.

Mitterand, Henri, *Le discours du roman*, Paris, Presses Universitaires de France, 1980.

Satra, Baguissoga, *Les audaces érotiques dans l'écriture de Sami Tchak*, Paris, L'Harmattan, 2011.

Tcha-Koura, Sadamba, *Femme infidèle*, roman, Lomé, Dakar, Abidjan, Les Nouvelles Éditions Africaines, 1988.

Tchak, Sami, *La sexualité féminine en Afrique*, Paris, L'Harmattan, 1999.

Tchak, Sami, *Place des Fêtes*, roman, Paris, Gallimard, coll. « Continents Noirs », 2001.

Tchak, Sami, *Hermina*, roman, Paris, Gallimard, coll. « Continents Noirs », 2003.

Tchak, Sami, « Littérature et engagement en question », *Africultures*, (L'engagement de l'écrivain africain), n° 59, avril–juin 2004, 39–46.

Tchak, Sami, *La fête des masques*, roman, Paris, Gallimard, coll. « Continents Noirs », 2004

Tchak, Sami, *Le paradis des chiots*, roman, Paris, Mercure de France, 2006.

Tchak, Sami, *Filles de Mexico*, roman, Paris, Mercure de France, 2008.

Tchak, Sami, *Al Capone le Malien*, roman, Paris, Mercure de France, 2011.

UNE ŒUVRE, DES REGARDS : *AL CAPONE LE MALIEN* DE SAMI TCHAK

À la recherche du « Scarface africain »[1]

FLORA BOFFY

Al Capone le Malien… J'aime le titre. Je le lis et c'est toute une géographie qui se reconfigure. Je m'attends à voir surgir, dès les premières pages, la faune légendaire de Brooklyn, aux trousses d'un « Scarface » africain. En réalité, c'est René Chérin qui se présente : un journaliste français sans envergure, qui arrive à Conakry pour faire un reportage sur le Sosso-Bala – le balafon fondateur et véritable cœur battant du pays Manding. René est accueilli par l'illustre Namane Kouyaté, un grand griot, qui devra le guider jusqu'à l'instrument sacré et lui en révéler les secrets. Mais Namane Kouyaté a d'autres projets : durant toute une nuit, il confie à René son amour inépuisable et toujours blessé pour sa femme infidèle, la superbe Fatou Diakité. Elle est, dit-il, « le début et la fin de son monde », la raison d'être de son art. Et pour mieux le lui prouver, il fait danser Fatou au son de son balafon. Une scène magique sous les étoiles, qui bouleverse René. Celui-ci finit tout de même par se rendre à l'endroit où se trouve le Sosso-Bala, mais rien ne se passe comme prévu. Il n'est pas le seul à l'arrivée : un bus de jeunes touristes français d'origine malienne – parmi lesquels la jolie doctorante en littérature Binétou Fall – arrive peu après lui. Enfin, c'est au tour d'un mystérieux couple de faire son apparition dans une somptueuse limousine : le Prince Edmond VII

---

[1] *Scarface* (le Balafré) de Howard Hawks en 1932 est un film inspiré de la vie du *gangster* Al Capone. Le titre est repris en 1983 par Brian de Palma pour son film traitant aussi des frasques d'un malfrat, mais cubain cette fois ci, Tony Montana, débarquant à Miami où il s'illustre dans le trafic de drogue.

du Cameroun et sa Princesse. La cérémonie du Sosso-Bala commence et le Prince, dans sa magnificence, profite de l'occasion pour faire une cour merveilleuse à Binétou Fall. De sa bouche, sortent des mots flamboyants et un pigeon blanc. Il distribue des grosses coupures sans compter et affronte la colère du grand Namane Kouyaté avec légèreté. René est comme envoûté.

À partir de ce moment, sa route ne cessera de croiser celle du Prince Edmond VII, autrement appelé… Al Capone, ou Joseph Tawa de son vrai nom. Celui-ci est un escroc génial, un *feyman* de la première heure, qui a trempé dans les affaires les plus scandaleuses du Cameroun. Al Capone est désormais en fuite. L'hôtel le Mandé, à Bamako, sert de cadre à son exil doré. La nuit, dans sa suite luxueuse, il fait le compte/conte de sa vie. Il détaille les victoires, les belles femmes, les richesses invraisemblables dont il dispose. Chaque soir, il convoque ou répudie René. La Princesse Sidonie et Binétou Fall, telles des vestales dévouées, évoluent dans les sillages mouvants de leur maître. Elles disparaissent et reviennent, se noient dans le champagne (Cristal ou Veuve Clicquot), chaque soir plus belles, sensuelles et insaisissables.

Dans ce tourbillon de vie et de luxe, René, affolé et séduit, devient le confident servile, à la merci des humeurs de chacun. Il est comme plongé dans un long voyage hypnotique, ponctué de songes mystiques et charnels. Namane Kouyaté et Fatou Diakité viennent lui rendre visite la nuit. Désorienté, il se laisse séduire par la très désirable Fanta Diallo… en attendant que le maître Al Capone décide de son sort.

Les *Mille et Une nuits* africaines

Ce roman riche et brillant fait penser aux enluminures persanes. Ce sont les *Mille et Une nuits*, au cœur de l'Afrique. Les voix et les histoires s'enchâssent pour conjurer le sort, repousser la mort. À la manière de Shéhérazade qui poursuivait chaque soir son histoire pour ne pas se faire égorger par son mari vengeur, Al Capone et Namane Kouyaté tissent une toile de récits autour du journaliste René Chérin afin de le maintenir captif. Et le lecteur, tout aussi absorbé, se laisse embrigader dans cet étonnant périple à travers la Guinée, le Mali et le Cameroun. Dans ce roman, tous les pays sont reliés entre eux, traçant les contours mythiques d'une Afrique toute-puissante, prise dans les feux de la tradition et de la corruption.

Si la trame du roman est réaliste, des éléments fantastiques viennent s'y greffer, comme pour mieux extraire la substance merveilleuse, clinquante et scandaleuse du continent. Sami Tchak livre une interprétation illuminée de l'Afrique, entremêle les lieux et les temps et multiplie les clins d'œil : on retrouve une madame Obama, New Bell au Togo, et l'héroïne de la chanson d'Alpha Blondy. Son univers, riche et onirique, rappelle celui d'Emir Kusturica : la fanfare, l'ivresse… et un Occidental fasciné par les mythes ancestraux. Africa Dream, en quelque sorte. Si son Afrique est intemporelle et magnifique, elle est aussi celle des vicissitudes et des jouissances éhontées. L'auteur nous offre un roman résolument contemporain. Polyphonique, il redessine, par ses contours hybrides, le monde en ignorant frontières et préjugés.

Depuis, je cherche Al Capone dans les rues de Yaoundé.

Bibliographie

Boffy, Flora, « Sami Tchak », in *Mosaïques* – Mensuel, n° 007, Juin 2011, Arts et cultures du Cameroun, p. 2–3.

Malaquais, Dominique, « Anatomie d'une arnaque : *feymen* et *feymania* au Cameroun », in *Les Études du CERI*, Paris, SciencesPo, Centre de Recherches Internationales, n° 77, Juin 2001, p. 12–58.

ÉCONOMIE D'ÉCRITURE, DENSITÉ DE LA PENSÉE, TRANSMÉDIALITÉ : L'EXEMPLE DE SAMI TCHAK

Odile Cazenave

Lilyan Kesteloot, aujourd'hui disparue, mais dont les ouvrages restent une référence en matière d'historiographie et d'analyse des littératures africaines en français, regrettait parfois la crudité du vocabulaire chez les auteurs africains de la période récente, qu'Abdourahman Waberi nomme les « Enfants de la postcolonie ». Elle y identifiait d'abord une fuite en avant vers une littérature de la mondialisation[1]. Puis, ces dernières années, revenant sur ces mêmes auteurs, elle saluait néanmoins la force de leur écriture, montrant en quoi, femmes et hommes ils ont contribué à l'émergence d'une nouvelle esthétique, forte de ce qu'ils écrivaient depuis l'Afrique, mais aussi depuis l'Europe et l'Amérique.

Sami Tchak fait partie de ces figures de proue, autant par l'ampleur de son œuvre, le renouvellement de son écriture, que par l'originalité de sa pensée, que journalistes ou confrères écrivains s'accordent à lui reconnaître[2]. Nombre d'études consacrées à l'auteur soulignent d'abord et

---

[1] Cf. Kesteloot, Lilyan, « La littérature négro-africaine face à l'histoire de l'Afrique », in *Afrique Contemporaine* 2012/1, n° 241, https://www.cairn.info/revue-afrique-contem poraine-2012-1-page-43.htm; voir aussi, Kestelot, Lilyan, « La nouvelle génération des écrivains africains », *Présence Francophone*, n° 68, 2007, p. 171–181.

[2] Cf. « L'exil, c'est une mort symbolique », *Le Monde*, http://www.lemonde.fr/culture/article/2013/03/14/l-exil-c-est-une-mort-symbolique_1847946_3246.html; voir aussi, Alain Mabanckou, « Tchak (Sami) qui lit tout, parce qu'il sait que c'est un tout qui forme le monde », *Écrivain et oiseau migrateur*, p. 161–165 :

« Dans *Al Capone le Malien*, c'est l'Europe qui regarde l'Afrique qu'elle a voulu façonner à son image. (…) C'est à l'Europe de comprendre désormais cette « âme noire » à travers le voyage qu'entreprend le personnage blanc de *La chambre de Giovanini* de James Baldwin. Ou à Bardamu du *Voyage au bout de la nuit* de Céline.

essentiellement la place de l'érotisme, de la décadence ou du sexe au cœur de son écriture. Ainsi que l'a souligné avec pertinence Kodjo Attikpoé dans sa thèse portant sur les transgressions, l'œuvre de Sami Tchak :

> s'inscrit essentiellement dans une dynamique transgressive et transculturelle. À travers un recours systématique au matériau de la sexualité, Sami Tchak construit une poétique qui, au-delà de son audace transgressive, de son aspect délibérément choquant et provocateur, s'attache à interroger l'existence humaine, à mettre en évidence les misères et les faiblesses de l'Homme. En outre, cette poétique de la sexualité est porteuse de sens du social : elle sert de prétexte à l'auteur pour dépeindre l'existence de ceux qu'il appelle des « vies sans horizon », des « vies sans relief », mais aussi pour déconstruire la *doxa* (p. 3).

Or, si cette transgression passe de toute évidence par la sexualité – Sade n'est jamais très loin dans certaines scènes de *La Fête des masques* ou de *Filles de Mexico* –, elle passe aussi par des transgressions textuelles et des frictions de genres.

Dans le présent article, je me propose d'explorer deux traits essentiels qui me semblent constitutifs de son écriture. C'est d'une part une profondeur et densité de pensée qui montrent que le philosophe n'est jamais loin. C'est vrai en particulier lorsqu'il en vient à tout ce qui est formes brèves : essai, nouvelle, pensée ou pamphlet. C'est ensuite la place de la conversation, non pas simplement dans son acceptation triviale de dialogue et d'échange entre deux personnes, non plus que simple dialogue socratique renvoyant au *Banquet* de Platon, mais aussi dans les frictions subtiles qu'il crée entre genres, niveaux d'intertextualité littéraire avec les grands classiques de la littérature, et les appartenances géographiques, qu'elles soient russes, portugaises, françaises, allemandes, ou japonaises, latino-américaines ou africaines.

Dans *Contemporary Francophone African Writers and the Burden of Commitment* (2011), nous avions exploré avec Patricia Célerier ce que représentait *Place des Fêtes* au moment de sa sortie au début des années 2000 en termes de transgression et de renouvellement du paysage littéraire ; en quoi *Hermina* (2003) faisait à son tour rupture et s'engageait déjà dans une autre direction : *Hermina* qui s'ouvre sur un décor planté dans les Caraïbes, à Cuba, même si l'île ne prend jamais véritablement

---

… Derrière René Cherin, il y a Tchak, comme derrière David et Bardamu, il y a Baldwin et Céline » (164).

forme et reste simple tableau de fond, entité générique/symbolique de tropicalisme et d'insularité, qui montre les allées et venues du narrateur au cours de ses diverses rencontres sexuelles, de Cuba en Europe, de Miami, vers l'Europe à nouveau et finalement à Miami. L'intertextualité de la narration, avec de multiples références à la littérature mondiale, permet à l'auteur d'approcher la question de la mondialisation par l'immigration et l'expérience de la migration. Les raisons économiques habituelles ont été reléguées à l'arrière-plan pour se concentrer sur la quête identitaire, le fait de se sentir déconnecté, désorienté, dans son écriture et finalement déconnecté de soi-même.

Textuellement, l'utilisation extensive de références intertextuelles crée un phénomène d'échos. L'insertion de fragments de plusieurs romans de la Mauricienne Ananda Devi, de *Pagli* et *Soupir*, avec des commentaires critiques de Tchak écrivain, contribue à décentrer plus avant le roman en tant que genre. En rendant hommage par ailleurs à un auteur contemporain et à son texte, Tchak importe dans la littérature française et francophone la tradition des écrivains latino-américains qui commentent et rendent hommage à leurs pairs de leur vivant (Carlos Fuentes sur Gabriel Marquez pour ne citer qu'un exemple). Ces différents échos et intertextualités, la rupture avec l'ancrage spatial et/ou un regard tourné nécessairement vers l'Afrique ou la France, permettent à l'écrivain de sortir du croisement binomique de regards (l'Afrique et/ou l'Europe) et du risque d'un certain enfermement de l'écriture.

Dépasser l'intertextualité, pour créer une sorte de chaîne d'écriture et de liens de parenté, non pas d'enfermement, mais d'ouverture et de liberté. Dans un échange électronique que j'avais eu avec l'auteur, à la question des influences et intertextualités littéraires, Tchak disait ceci :

> N'est-ce pas ainsi que les chaînes littéraires se font ? Le sang des lettres n'a pas de frontières, il circule dans tous les sens. Le vieux Márquez lui-même s'inspire directement des *Belles endormies* de Kawabata pour écrire *Mémoires de mes putains tristes*. C'est peut-être cela, ces parentés qu'on se forge, qu'on va chercher soi-même jusqu'au bout du monde en restant souvent dans sa chambre...

En outre, abordant la question des préfaces et les notions d'autorité et de regard, il ajoutait ceci :

> De grandes préfaces, surtout lorsqu'elles viennent des très grands auteurs, comme celle de Gombrovicz à *Héros et tombes* d'Ernesto Sabato, celle de Vargas Llosa à *Diadorim* de Rosa, celle de Yourcenar à *Vagues* de Woolf, celle

d'Aragon à *Djamilia* de Tchinguiz Aïtmatov – dans les deux cas, les préfaciers grands écrivains sont aussi les traducteurs des textes –, ou encore quand un écrivain traduit un autre écrivain, même si la traduction est mauvaise et qu'on peut y lire une création originale, ce sont bien là des morceaux d'anthologie. Comme les articles d'écrivains sur d'autres écrivains, comme Rushdie parlant de Kiran Desai, ou de Zadie Smith, etc. J'aime lire de tels textes, ils apportent un éclairage supplémentaire sur la démarche de l'auteur qui adoube tout en donnant une direction à la lecture du texte qu'il encense.

De fait, ce qui était là sous une forme ou une autre en termes de friction de genres, s'est affirmé plus avant dans ses textes les plus récents, que ce soit *L'Ethnologue et le sage* (2014) ou encore *La Couleur de l'Écrivain* (2014), essai dont bon nombre de chapitres, par la dramatisation du propos, peuvent se lire comme autant de nouvelles.

Par-delà les possibilités et le ludique d'une telle forme dans l'œuvre de l'écrivain, c'est d'abord par une densité de pensée que se signale le texte même si *La couleur de l'écrivain* repose sur le principe d'une comédie littéraire. C'est à partir d'une dramatisation de certaines scènes, avec pour point de départ les salons et rencontres littéraires auxquels participe l'écrivain, que l'auteur crée un échange, une conversation avec son public, notamment à travers l'apostrophe répétée de « Madame/Chère Madame ».

Dans chacun des chapitres ou sections, allant de quatre à six pages pour certains, en quelques lignes à peine la scène est campée, le germe qui sert de point de départ présent, la chute renvoyant à une question. En d'autres termes, les composantes fondamentales de la nouvelle sont bien là, constitutives du tissu textuel, qu'il s'agisse des incidents de la narration : coups de théâtre, ce qui avance ou retarde l'action, un effet de surprise, ou une chute inattendue[3].

Au sein de cette architecture qui participe autant de la nouvelle que de la dramatisation et de la théâtralité de certaines scènes, certaines stratégies textuelles apparaissent de manière récurrente, notamment la répétition. Sur l'ensemble du texte avec la question, et la reprise de « Chère Madame », mais aussi à l'intérieur de chaque fragment. Répétition qui se fait poétique parfois, ainsi dans « Le pseudonyme et la mort » où la répétition d'un mot, d'une question, sa reformulation créent un effet de

---

[3]　Cf. Midiohouan, Guy Ossito et Dossou, Mathias, *La nouvelle d'expression française en Afrique noire* (1999) ; aussi, Cazenave, Odile, Introduction critique à *Anthologie de La nouvelle dans la littérature africaine*, Paris, Hachette International, 2013.

martèlement semblable à celui du fer battu dans la forge de son père, martèlement qui marque d'abord la douleur de ce père tout autant que celle du fils face au miroir qui lui est tendu :

> Aboubacar, tu ne peux perdre notre terre,
> puisque tu ne l'as jamais méritée, notre terre,
> tu ne peux perdre ce que tu n'as jamais mérité,
> hélas, tu ne peux la perdre.
> Mais, tu t'es perdu, et pour ça, je te dis bravo.
> Tu as fait un bon usage de ta vie,
> tu l'as passé, ton temps, à apprendre à te perdre et pour ça
> je te dis bravo.
> Je te vois sur tes mille et une pistes,
> Je te vois, courant, je te vois, courant,
> Comme pour échapper au feu, courant,
> mais je te vois courir au-devant du feu, courant,
> alors qu'à ta droite comme à ta gauche et derrière toi tu as
> le feu, tu es cerné.
> Tu t'es perdu au milieu du feu, Aboubacar.
> Au milieu du feu, tu t'es perdu (p. 20).

Que ce soit « Le pseudonyme et la mort », « Le petit pont allemand », ou encore « Théo ne reverra pas sa terre », c'est d'abord la voix du poète qui se fait entendre. Au détour d'un souvenir, d'un moment, d'une scène ou épisode de la vie, une émotion, un sentiment, une peine retenue, percent. Pensée ou maxime, comédie humaine ou littéraire, voix de l'intime, analyse critique ou métafiction, *La couleur de l'écrivain* joue avec les genres et les tonalités. Le procédé n'est en rien nouveau chez l'auteur, car ses romans constituent autant de preuves d'une telle démarche où s'illustre l'art de passer d'un genre à l'autre par une simple phrase, un paragraphe, ou quelques pages.

Or, qu'il s'agisse d'*Hermina* (2003), de *La Fête des masques* (2005), de *Filles de Mexico* (2008), du *Paradis des chiots* (2009) ou d'*Al Capone le Malien* (2011), l'intertextualité, centrale dans l'écriture de Sami Tchak, est là non pas comme trait illustratif d'une tendance de la littérature ultra-contemporaine, mais bien parce les lectures font partie intégrante de ce qu'est l'écrivain. Par ses lectures critiques, l'auteur intègre au texte romanesque l'examen d'autres textes que les siens, représentatifs du corpus mondial. Lecteur, il se fait aussi critique et romancier essayiste, et inversement. Face à ces frictions et croisements d'imaginaire et de pratiques, face à ces transmédialités, force nous est de repenser notre rapport au texte et à la critique. Si *Hermina* était déjà une expérimentation des frontières entre fiction et essai, l'auteur se faisant lecteur, *La Couleur de l'écrivain* démontre de manière magistrale ce que pourrait être aujourd'hui une écriture critique à la Vladimir Nabokov ou encore à la façon d'un J.M. Coetzee : l'écrivain se fait critique et nous invite à réfléchir aux mécanismes de l'écriture, à la mise sur pied de l'architecture d'une œuvre, ou à la nature des constituants fondamentaux d'un texte en particulier. Véritable hommage à Ananda Devi, la dernière partie de l'essai constitue la démonstration parfaite d'une analyse critique subtile, doublée d'une connaissance en profondeur de l'œuvre de l'écrivaine.

Ainsi, dans sa note de lecture des *Hommes qui me parlent* (2013), a-t-il comme point de départ le « bilan d'un demi-siècle d'existence » effectué par Ananda Devi, ce qui lui permet de suivre le jeu de l'écrivaine avec et autour de son propre personnage[4] :

> C'est Ananda Devi qui parle d'Ananda Devi, cette fois-ci sans le recours aux masques dont elle a toujours su habilement user, en dansant, perverse, et surtout moqueuse du lecteur qui la cherche en vain, sous la peau de ses personnages issus de milieux souvent si éloignés du sien qu'à peine on a osé dire qu'elle est probablement cette folle amoureuse, *Pagli*, cette lycéenne énigmatique, *Eve de ses décombres*, cette écrivaine d'*Indian Tango*, etc., qu'on revient à la raison : « Non, ça ne peut pas être elle. » Avec *Les hommes qui me parlent*, c'est l'évidence […], l'auteure a tombé le sari.

Et ainsi que je l'ai noté dans « *Les Hommes qui me parlent* (2011) d'Ananda Devi : Un nouvel espace pour se dire ? »,[5] Tchak joue sur cette notion même de voile dans sa conclusion :

> Ananda Devi s'est tellement dévoilée dans ce livre que maintenant plus qu'auparavant, ses lectrices et lecteurs la liront en se demandant qui elle est réellement, car *Les hommes qui me parlent* l'habillent d'une nudité plus imperméable qu'un sari à l'illusoire transparence.

En fait, ce qui était déjà apparu dans sa lecture des *Hommes qui me parlent*, se confirme dans *La Couleur de l'écrivain*. "Sans Masque ni sari" (193), revient sur *Les Hommes qui me parlent*, et ce que ce texte

---

[4]   Tchak, Sami. « À propos du dernier récit d'Ananda Devi, *Les Hommes qui me parlent* », *Cultures Sud,* 20 Novembre, 2011.

[5]   Cazenave, Odile. « *Les Hommes qui me parlent* (2011) d'Ananda Devi : Un nouvel espace pour se dire ? », *Les Nouvelles Etudes Francophones* 28.2, Fall 2013.

autobiographique révèle de l'auteure par-delà les fictions du moi, en cerner encore plus finement les contours[6] :

> La vérité c'est que, en reprenant sa voix comme pour répondre à tous ces hommes, c'est surtout envers elle-même que l'auteur devient impitoyable, avec, pourrait dire le lecteur que je suis, ceci de singulier que, devenue sa propre matière, elle prend mieux place au cœur de sa propre œuvre, s'en va rejoindre l'univers de ses héroïnes pour être enfin accueillie comme leur mère, leur sœur, leur amie, celle qui n'a pas parlé pour les autres, mais aussi pour elle-même (p. 193).

Toujours dans *La Couleur de l'écrivain*, et autour d'un entretien avec Tchak justement, Devi prolonge cette question pour définir ce qui est au centre de son écriture, soit la présence conjointe de la violence et la beauté. Dans cet article sur *L'ambassadeur triste* comme espace de renouveau, je proposais certaines réflexions et faisais la constatation suivante :

> Si *Les Hommes qui me parlent* reposent tout entièrement la problématique de la création et du rapport de l'écrivain à son texte lorsqu'elle devient la matière même de ce texte, lorsque ce texte la vampirise et inversement, la notion de porosité des genres et des frontières se pose avec plus d'acuité que jamais dans *L'Ambassadeur triste* pour en devenir son principe moteur.

Or, poursuivant ma réflexion, il me paraît qu'un parallèle peut s'établir dans le renouvellement respectif de chacun des auteurs, autour de cette notion justement de « porosité » et d'engagement dans l'écriture. Notamment, à la suite d'un entretien de Sami Tchak avec Nathalie Philippe à propos de son écriture, de son narrateur voyageur, j'ai été frappée par le fait que les mêmes propos pouvaient s'appliquer à Ananda Devi :

> Ce "narrateur voyageur" qui observe, se laisse entraîner par les autres, absorbe comme une éponge toutes les histoires à portée de ses yeux et de ses oreilles et, grâce à sa naïveté et sa passivité, nous restitue avec un certain humour des histoires à la fois familières et étranges. La rupture, dit-il, ne me semble possible que dans une certaine continuité (p. 227).

---

[6] Les paragraphes qui suivent renvoient à l'article : Cazenave, Odile *"L'Ambassadeur Triste* (2015) d'Ananda Devi : Pour une ouverture sur de nouveaux espaces ?," *Mosaïques*, "Espace, mémoire et savoirs dans la fiction d'Ananda Devi." Eds. Issur Kumari and Jean-Claude Adaba, (June 2016).

Tout en tenant compte des spécificités de l'écriture chez Devi, il me paraît que nombre des paramètres cités par Tchak, comme les constatations qu'il fait, n'en sont pas moins pertinentes à l'endroit de l'écriture devinienne et plus particulièrement de ce recueil, que ce soit par les pointes d'humour que l'on peut déceler ici et là ou dans la configuration du voyage, de la découverte d'un espace autre. En écrivant cela, je dis deux choses, l'une bien évidemment qui renvoie à la profondeur d'analyse de Tchak de l'écriture devinienne, l'autre – et qui m'interpelle dans les allées et venues que cela dénote –, le degré de proximité dans la conversation qui s'engage non seulement entre les deux auteurs, mais aussi entre leurs œuvres, qui fait qu'au détour d'une phrase, d'un paragraphe, d'un chapitre, voire d'un personnage, leurs textes se répondent, et telle la jument dans « Œillères » (in *L'Ambassadeur triste*) se font un clin d'œil à propos de ce qui leur est le plus cher, l'écriture : « L'une des juments était caparaçonnée de bleu royal, de jaune safran et de rose-or. Je l'ai regardée avec attention et j'ai eu l'impression que, derrière ses œillères, elle me faisait un clin d'œil » (p. 77).

Bibliographie

Attikpoé, Kodjo, *De la transgression comme pratique esthétique dans l'écriture de Sami Tchak*. Thèse de doctorat, 2011.

Attikpoé, Kodjo, Introduction critique. *Anthologie de la nouvelle dans la littérature africaine*. Paris, Hachette International, 2013.

Cazenave, Odile et Patricia **Célérier**, *Contemporary Francophone African Writers and the Burdent of Commitment*, Charlottesville, UVA, 2011.

Cazenave, Odile, « Les Hommes qui me parlent (2011) d'Ananda Devi : Un nouvel espace pour se dire ? », in *Les Nouvelles Études Francophones*, 28.2, Fall 2013.

Cazenave, Odile, « *L'Ambassadeur Triste* (2015) d'Ananda Devi : Pour une ouverture sur de nouveaux espaces ? », in *Mosaïques*, « Espace, mémoire et savoirs dans la fiction d'Ananda Devi », Eds. Issur Kumari and Jean-Claude Adaba, June 2016.

Devi, Ananda, *Soupir*, Pari, Gallimard, 2001.

Devi, Ananda, *Pagli*, Paris, Gallimard, 2002.

Devi, Ananda, *Les Hommes qui me parlent,* Paris, Gallimard, 2011.

Devi, Ananda, *L'Ambassadeur triste,* Paris, Gallimard, 2015.

Dossou, Mathias et **Midiohouan** Guy Ossito, *La nouvelle d'expression française en Afrique noire*, Paris, L'Harmattan, 1999.

Kesteloot, Lilyan , « La littérature négro-africaine face à l'histoire de l'Afrique », in *Afrique Contemporaine*, Vol. 241, n° 1, 2012, p. 43-53.

Kesteloot, Lilyan, « La nouvelle génération d'écrivains africains », in *Présence Francophone*, n° 68, 2007, p. 71–181.

Mabanckou, Alain, *Écrivain et oiseau migrateur*, Paris, André Versaille Éditeur, Coll. Chemin faisant, 2011.

Tchak, Sami., *Place des fêtes*, Paris, Gallimard, Continents noirs, 2001.

Tchak, Sami., *Hermina*. Paris, Gallimard, Continents noirs, 2003.

Tchak, Sami., *Filles de Mexico*. Paris, Mercure de France, 2008.

Tchak, Sami., *Al Capone le Malien*. Paris, Mercure de France, 2011.

Tchak, Sami., *La Couleur de l'écrivain*, Ciboure, La Cheminante, 2014.

Sami Tchak : LES VOIES D'UN RENOUVEAU

PAPA SAMBA DIOP

Où l'on est bousculé dans ses habitudes de lecture, choqué par moments, mais où l'on sourit parfois, ou s'afflige de certaines confidences, mais où l'on s'inquiète toujours de la réalité ou de l'illusion de ce qui est narré[1] : tel est l'univers de mots intimes et troublants où nous introduit Sami Tchak. L'auteur mime une scène où il répond à l'un de ses lecteurs s'interrogeant au sujet de son livre préféré : « "Sami Tchak, lequel de tes livres me conseillerais-tu ?". Je réponds à cette question : "Mon chef-d'œuvre, c'est-à-dire le livre que je n'aurai jamais le temps d'écrire. Celui que je prie donc la terre entière d'attendre" » (Sami Tchak, *Ainsi parlait mon père*, 2018, p. 245).

La dérision avec laquelle l'écrivain répond donne le change à son interlocuteur : sa lucidité est sans illusions, qui n'exclut pas la féérie romanesque dans un monde médiocre et violent, « où généralement le succès commercial d'un écrivain objectivement mineur [...] libère la vanité de moult prosateurs obscurs » (Sami Tchak, *Op. cit.* p. 232). L'humilité sous-jacente à cette réplique est dictée par le fait que Sami Tchak est féru de littérature, qui, de ses « amours latino-américaines » à ses « amours africaines », devise en déambulant à travers la littérature mondiale, de Francisco de Quevedo y Villegas à Jonathan Swift, en passant par Fiodor Dostoïevski, Mario Vargas Llosa, Pepetela, Aimé Césaire ou Édouard Glissant. Insatiable lecteur, il aime partager avec

---

[1] Dans quelle mesure Sami Tchak serait-il un épigone de l'anthropologue Bronislaw Kaspar Malinowski (1884–1942), « observateur-participant » des us et coutumes, et particulièrement de la vie sexuelle des populations autochtones australiennes, de la Nouvelle-Guinée et des îles Trobriand ?

son lecteur les mouvements d'enthousiasme suscités par ses rencontres littéraires, classiques ou post-modernes.

Comment, dès lors, dans ce vaste et pluriséculaire concert de voix, faire entendre la vérité de l'être africain d'aujourd'hui, en dehors des préjugés et des clichés ? C'est à cette question que répond son œuvre littéraire, d'un roman à l'autre, d'un essai au suivant, en triomphant en chacun de ces genres, sans grand bruit, car une cohérence secrète sous-tend sa production littéraire, qui, sous la variété des thèmes abordés (homosexualité ou spiritualité, racisme ou hypocrisie sociale, nazisme ou fétichisme, prostitution ou meurtres, vanité humaine ou absurdité de l'existence) dévoile l'affermissement pas à pas d'une poétique exigeante, toute tendue vers un grand œuvre.

Les années 2000 sont marquées par cette entreprise littéraire questionneuse, sur laquelle il convient de se focaliser longuement, car, significative de la tension entre le passé et l'avenir, elle n'aura de cesse qu'elle n'obtienne la réception due à son rang. Écriture faite en surface de transgressions et d'irrévérences, mais, en son fond, expressive d'un profond attachement à ses origines togolaises, elle vise, d'une « blessure, à faire jaillir un espoir », et « des ténèbres, une lueur » (Sami Tchak, *Ainsi parlait mon père*, 2018). Sa genèse est édifiante sur la variété[2] et l'ambivalence des genres (essais, romans, mémoire, carnet) dans lesquels elle enferme sa philosophie de l'action humaine.

Après un premier roman (*Place des fêtes* en 2001) où n'est épargnée aucune des icônes des générations antérieures – mère, père, famille, patrie –, l'auteur continue avec *Hermina* (2003) et *La fête des masques* (2004) à contourner le territoire habituel de l'écriture francophone subsaharienne. Sans doute s'agit-il ici d'un des exemples les plus réussis d'une création – par un auteur africain – d'un espace imaginaire où la terre d'origine est à peine perceptible dans la microstructure du récit. En l'occurrence, l'inspiration naît d'une multitude de lectures – surtout

---

[2]   Sous le nom de Sadamba Tcha-Koura, publication en 1988 de *Femme infidèle*, et en 1995 de *Formation d'une élite paysanne au Burkina Faso*. Trois essais suivent, sous son nom d'écrivain, Sami Tchak : *La sexualité féminine en Afrique* (1999), *La prostitution à Cuba* (1999), et *L'Afrique à l'épreuve du sida* (2000). Complétés dans les deux décennies suivantes par près d'une douzaine de titres de romans ou d'essais : *Place des fêtes* (2001), *Hermina* (2003), *La Fête des masques* (2004), *Le Paradis des chiots* (2006), *Filles de Mexico* (2008), *Al Capone le Malien* (2011), *L'Ethnologie et le sage* (2013), *La couleur de l'écrivain* (essai, 2014), *Ainsi parlait mon père* (essai, 2018), *Les Fables du Moineau* (2020), *Le Duo de l'Étoile et de la Luciole* (2020).

dans *Hermina* – ou d'une plongée dans l'univers hispanophone, dont cependant bien des lieux interlopes pourraient rappeler une certaine Afrique urbaine déstructurée. Livré à la permanence de son pessimisme, le romancier poursuit, en France, loin des limites imposées par les conventions, une œuvre romanesque originale par son style éclectique comme par son contenu subversif. Le premier volume, *Place des fêtes*, avait retenu l'attention d'une minorité. L'accueil fait au second, *Hermina*, révèle un élargissement non négligeable d'audience, en France.

Et jusqu'en 2008, avec *Filles de Mexico,* tous les romans que l'auteur a publiés en France déplacent l'accent porté par ses aînés sur des valeurs culturelles communautaires, à l'individu dépeint comme si, pour lui, le passé était considéré comme clos et sans lien avec la vie qui se poursuit « poreuse à tous les souffles du monde »[3]. Et l'on avait pensé, après *Hermina* (2003) et *La Fête des masques* (2004), que le romancier tenterait d'en compenser le fond licencieux par un retour vers des valeurs plus « africaines ». En fait, fidèle à son tempérament séditieux, Sami Tchak s'exprimera dans *Filles de Mexico* (2008) sur le même ton que naguère, pliant ainsi l'univers scabreux de ses personnages à sa vision désabusée.

On en était là dans la lecture de ses romans, où la truculence verbale étourdissante et l'abondance métaphorique sont mises au service de la hantise de la sexualité (« Toute civilisation commence par le sexe » in *Ainsi parlait mon père*, p. 141), lorsqu'arrivent 2011, puis 2013, deux années qui marquent un tournant : la publication d'*Al Capone le Malien* en 2011, puis celle de *L'Ethnologue et le sage*, le premier roman au Mercure de France et le second chez ODEM à Libreville. Ces romans thématisent un retour sans ambiguïté vers l'Afrique occidentale, dans ce qu'elle a de plus légendaire, le *Mande*, que le romancier, tout en restant fidèle à son tempérament burlesque (*Al Capone le Malien*), réhabilite sur le ton d'une épopée des temps modernes.

Al Capone le Malien (Paris, Mercure de France, 2011, 298 pages), écrit en grande partie en 2009, se situe « AU CŒUR DU MANDING », et se focalise sur le personnage de Namane Kouyaté qui a d'abord été professeur d'histoire à Conakry, puis diplomate en Algérie et en Allemagne (18), et qui doit informer de l'histoire du Mande le narrateur, René Cherin, lequel se rend en Afrique en reportage pour un magazine, au sujet d'un balafon sacré (p. 14) appelé « Sosso-bala », que Conakry avait réussi à

---

[3] Aimé Césaire, *Cahier d'un retour au pays natal* (1939), Paris, P.A., 1983, p. 47.

faire « classer par l'UNESCO comme un patrimoine mondial immatériel de l'humanité » (p. 15). Fabriqué et offert par un génie au roi de Sosso, Soumaoro Kanté en 1205 (15), ce balafon avait été confié à la garde exclusive des Kouyaté du village de Niagassola situé près de la frontière nord de la Guinée avec le Mali (p. 15).

En réalité, Namane Kouyaté est prétexte, pour Sami Tchak, à célébrer Soundjata Këita, l'un des chapitres du livre étant intitulé « Gloire à Soundjata ». Mais cet hommage se double d'un reproche formulé à l'encontre des cultures et sociétés africaines, auxquelles il manque des lieux de mémoire dignes de leurs glorieux souverains. Au sujet de Soundjata Kéita, note le romancier, « Il n'y a même pas sa tombe pour qu'on puisse s'y recueillir » (p. 95). Et de ses personnages les plus en vue, Binétou Fall, enfant du Manding, de père sénégalais et de mère malienne, surgit pour renchérir :

> Je me fonde sur le cas de Ba Bemba Traoré, ce roi du Kénédougou qui a vaillamment résisté aux Français. Le jour où nous sommes allés à Sikasso, j'ai découvert qu'après avoir été vaincu par les colons et leur puissante armée, il a été jeté avec les siens dans une banale fosse commune. Et à ce jour, personne n'a songé à l'extraire de là pour le loger dans un mausolée digne de lui. Pas un monument pour l'honorer, rien qui témoigne de sa résistance au colonisateur, ni de son suicide héroïque. Pourquoi Ba Bemba est-il oublié dans une banale fosse commune ? (p. 97).

Aussi est-ce dans la bouche de Namane Kouyaté que Sami Tchak place les mots qui semblent résumer sa philosophie nouvelle : « Les littératures africaines sont rarement à la hauteur de nos héros » (Sami Tchak, *Al Capone, le Malien*). Au-delà du Mande, le second roman des années 2000, *L'Ethnologue et le sage,* a pour décor un village togolais de « cent habitants répartis, selon leurs liens de famille et leurs clans, dans des cases en banco » (p. 7), et pour figures centrales l'imam, Alfa Salifou (16), « qui jeûne trois jours par mois, sacrifie un bélier chaque premier vendredi de la lune, et pour la fête de la Tabaski au moins dix bœufs » (p. 17), et un ethnologue. Le *topos* africain n'est plus ici de pure rhétorique, et le roman semble ne plus vouloir se payer de mots : mais prétend à une œuvre d'édification qui voit en l'ethnologue un substitut moderne du colon et en l'imam un allié de la culture autochtone. Dans ce court roman de moins de 200 pages, Sami Tchak présente l'Islam comme un modèle de religion tolérante, cette irruption du fait religieux dans son œuvre venant discréditer tout le discours analytique qui avait, jusqu'à ce tournant, classé l'auteur du côté de Yambo Ouologuem et de la critique radicale des cultures et sociétés africaines.

Ainsi parlait mon père, en 2018, hymne à la mémoire du père, Métchéri Salifou Tcha-Koura, un forgeron, tente de le « ramener à la vie », de le « faire renaître ». De ce qu'il a pu enseigner à ses enfants, à ses épouses et à d'autres personnes de son village, le fils tire la substantifique moelle : en présentant ses propos comme les « leçons de la forge » (p. 25). Témoin audible de son temps et historien des figures familiales qui l'ont vu grandir, il éclaire d'une lumière nouvelle son lecteur : en répondant sans détour à la question « qui suis-je ? », par un acte de foi à l'égard d'une langue – le *tem* – et de la culture qu'elle véhicule. Bien qu'il ne soit pas dans le déni des métamorphoses opérées en lui par sa formation occidentale : « Je sais, je le sais : le plus authentique de moi s'est évanoui il y a des décennies. Je ne traîne plus que cette illusion qu'il me faudra un jour enterrer sous un amas de crottes de chien » (*op. cit.*, p. 54).

Néanmoins, ne voulant laisser le soin à quelque anthropologue que ce soit, de se substituer à lui pour révéler ou inscrire dans la mémoire universelle la *philosophie* de son monde primordial, il étoffe son œuvre d'*Ainsi parlait mon père*, hymne à la mémoire de son père : Métchéri Salifou Tcha-Koura, forgeron, décédé à la Mecque en 2003. Le livre – inspiré d'*Au tribunal de mon père* (1990)[4] de l'écrivain juif polonais naturalisé américain, Isaac Bashevis Singer (1902–1991) – tente de le « ramener à la vie », par la magie d'un « dialogue » *post-mortem*. De ce qu'il a pu enseigner à ses enfants, dire et vivre avec ses épouses – parmi lesquelles Alimatou Essowavana Wouro Gnawou, la mère de l'écrivain – et avec d'autres personnes de son village, le fils tire la substance d'*Ainsi parlait mon père*, en présentant les propos d'El Hadj Métchéri Salifou Tcha-Koura, dont certains sont de circonstance, comme des « leçons », d'autant plus précieuses qu'elles ont été façonnées dans une « forge » (p. 25).

Nulle part ailleurs que dans cet ouvrage qui entremêle sens pratique de la vie, philosophie morale et approche pragmatique des êtres et des choses, Sami Tchak n'est aussi percutant dans son désir de faire dialoguer

---

[4]   Comptant parmi la demi-douzaine de ses écrits autobiographiques, *In My Father's Court* d'Isaac Bashevis Singer, paru en 1966, est traduit en français en 1967 sous le titre Le Confessionnal. Au tribunal de mon père, en 1990, est la seconde traduction. L'auteur, fils de rabbin et Prix Nobel de littérature en 1978, y relate son apprentissage de la vie à l'écoute des verdicts rendus par son père juge des affaires familiales dans une bourgade de Varsovie.

le monde de l'oralité – qui aurait pu s'évanouir avec les décès survenus en 1972 de la mère de l'auteur, Alimatou du clan *dikèni*, née au village de Kédjikandjo au Togo et élevée au Ghana ; et en 2003, du père – et celui de l'écriture. Aussi, dans la mesure où toute son œuvre est ordonnée autour d'un style soucieux de transmettre les « leçons » apprises des voyages d'études ou de conférences de l'auteur, mais surtout du père, âme d'un monde étincelant d'idées mais que le malheur n'a pas épargné, n'est-il pas jusqu'au moindre message que ces « paroles » nous transmettent, au prix du sens moderne de l'absurde, qui ne doive être médité.

En outre, à sa façon incisive d'étreindre la *situation* éditoriale ou commerciale, voire la complexion morale ou les fragilités de l'écrivain francophone de sa génération, par des allégories ou des confidences familiales, Aboubakar Sadamba Tcha-Koura (Abou, comme l'appelle son père en famille, ou Sami Tchak de son nom de plume) nous offre à lire une œuvre d'une grande sincérité, où l'angoisse a sa clarté et la clairvoyance son tranchant. Comme dans cette prosopopée de rebelle au cœur de la « postcolonie » :

> « Léopold Sédar Senghor, Léon-Gontran Damas, Aimé Césaire : sainte-trinité de la Négritude, vous qui nous portez si haut sur vos épaules, supportez aussi comme les branches des arbres les fientes des oiseaux qu'elles hébergent, la bave de nombre d'entre nous » (Sami Tchak : *Ainsi parlait mon père*, Paris, JC Lattès, 2018, p. 236).

À rebours du sens fébrile des errances actuelles, cette remémoration d'illustres devanciers n'est point due au fait que, drapé de manière inattendue dans la toge du moraliste, l'écrivain veuille nous installer dans un ordre qui eût existé dans le passé et dont il serait nostalgique. Il convient plutôt d'y entendre que les genres littéraires par lesquels il s'exprime lui servent de béquilles pour porter le fardeau d'une conscience africaine soucieuse d'échapper « aux rires moqueurs des morts immortels » (*Ainsi parlait mon père*, p. 245).

Bibliographie

Césaire, Aimé, *Cahier d'un retour au pays natal* (1939), Paris ; P. A., 1983, 93 p.

Damas, Léon-Gontran, *Pigments* (1937), Paris, P.A., 1962, 62 p.

Malinowski, Bronislav, *Sexe and Repression in Savage Society* (1927), reprinted, London, Routledge, 2002, 285 p.

Malinowski, Bronislav, *The Sexual Life of Savages in North-Western Melanesia : An Ethnographic Account of Courtship, Marriage, and Family Life among the Natives of the Trobriand Islands, British New Guinea* (1932), London, Routledge and K. Paul, 1968, 505 p. (3ᵉ édit.).

Ouologuem, Yambo : *Le Devoir de violence*, Paris, Seuil, 1968, 208 p.

Ouologuem, Yambo : *Les mille et une bibles du sexe* (1969), réédit. 2015, La Roque-d'Anthéron, Vents d'Ailleurs, préf. de Jean-Pierre Orban et Sami Tchak, 213 p.

Senghor, L. Sédar, *Œuvre poétique*, Paris, Seuil, 1990, 439 p.

Singer, Isaac Bashevis, *The Confessional,* roman Yiddish, traduit par Gisèle Bernier, Paris, Stock, 1967, 311 p.

Tcha-Koura, Sadamba, *Femme infidèle* (roman), Lomé, N.E.A., 1988, 144 p.

Tchak, Sami, *Formation d'une élite paysanne au Burkina Faso* (essai), Paris, L'Harmattan, 1995, 204 p.

Tchak, Sami, *La sexualité féminine en Afrique* (essai), Paris, L'Harmattan, 1999, 240 p.

Tchak, Sami, *La prostitution à Cuba* (essai), Paris, L'Harmattan, 1999, 158 p.

Tchak, Sami, *L'Afrique à l'épreuve du sida* (essai), Paris, L'Harmattan, 2000, 141 p.

Tchak, Sami, *Place des fêtes* (roman), Paris, Gallimard, 2000, 294 p.

Tchak, Sami, *Hermina* (roman), Paris, Gallimard, 2003, 339 p.

Tchak, Sami, *La Fête des masques* (roman), Paris, Gallimard, 2004, 105 p.

Tchak, Sami, *Le Paradis des chiots* (roman), Paris, Mercure de France, 2006, 222 p.

Tchak, Sami, *Filles de Mexico* (roman), Paris, Mercure de France, 2008, 179 p.

Tchak, Sami, *Al Capone le Malien* (roman), Paris, Mercure de France, 2011, 300 p.

Tchak, Sami, *L'Ethnologue et le sage* (roman), Libreville, ODEM, 2013, 127 p.

Tchak, Sami, *La couleur de l'écrivain* (essai), Ciboure, La Cheminante, 2014, 221 p.

Tchak, Sami, *Ainsi parlait mon père* (essai), Paris, JC Lattès, 2018, 269 p.

Tchak, Sami, *Les Fables du Moineau* (contes et légendes), Paris, Gallimard, 2019, 139 p.

Tchak, Sami, *Le Duo de l'Étoile et de la Luciole* (roman), Abidjan, Hadassa Éditions, 2020.

L'ETHNOLOGUE ET LE SAGE : UNE MISE EN ÉCHEC DE L'EXHAUSTIVITÉ OCCIDENTALE ?

GUILLAUME GAUTHIER

En 1978, l'anthropologue Catherine Brendt remarque à propos de son travail sur le terrain, que « le processus d'investigation et d'interprétation peut se rapporter à une tentative d'imposer un ordre et une précision à des domaines où l'ambiguïté est favorisée »[1]. Idée que l'on trouve aussi chez Klapproth[2]. Cette réflexion soulève la question de la tension entre exhaustivité et mystère, thème majeur qui traverse le roman *L'ethnologue et le sage* de Sami Tchak publié en 2013. En d'autres termes, ce texte remet en question l'impératif de l'exhaustivité occidentale quand cette dernière se voit confrontée à une ambiguïté séculaire.

C'est à travers les yeux de l'ethnologue français Maurice Boyer que nous faisons la connaissance des habitants de Tèdi. Au fil de ses rencontres avec les différents personnages peuplant la modeste bourgade togolaise, le protagoniste s'investit toujours davantage dans les affaires des Tèdiens. Néanmoins, alors qu'il assiste à un procès opposant un fils à sa mère, son implication l'amène à remettre en question l'ordre socioreligieux du village. Son intervention marque le début de la dégradation de sa relation avec les Tèdiens et va même jusqu'à se solder par le procès de l'ethnologue.

Afin de mieux établir la dichotomie entre ambiguïté tèdienne et exhaustivité occidentale, Sami Tchak dépeint un Maurice Boyer, dès l'ouverture du roman, absorbé par sa tâche scientifico-classificatoire :

---

[1] Ronald Brendt and Catherine Brendt, *The Speaking Land: Myth and Story in Aboriginal Australia*, Rochester, Inner Tradtions – Bear and Company, 1994, p. 34.

[2] Danièle M. Klapproth, *Narrative as Social Practice: Anglo-Western and Australian Aboriginal oral traditions*, Berlin, Mouton de Gruyter, 2004, p 23.

> La place centrale du village constitue un espace polyvalent. On y trouve
> plusieurs bancs publics, du moins ce qui tient lieu de bancs publics, des
> troncs d'arbre débarrassés de leur écorce, posés à même le sol […]. Cet espace
> public est à la fois une place des fêtes, un marché, un terrain de jeux, un lieu
> de réunion… (p. 8)

Le besoin, presque compulsif, du narrateur occidental de rapporter
de façon exhaustive ce qu'il a vu, apparaît dans la manière avec
laquelle ce dernier tente d'attribuer une fonction à un lieu qui, de
façon manifeste, n'est pas pensé à cet effet. Par exemple, avant même
de s'atteler à la description de la place elle-même, le narrateur précise
le caractère « polyvalent » de cet espace, relativisant ainsi avant l'heure
sa propre approche scientifique. Ensuite, compte tenu du fait que Tèdi
« est un tout petit village qui compte moins de cent habitants » (p. 7),
cette même démesure descriptive se manifeste par le choix de qualifier
cette place comme étant « centrale ». De surcroît, le recours à une
énumération – au sein d'un discours qui se veut méthodique et surtout
exhaustif – se soldant par des points de suspension, représente un aveu
d'échec, étant donné que le chercheur s'avère être incapable de dresser
un portrait accompli (et donc intégral) de son espace d'investigation.
L'impossibilité d'une description objective se reflète finalement aussi dans
le commentaire que fait le protagoniste au sujet des « bancs publics ».
Outre le fait que la notion de « bancs publics » semble – encore une fois –
accessoire dans un hameau à l'écart de la culture urbaine, le narrateur
suggère un ajustement des Tèdiens à la culture occidentale (« qui tient
lieu de »). Ce type d'hégémonie scientifique tente de maîtriser l'objet de
recherche : en assignant certaines fonctions à un lieu, on crée un cadre,
un système de pensée. Cette condescendance, encore rampante dans
les prémices du roman, va en s'aggravant jusqu'à l'épisode fatidique du
procès de Maurice par les Tèdiens : « Pisse sur eux et retourne à la lumière
de chez nous. Il n'y plus a plus rien à observer, c'est terminé. Ces gens-là
sont et seront ce qu'ils furent : des damnés » (p. 85). Si Maurice Boyer
endosse d'abord le rôle « d'Observateur, de Sujet face à eux, l'objet de
[ses] recherches » (p. 60) et tente d'organiser l'espace selon des codes
occidentaux, l'évolution du récit montrera son échec.

Les tensions entre le narrateur et les Tèdiens surgissent précisément au
moment où Maurice tente d'imposer activement son ordre scientifique
à un milieu possédant ses propres codes. Alors que l'imam prédit la folie
à chaque personne qui mentirait la main posée sur le Coran, Maurice,
choqué par le fait qu'un fils puisse traîner sa propre mère en justice, décide

de déjouer la stratégie d'Alfa Salifou en démontrant que le Coran n'est qu'un livre parmi d'autres. Il est étonnant de remarquer que l'ethnologue, alors qu'il vient d'effectuer l'autodafé d'une page du Coran, semble déjà anticiper, certes maladroitement, ce qui va le séparer des Tèdiens :

> Je décidai de ne pas rentrer avec l'imam dans des discussions sur la chimie, les lois de la combustion, je choisis quelque chose d'empirique, tout en sachant que la mentalité qui prévalait dans ce village supportait tellement de contradictions qu'aucune démonstration ne pouvait être une preuve irréfutable aux diverses croyances et superstitions. (p. 45)

Bien qu'il reconnaisse que les habitants ont un rapport différent à la réalité, Maurice – se positionnant en tant que personne scientifique – décide de questionner ces « contradictions ». Son erreur consiste dans son choix de ne pas tenter de raisonner comme un être humain à part entière, mais plutôt d'adapter son discours rationnel et matérialiste à une culture qu'il juge comme étant encore ancrée dans des croyances qu'il considère être des superstitions Sa fierté d'Occidental éclairé le pousse à commettre des actes dont il devine l'incompatibilité avec la culture concernée. Le regard dépréciatif de l'ethnologue peut notamment être constaté à travers sa manière de renoncer à un dialogue avec l'imam. En outre, en confrontant sa conception occidentale de « preuve irréfutable » aux « diverses croyances et superstitions » des Tèdiens, Maurice s'interroge sur leur faculté de raisonnement. À travers cette intervention, le narrateur ne remet pas seulement en question la validité du Coran, mais vient aussi d'ébranler l'ordre de Tèdi – l'ordre d'une ambiguïté irrécusable.

L'ambiguïté chez les Tèdiens peut être appréhendée comme faisant partie intégrante de leur existence. Tout comme la nuit, l'ambiguïté est une nécessité. Cette métaphore nocturne est particulièrement apparente à la fin du roman, où l'imam découvre – plus ou moins par hasard – Maurice en train de se rincer dans le fleuve suite à une diarrhée aiguë :

> Mais vous [les Blancs] savez tellement que vous avez fini par oublier la beauté de l'ignorance. Pourquoi il y a la nuit ? C'est pour que tout ne nous apparaisse pas sous le grand jour, pour que l'essentiel de la vérité des êtres et des choses demeure pour nous un grand mystère, pour que nous vivions avec la peur et l'obéissance devant ce qui nous dépasse. (p. 119–120)

Étant donné que l'hypothèse d'un empoisonnement alimentaire par l'imam semble plus que probable, il peut être conclu que, d'une certaine manière, l'ethnologue se fait punir par l'ambiguïté qu'il tente de combattre.

Bien que l'imam ne reconnaisse d'aucune façon son méfait, le discours de ce dernier fonctionne comme une apologie du mystère par rapport au savoir occidental. Pour commencer, l'image de la nuit – incarnation de l'ambiguïté tèdienne – informe Maurice du caractère superflu et invasif de sa recherche d'exhaustivité dans un lieu comme Tèdi. D'ailleurs, la même stratégie est exploitée par les villageois tout au long du roman. Par exemple, alors que l'ethnologue les interroge au sujet de leurs pratiques sexuelles, la réponse de ces derniers est sans appel : « la nuit appartient à la nuit » (p. 24). De surcroît, le discours de l'imam, en soi, est ambigu, compte tenu du fait que le texte fait cohabiter des notions apparemment contraires. Alors qu'Alfa Salifou commence par souligner « la beauté de l'ignorance », la fin de l'extrait nous apprend que cette beauté est un outil pour asseoir « la peur et l'obéissance ». Le fait que Maurice avoue que « le poids de la nuit » fait se hérisser ses « poils et [ses] cheveux […] de peur » (p. 113), suggère que l'ambiguïté du village triomphe de sa volonté d'exhaustivité. Enfin, hormis le fait que le discours de l'imam est ambigu, son personnage l'est tout autant. Dans le premier chapitre, nous apprenons que, suite à la mort mystérieuse de son père adoptif et fortuné, lors d'une prière solitaire, Alfa Salifou a préféré se retirer à Tèdi au lieu de « prendre la place du célèbre défunt » (p. 20).

L'Occidental doit donc abandonner ses fantasmes d'exhaustivité quand il est confronté à l'humain – un être est une notion on ne peut plus ambiguë. Cette ambivalence de l'humain, l'ethnologue l'observe sans pour autant la comprendre :

> Pourtant, dans ces milieux où les corrections et humiliations physiques appartenaient à la comédie de tous les jours, il y avait, si imbriquées, des scènes, des preuves de tendresse, d'affection, d'amour, de compassion… (p. 57).

À ce stade du récit, Maurice Boyer n'est pas encore capable de se défaire de son regard moral et classificatoire et réduit par conséquent l'ambiguïté humaine à laquelle il assiste, à l'état d'une fiction (« la comédie de tous les jours », « des scènes »). Plus avant, nous constatons aussi la même utilisation des points de suspensions, synonymes de son incapacité à totalement capturer la nature humaine. De ce fait, après s'être fait exclure, punir, puis instruire par cette ambiguïté humaine, l'ethnologue saisit prend conscience de la finalité de sa présence à Tèdi : « J'étais venu pour apprendre, mais j'ai fait mieux, j'ai fait une rencontre » (p. 126).

Ici, il est possible de rejoindre la parole de Sami Tchak qui indique que dès que l'effacement entre le bien et le mal s'opère, on se situe face à l'humain. Il n'y a pas une seule réalité, mais celle-ci est composée tel un miroir fragmenté. Chacun peut retrouver son unicité et sa diversité dans un morceau du miroir. L'intériorité humaine, en somme, est partout analogue et participe à la construction de l'humanité. Seul le contexte nous influence[3]. En d'autres termes, un des messages à retenir de *L'ethnologue et le sage* pourrait être qu'un dépassement des valeurs occidentales – dont l'acceptation du mystère – est une étape décisive afin d'accéder à une conception plus complète de l'Humanité.

Bibliographie

Brendt, Ronald and **Brendt**, Catherine, *The Speaking Land: Myth and Story in Aboriginal Australia*, Rochester, Inner Traditions – Bear and Company, 1994.

Klapproth, Danièle M., *Narrative as Social Practice: Anglo-Western and Australian Aboriginal Oral Traditions*, Berlin, Mouton de Gruyter, 2004.

---

[3]   Sami Tchak, « La fiction à l'épreuve du réel », conférence donnée à l'Université de Bâle, 27 avril 2016, inédit.

JEUX ANIMISTES ET PASSAGES DE FRONTRIÈRES DANS *AL CAPONE LE MALIEN* DE SAMI TCHAK

ALICE LEFILLEUL

L'œuvre de Sami Tchak suscite la controverse et la plupart des critiques[1] qui s'y sont intéressés la considèrent sous des angles relatifs à l'expérience migratoire, la violence, ou encore la sexualité. En effet, l'entièreté de son œuvre aborde ces thématiques tout en privilégiant le point de vue des marginaux et des subversifs. Qu'il s'agisse des habitants d'une dictature extrêmement répressive comme dans *Hermina* ou d'enfants d'immigrés dans *Place des Fêtes* les personnages de Sami Tchak sont presque systématiquement amenés à transgresser des interdits : meurtre, inceste et même nécrophilie.

On note le regard interrogateur du sociologue qui, en consacrant sa thèse de Doctorat aux prostituées cubaines[2], questionne les interactions entre des individus marginaux et la société qui les abrite. Il n'est pas étonnant, au vu de sa formation, que la notion de subversion soit au cœur de son travail d'écrivain

Il vit principalement en France, et jouit d'un large lectorat européen et d'une importante reconnaissance par les institutions littéraires. Son parcours et sa production littéraire qui convoquent différents sujets et lieux géographiques le désignent d'emblée comme un passeur de frontières, qui se plaît à interroger les catégorisations institutionnelles. Parmi ses romans

---

[1] Baguissoga, Satra, *Les audaces érotiques dans l'œuvre de Sami Tchak*, Paris, L'Harmattan, 2010 ; Philippe, Nathalie, « Écrivains migrants, littératures d'immigration, écritures diasporiques », *Hommes & Migrations* 3/2012 (n° 1297), p. 30–43, web, consulté le 30/04/2015.

[2] Tchak, Sami, *La prostitution à Cuba*, Paris, L'Harmattan, 1999.

publiés en France, un seul se déroule en Afrique : *Al Capone le Malien*[3]. Son personnage principal, René un journaliste français, y est confronté successivement à différentes situations qu'il ne comprendra pas. En effet, il ne possède aucun des codes culturels des pays dans lesquels il voyage : la Guinée puis le Mali. La position d'étranger du personnage va donc le mener à vivre une série d'événements pour lui très déroutants. Chacun de ces faits inclut de façon plus ou moins importante des références animistes : rêves éveillés, esprits qui se détachent des corps, etc.

Il s'agit, dans le présent article d'étudier comment l'animisme devient pour Sami Tchak un outil de subversion et d'interrogation d'une norme. Cette norme est celle que René projette sur ce qu'il vit et observe. C'est donc un *credo* échafaudé par la culture française du personnage, et qui, pour lui, correspond à une vérité absolue : les esprits « ça n'existe pas ». René, parce qu'il est un journaliste français parti « observer » la culture mandingue, peut être considéré comme le représentant d'une institution littéraire et d'un lectorat francophone occidental (ce roman est publié en France) qui à travers le roman « observe » l'univers qui y est décrit.

L'animisme, parce qu'il est source d'incompréhension, ouvre une brèche et se fait à la fois rouage de la fiction et rupture dans l'ethnocentrisme essentialiste véhiculé par le regard du journaliste. S'il occasionne un passage de frontière, l'animisme engendre également un filtre opaque pour quiconque n'en maîtrise pas les codes. Il interroge les notions d'invisible et de visible, de ce qui est perçu ou non, selon qu'on possède ou non la bonne grille de lecture culturelle. Ce qui implique une réflexion sur la possibilité d'un dialogue interculturel.

Ma réflexion s'appuie ici sur un chapitre se situant aux deux tiers du roman : « La nuit magique ». René, le narrateur, est un journaliste français naïf et raté, un antihéros débarqué en Guinée pour mener un reportage sur un balafon sacré. Il sera ensuite entraîné dans un hôtel de luxe à Bamako par un fascinant escroc surnommé Al Capone. Ce dernier, ne cessant d'apparaître et de disparaître au gré de diverses mises en scène, manipule René à sa guise. L'intrigue progresse à mesure que le mystérieux Al Capone dévoile ses intentions troubles. Cette scène intervient au moment où l'escroc et sa compagne, Sidonie, refont brusquement surface après s'être séparés de René et Binétou Fall, une très belle Franco-Malienne. Se déroulant la nuit, cette est une scène de l'entre-deux : entre

---

[3] Tchak, Sami, *Al Capone le Malien*, Paris, Mercure de France, 2012.

la veille et le lendemain, l'éveil et le sommeil, entre le monde des humains et celui des esprits, et surtout entre deux moments de l'intrigue.

Scène pivot, « La nuit magique » introduit la quatrième partie du roman, intitulée « Mon voyage au cœur de leurs ténèbres », dans laquelle Al Capone devient narrateur et révèle son histoire. Ce chapitre illustration la construction « à tiroirs » du roman[4] dans laquelle différents filtres se superposent, multipliant son interprétation. S'y mêlent l'ambiguïté des états éveillés et endormis du narrateur (qui ne sait s'il vit « réellement » ce qui lui arrive), la capacité illusoire d'Al Capone (qui met en scène chacune de ses actions et brouille par là son statut) et l'atmosphère inquiétante, voire effrayante, créée par les événements irrationnels auxquels seront confrontés les personnages. Cette scène introduit René, et avec lui le lecteur, dans un nouvel univers : l'univers animiste.

L'on peut procéder à une lecture de cette scène par le prisme de l'animisme comme structure formelle et façon d'être au monde interrogeant la notion de norme : cette nuit est magique, mais pas aux yeux de tous les personnages. En effet, ce que René vit comme étant étrange et déroutant ne l'est pas aux yeux d'Al Capone et de sa compagne. Ainsi l'un considère-t-il comme magique ce que les autres acceptent comme étant tout à fait normal. La norme est déplaçable.

L'animisme peut être perçu ici comme un schème[5] organisant les éléments du monde entre eux : vivants, objets, nature et esprits. Philippe

---

[4]　Le narrateur est un reporter français, venu écrire sur un balafon sacré, son regard empreint d'exotisme sur une société qu'il voudrait « traditionnelle » constitue le premier filtre. Au cours de son voyage, il rencontre Al Capone, un escroc de haut vol qui se fait successivement passer pour un roi et un malfrat. Le mystère qui entoure ce personnage et les mensonges et mises en scènes qu'il élabore afin d'entretenir l'illusion instaurent un deuxième filtre. Enfin, tout un univers animiste – dans lequel les rêves sont constitutifs de la progression de l'intrigue, des esprits visitent les personnages, et des événements irrationnels se produisent – représente un troisième et dernier filtre.

[5]　Cf. Philippe Descola, « *Structures de l'expérience* » *Par-delà nature et culture*, Paris, Gallimard, 2005. Dans cet ouvrage, l'anthropologue conceptualise les façons d'être au monde à partir de différents schèmes, différentes façons dont les groupes d'êtres humains schématisent leurs expériences. Le schème selon Descola se construit à partir de deux notions : l'identification et la relation. L'identification correspond au rapport à soi : le moyen par lequel chacun établit des différences et ressemblances entre soi et les autres et définit donc les comportements et qualités qu'il s'attribue. La relation est entendue comme le rapport à l'autre, rapport repérable dans des comportements typiques et se traduisant dans des normes sociales concrètes. Descola va donc établir son analyse des schèmes à partir du rapport entre physicalité et intériorité, qui, eux,

Descola qui, dans *Par-delà nature et culture,* le définit ainsi : « manière dont un groupe humain schématise son expérience »[6]. L'animisme recouvre donc une certaine organisation des étants et des objets les uns par rapport aux autres. Nous verrons comment cette organisation se reflète voire s'incarne dans l'œuvre littéraire elle-même. Enfin, j'envisagerai également l'animisme comme une pensée dynamique qui, parce qu'elle circule d'un lieu à l'autre permet de briser les perspectives figées. Je m'appuie ici sur la pensée développée par Caroline Rooney dans son travail « African literature, animism and politics ». Elle y défend l'idée que l'animisme est « a cross-cultural and trans-historical phenomenon that also traverses epistemic boundaries. »[7].

Motifs et structure : L'animisme comme mode d'écriture

Dès la première lecture, ce texte s'annonce empreint d'animisme. Son titre même, *Nuit magique,* annonce la thématique. La « magie » y est omniprésente, elle est à la fois le sujet et le décor, et influence même la structure du chapitre. Laissant le mot « magie » à la perception du narrateur étranger, nous lui préférerons l'emploi du terme *animisme,* plus adéquat à notre lecture de l'œuvre. L'animisme apparaît d'abord par

---

vont fonder la relation et l'identification. L'animisme fonctionne donc selon le schème suivant : « nous avons des intériorités similaires et des physicalités hétérogènes. » (*Ibid*, p. 176). Les caractéristiques engendrées par ce schème sont donc :

– L'imputation par des humains à des non-humains d'une intériorité identique à la leur.

– L'idée d'une continuité matérielle unissant tous les organismes (continuité de la substance, discontinuité de la forme).

– La capacité de métamorphose reconnue aux êtres pourvus d'une intériorité identique : un humain peut s'incorporer dans un animal ou une plante, un animal adopter la forme d'un autre animal, une plante ou un animal ôter son vêtement pour mettre à nu son âme objectivée dans un corps d'homme.

– un dialogue permanent entre les esprits.

Nous retiendrons ici particulièrement l'idée de physicalité et intériorité distinctes et non nécessairement reliées. Elles s'apparent dans notre analyse au « visible » et à « l'invisible », autrement dit au monde « réel » et à celui des esprits.

[6]   *Ibid*, p. 157.

[7]   Rooney, Caroline, *African literature, animism and politics*, New York, Routledge, 2000, p. 19.

différents motifs littéraires qui, pris au sens de Greimas[8], fonctionnent comme des unités figuratives dont le sens figé fonctionne comme une balise dans le texte pour le lecteur. Ainsi, le thème de la scène de « magie », maintes fois sollicité dans les romans coloniaux et récits d'anthropologues tels que *L'Afrique fantôme*[9] de Michel Leiris, se construit-il généralement sur des motifs récurrents que l'on retrouve ici : la figure du sorcier, l'usage d'un fétiche, le sacrifice d'un animal.

> Une porte s'est ouverte devant moi sur un salon richement meublé au milieu duquel se dressait le buste en or d'un grand roi africain. J'ai marché vers le roi d'or. [...] Alors, Sidonie s'est dirigée vers une chambre dont la porte était entrebâillée. Elle en revint avec un grand couteau qu'elle remit à Al Capone sans mot dire. [...] Tout alla assez vite par la suite : Binétou Fall égorgée par Al Capone, Sidonie déversant dans sa profonde blessure plusieurs bouteilles de champagne. [...] « Binétou Fall, à partir de cette nuit, tu deviens ma princesse. Pour aujourd'hui et jusqu'à ta vraie mort »[10].

On observe ici les motifs littéraires de la scène de magie qui correspondent à ceux du rite sacrificiel décrit par Jacques Mercier dans son article « Corps pour corps, corps à corps. De la régulation sacrificielle de la possession à la "mise en corps" du sacrifice par la possession »[11] : le buste d'or en guise de fétiche, la mise à mort de Binétou Fall, et l'offrande au champagne qui permet par la suite la réincarnation de la princesse Koagne morte, dans le corps de Binétou.

La thématique de l'animisme est évidente et correspond au titre du chapitre « Nuit magique », ces motifs fonctionnent comme des jalons pour un lecteur étranger. Celui-ci, comme René le narrateur missionné en reportage sur le balafon sacré, peut s'attendre à un certain folklore traditionnel. Rappelons-nous que le roman est publié en France et que ses premiers lecteurs ne sont donc pas au fait du décor et des usages s'élabore le récit. La question de l'« horizon d'attente » et de la projection d'un imaginaire exotisant est posée par l'ensemble du roman. René représente un regard extérieur, il reçoit l'intrigue, la commente tout

---

[8] Greimas, Julien & Courtés, Joseph, *Sémiotique, Dictionnaire raisonné de la théorie du langage*, Article « Motif », Paris, Hachette, 1969, p. 238.

[9] Leiris, Michel, *L'Afrique fantôme*, Paris, Gallimard, 1981.

[10] Tchak, Sami, *Al Capone le Malien*, Paris, Mercure de France, 2012, p. 182.

[11] Cf. Mercier, Jacques, « Corps pour corps, corps à corps. De la régulation sacrificielle de la possession à la "mise en corps" du sacrifice par la possession. » *L'Homme*, Vol. 33, n° 125, 1993, p. 67–87.

autant qu'il la vit. Or, le folklore est omniprésent dans son discours. Des motifs exotiques tels que ceux relevés précédemment se répètent tout au long du roman : la danse africaine, le balafon, la figure du vieux sage, etc. Ces éléments, s'ils peuvent paraître grossiers, participent au contraire à l'élaboration d'un discours sur l'interaction entre l'œuvre – production culturelle – et son milieu.

Des énonciations structurées par le rêve

La structure énonciative même de la scène est marquée par l'animisme. Se déroulant la nuit, celle-ci oscille entre des passages où le narrateur est éveillé et d'autres où il s'est endormi. Durant ces derniers, celui-ci rêve, et tout ce qui survient pendant ses songes participe également à la progression de l'intrigue. Cela relève de la normalité si l'on considère le statut des rêves dans le schème animiste, tout particulièrement dans le vaudou togolais. En effet, ceux-ci sont catalogués comme appartenant au monde « invisible », où tout événement est investi d'une valeur réelle[12]. Un message délivré durant un rêve doit être considéré comme signifiant. Ainsi, bien que René rêve durant toute une partie de ce chapitre, l'action se déroulant dans son rêve participe-t-elle à la progression du récit.

Le sommeil et l'éveil correspondent à deux situations d'énonciation différentes qui se succèdent dans le texte. Les passages d'un état à l'autre sont annoncés clairement par des marqueurs verbaux empruntés aux champs sémantiques du sommeil, du rêve et du réveil :

Seul dans ma chambre, bien qu'un peu ivre, moi, j'avais l'esprit clair pour penser à Sidonie. Enfin, je me suis couché et j'ai pu m'endormir. Je fis un cauchemar : quelqu'un a tapé à ma porte, j'ai ouvert et me suis retrouvé en face d'une inconnue dont le cou portait une profonde blessure horizontale[13].

Puis :

La douleur me réveilla. [...] Je me suis rendormi. Namane Kouyaté est venu. [...] Mais le téléphone m'a encore réveillé[14].

---

[12] Cf. Goudabla, Kligueh Basile, *Le Vodu à travers son encyclopédie : la géomancie Afà*, Bagneux, Afridic, 2001, p. 185.

[13] Tchak, Sami, *Al Capone le Malien*, Paris, Mercure de France, 2012, p. 177–178.

[14] *Ibid*, p. 180

Ainsi, l'intrigue est-elle clairement structurée selon ces différents états. Mais ce qui est tout particulièrement, comme nous l'avons vu, que les péripéties se déroulant durant le temps des rêves ont une importance réelle et un impact indéniable sur la suite de l'intrigue. Elles ont une valeur narrative décisive. Les éléments d'information apportés à René pendant son sommeil aident le lecteur à comprendre la suite du récit. C'est durant ces rêves que nous apprenons que le truand Al Capone a été amoureux d'une mystérieuse princesse. Cette femme devient ensuite un personnage central du roman. Le songe donne lieu à une prolepse narrative censée convaincre de ce que dans la pensée animiste l'invisible précède toujours le visible[15]. Les rêves ne sont pas seulement prémonitoires, ils amorcent un événement. Dans ce chapitre, la visite de la Princesse égorgée en rêve en est un brillant exemple. Son apparition dans le cauchemar du narrateur est suivie d'une intervention d'Al Capone qui, alors qu'il s'est réveillé, vient demander à René si ce dernier a vu « la princesse ». Le personnage bascule dans le temps de l'éveil, brouillant par la même occasion la ligne de partage entre deux situations d'énonciation. Dès lors, la virtuosité de l'auteur consiste en ce que, jusqu'à la fin du chapitre, l'intrigue progresse sans que le lecteur ne sache si le narrateur est éveillé ou endormi.

Élaboration d'un discours sur la création littéraire

La Princesse apparaît à nouveau lors d'une vision qu'on pourrait penser hallucinatoire, dans laquelle elle se détache d'un poster, se réincarne, selon les propos d'Al Capone, en Binétou Fall. Le rituel la revêt d'une enveloppe charnelle la faisant passer du statut de fantôme à celui de personne en chair et en os. Elle sera d'ailleurs l'un des protagonistes centraux de la partie suivante du roman : une longue analepse descriptive de l'ascension d'Al Capone.

Un double, voire un triple rituel peut être observé dans cette scène. Tout d'abord le rituel animiste qui, au sein de l'intrigue, permet la réincarnation d'un personnage en un autre ; puis, celui, littéraire, qui donne naissance à un personnage et, presque littéralement, l'extirpe du

---

[15] « Pour un Vodouisant, le monde où nous vivons se compose d'un côté visible et d'un côté invisible ; pour un esprit scientifique, je dirais un côté psychique et un côté physique. Tout ce qui vrai dans le visible ou le physique se réalise d'abord dans l'invisible ou le psychisme. » (Goudabla, Kliguèh Basile, *Le Vodu à travers son encyclopédie : la géomancie Afà*, Bagneux, Afridic, 2001, p 186).

papier : « Cette femme, c'était elle que j'avais vue dans mon cauchemar, l'égorgée. J'ai fait face au poster. J'ai eu l'impression que la femme se détachait du papier pour me tendre les bras »[16].

Enfin, c'est un rituel initiatique d'accès au savoir, aussi bien pour le narrateur René que pour le lecteur. C'est au cours de cette scène que la véritable identité de l'escroc Al Capone est révélée. La Nuit magique lève le mystère.

Le rituel achevé, l'escroc invite René à le suivre :

> « Toi, tu vas m'écouter, tu dois écouter notre mon histoire, sinon tu ne comprendras rien de tout ce qui se passe ici. Allons au bord de Djoliba [le nom du fleuve Niger]. Courons au bord du fleuve pour que je te raconte mon histoire. » Nous sommes partis, Al et moi, au bord du fleuve. Il m'a alors parlé, longuement, pour me posséder entièrement par ses ombres, au point que je me suis senti, après l'avoir écouté, comme devenu une part de lui, du moins un être qu'il avait fécondé par son verbe de sang[17].

Cette chute s'accorde à notre triple interprétation. Elle représente tout d'abord l'issue d'un rituel initiatique, au cours duquel les personnages doivent se rendent à un lieu sacré[18] après avoir subi des épreuves requises pour accéder à la connaissance d'informations secrètes inhérentes au passage à l'âge adulte. Elle met également en scène la transfiguration du narrateur, phénomène assimilable à une possession. Car, comme le signale la dernière phrase de la citation, le narrateur devient un autre, envoûté par les paroles d'Al Capone. Cela fait fait sens irréfutablement dans un contexte vaudouisant, cette croyance accordant une large place à la notion de possession[19], sortilège dans lequel les esprits malfaisants vampirisent leur proie. La fin de ce chapitre peut se lire de manière *métapoétique* : l'auteur, avec cette scène, élabore un métalangage sur le

---

[16]   Tchak, Sami, *Al Capone le Malien*, Paris, Mercure de France, 2012, p. 180–181.

[17]   *Ibid*, p. 183.

[18]   En Afrique subsaharienne, les rituels ont lieu, la plupart du temps dans des espaces naturels sacrés (cf. à ce sujet Dominique Juhé-Beaulaton, dir., *Forêts sacrées et sanctuaires boisés. Des créations culturelles et biologiques : Burkina Faso, Togo, Bénin*, Paris, Karthala, 2010). Ici, l'action se déroulant à Bamako, il est exclu de se rendre dans un bois. En revanche, les personnages évoluent près du fleuve auréolé de son nom mandingue, le « Djoliba », sur les berges duquel ont lieu toutes les révélations de tous les secrets.

[19]   Cf. Torre, José De la, *Le Vodu en Afrique de l'Ouest*, Paris, L'Harmattan, 1991, p. 60–69.

processus d'écriture en nous faisant assister à la création d'un personnage et à la progression d'une intrigue. Le rêve en devient le lieu où s'élabore le récit. Pour le lecteur, accéder à ces instants oniriques revient à intégrer la matrice de son engendrement, au cœur de la psyché de l'auteur.

Ainsi notre triple interprétation du rituel emprunte-t-elle à la fois aux traditions culturelles animistes et à la poétique littéraire de tradition occidentale. Sami Tchak semble s'amuser avec ce double canevas culturel : ouest-africain et européen. Il maîtrise les deux, conscient qu'il est par ailleurs de la multiplicité et de la variété des interprétations possibles de son texte. Ce qui paraît « magique » aux yeux de René ne l'est pas pour Al Capone. Deux niveaux de lecture sont de ce fait induits par le texte lui-même.

Le roman invite à forger une réflexion sur le décentrement épistémologique d'une part, et l'exotisme d'autre part. Par décentrement épistémologique entendons le déplacement du prisme du savoir. Comme le défend Olivier Mongin dans son article « Création et culture à l'âge postcolonial. Éloge du décentrement »[20], le décentrement permet de saisir les interactions et les disparités entre les différentes sphères socioculturelles à l'ère de la mondialisation. En d'autres termes, pour penser le monde aujourd'hui il est une obligation de renoncer aux perspectives d'analyse unilatérales pour tenir compte de l'immense variété des modes de pensée et des épistémologies.

Ainsi, le texte de Sami Tchak invite-t-il à penser la vérité comme une notion mouvante, que l'on ne peut figer. Ce roman est également le lieu d'une méditation sur l'exotisme. Le regard exotisant de l'Occident domine beaucoup trop encore dans l'*interlocution* entre productions artistiques du Sud et *réception-consommation* du Nord. Sami Tchak, non sans malice, déconstruit ce schéma.

Une « Nuit Magique » ?

Tout au long de cette « nuit magique » les notions de « vrai » et de « réel » sont remises en cause. Passant du sommeil à l'éveil, le narrateur ne cesse de se demander si ce qu'il est en train de vivre appartient à sa réalité. Car, ce à quoi nous invite cette mise en scène, c'est à l'interrogation d'un

---

[20]   Mongin, Olivier, « Création et culture à l'âge postcolonial. Éloge du décentrement. », in *Esprit*, Maris–Avril 2002, n° 3–4, p. 316–332.

système de valeurs : qu'est-ce que le réel ? Pourquoi le contenu des rêves n'aurait-il pas valeur de réel ? Les différents personnages de cette scène réagissent différemment à chaque action. Et ce qui semble étrange aux yeux des uns ne l'est pas aux yeux des autres. C'est le filtre culturel qui est à l'œuvre, qui rend magique l'apparition de fantômes.

Wole Soyinka, dans son essai *Myth, literature and the african world*[21], insiste sur la nécessité pour un lecteur, s'il veut comprendre un texte, d'abord de connaître les codes culturels de la société qui l'a produit. Le narrateur, double du lecteur étranger, René, n'y ayant pas accès, considère comme étant irrationnel tout ce qui lui échappe, et perdant ainsi peu à peu le contrôle de l'intrigue, et se transformant en narrateur « passif ». Il raconte ce qui lui arrive sans pour autant être en mesure de le comprendre, de l'analyser, impuissant qu'il est d'avoir une quelconque prise sur le cours des événements retranscrits.

La frontière entre le magique et le rationnel se brouille lorsque les actions se déroulant dans les rêves et le monde éveillé entrent en résonance jusqu'à nourrir une même intrigue. Une gradation s'opère, de ces allers et retours, tout au long du chapitre. Alors qu'ils sont peu présents au début du chapitre, ils finissent par créer un trouble majeur dont le narrateur est la première victime.

Au début du chapitre, René, en compagnie de Sidonie, est éveillé. Elle fait venir du champagne dans sa chambre, puis, soudainement, le laisse seul. René s'endort et se met à rêver. C'est dans ses songes qu'apparaît pour la première fois la Princesse égorgée, à qui il demande où se trouve le champagne. Puis il s'empare des bouteilles laissées par Sidonie.

On assiste ici au premier écho entre les deux situations d'énonciation du chapitre, signe que leur distinction n'est pas si nette. Ce flou s'épaissit alors que le narrateur lui-même remet en cause ses certitudes. Malgré sa volonté de séparer le monde éveillé qui pour René se situe dans le champ du rationnel, de l'univers des songes qui pour René est le champ de l'irrationnel, le narrateur se trouve imperceptiblement pris au piège de la « Nuit magique ». Trois étapes sont marquées étapes dans cette transformation.

Tout d'abord, René tente de caractériser les actions, et de se rassurer quant au contrôle qu'il garde sur ce qu'il se passe. L'atteste l'expression

---

[21] Soyinka, Wole, *Myth, Literature and the African world*, Cambridge, Cambridge University Press, 1976.

« en vrai » pour qualifier l'arrivée d'Al : « On tapait en vrai à ma porte, avec insistance »[22]. Puis, se lit plus loin : « Je me mis à tâter le bras droit d'Al Capone pour m'assurer que j'étais dans le réel »[23]. Enfin, lorsqu'Al se pose des questions sur les agissements de la Princesse : « Je dus lui rappeler qu'il s'agissait chez moi juste d'un cauchemar »[24]. Très vite, et bien que le narrateur s'astreigne à tester « la réalité » de l'univers dans lequel il évolue, l'attitude d'Al Capone ébranle ses certitudes. Ce dernier sait déjà que la Princesse lui a rendu visite avant même que René lui en fasse part : « Où est-elle ? M'a-t-il demandé. Où est la princesse ? »[25]. Il réaffirme ce qu'il sait : « L'égorgée, comme tu l'appelles, est revenue pour habiter le corps de Binétou Fall. C'est Princesse Jeanne-Magloire Koagne, ma déesse »[26]. On prend d'ailleurs connaissance à cette occasion d'une information nécessaire à la compréhension de la suite des événements : la réincarnation de la Princesse dans le corps de Binétou Fall. Ce qui pour le narrateur semble étranger et relever du champ de l'irrationnel, la connaissance par Al Capone du contenu de son rêve, est une donnée essentielle pour le lecteur. L'on renoue ici avec l'argument de Soyinka invitant à appréhender la culture d'origine d'un roman avec circonspection, et à accepter la dimension dynamique du savoir, qui implique d'infinies interprétations. C'est ce que le narrateur, qui fonctionne nous l'avons déjà vu comme un *double* du lecteur étranger, est amené à accomplir après l'intervention troublante d'Al. Ainsi, lorsqu'il s'interroge : « Mais, depuis sa suite, comment avait-il pu entrer dans mon sommeil pour composer avec les images de mon cauchemar ? »[27], ouvre-t-il une brèche dans ses certitudes et promet-il d'être plus attentif aux événements à venir. Parce qu'Al Capone est venu l'interroger au sujet de la Princesse, René accepte de se rendre dans sa suite pour assister au rituel sacrificiel. En outre, le brouillage énonciatif marque l'entrée du narrateur dans une partie du roman où il est manipulé par Al Capone qui y règne en maître. Celui-ci devient un personnage omnipotent contre lequel Namane Kouyaté, personnage représentant jusque-là une certaine conscience morale, ne peut plus rien entreprendre. Sa promotion au statut de narrateur dans

---

[22] Tchak, Sami, *Al Capone le Malien*, Paris, Mercure de France, 2012, p. 178.

[23] *Ibid*, p. 178.

[24] *Ibid*, p. 179.

[25] *Ibid*, p. 178.

[26] *Ibid*, p. 179.

[27] *Ibid*, p. 179.

la partie suivante confirme cette montée en puissance du personnage de l'escroc, grand manipulateur sublimé en maître d'œuvre de l'intrigue et ordonnateur du sort rocambolesque des personnages. Al Capone peut dès lors être considéré comme le double de papier de l'auteur manipulant à sa guise le lecteur dont il se joue de l'horizon d'attente exotique. En effet, à l'opposé d'un René qui subit l'action et peine à comprendre ce qui lui arrive, Al Capone assume sa posture de « Maître de cérémonie » et se plaît à enfiler ou ôter une multitude de masques. Ceux-ci se réclament d'une complexion animiste dans laquelle les transformations d'un état à un autre ne sont pas insolites, quand ce n'est pas d'une filouterie assumée. L'écrivain est lui aussi maître de cérémonie, agençant l'intrigue comme bon lui semble et jouant sur différentes références occidentales ou ouest-africaines. L'animisme en devient plus un artefact culturel dissimulant un contre-discours qu'un décor exotique répondant à des exigences éditoriales.

Le chapitre étudié ici autorise cette perception d'Al Capone comme *alter ego* de l'écrivain habile à jouer avec ce qu'on attend de son œuvre. René, alors encore narrateur, est invité par le truand dans sa suite. Ne reconnaissant pas les lieux, il se laisse envoûter par une atmosphère étrange et arrive dans la pièce où l'attend un buste de roi africain en or :

> « J'ai marché vers le roi d'or. Et j'ai vu un jeune homme en train de manipuler une petite télécommande. "Bonsoir." Il n'a pas répondu. Soudain, un rideau de mousseline de soie blanche s'est levé. Alors, sous les lumières vives, debout sur un tapis persan d'une ineffable beauté, Al Capone tout d'or vêtu. Il semblait tout à sa méditation, le regard fixe, les mains jointes sur la poitrine »[28].

Les intentions de l'auteur sont explicites. En plaçant dans cette scène de « sorcellerie » les motifs du spectacle et de la télévision que sont un lever de rideau et une télécommande, il souligne assez grossièrement la dimension manipulatrice des rituels et artifices qui sont, dans ce roman les motifs de l'animisme cités précédemment : le fétiche, le roi d'or ; le sorcier, Al Capone. En plaçant de part et d'autre du rideau Al Capone et René, il les fige définitivement dans des rôles d'acteur et de spectateur. Car là est peut-être l'enjeu principal de cette scène, l'impuissance et l'incapacité de René à interagir avec son entourage : « D'où je me tenais,

---

[28] Tchak, Sami, *Al Capone le Malien*, Paris, Mercure de France, 2012, p. 18.

je ne pouvais ni parler ni bouger, j'étais figé dans mon rôle de témoin muet »[29].

Depuis les premières lignes, dans lesquelles Sidonie s'adresse à lui sur l'unique mode impératif, le narrateur est suspendu au bon vouloir du couple d'escrocs. L'on note d'ailleurs que tous deux, au début puis à la fin de la scène, lui adressent sensiblement la même remarque :

> « – Sidonie : « Bon, toi tu ne peux pas comprendre parce que personne ne t'a encore raconté notre vie »[30].
> – Al Capone « Toi, tu vas m'écouter, tu dois écouter mon histoire, sinon tu ne comprendras rien de tout ce qui se passe ici »[31].

Le narrateur vit la même est frappé de la même impuissance que le lecteur face à l'intrigue. Il en est son incarnation, balloté à travers le récit sans autre recours que d'enregistrer les informations qu'on daigne lui transmettre : « Contente-toi d'accepter. Le reste ne te regarde pas »[32] lui intime Al Capone.

L'interprétation *métapoétique* de cette scène est ainsi légitimée. Mais il est également possible de la lire en résonance avec l'animisme. En effet, le recours à ce dernier comme outil de mise en scène participe à l'élaboration d'une parole réflexive sur le texte. L'aspect démonstratif des rituels illustrés dans le récit invite à une herméneutique des conditions de création et réception d'une œuvre mettant en scène un sorcier manipulateur face à un lecteur pris au piège de sa magie. La relative opacité engendrée par tous ces codes culturels est à saisir comme une possibilité d'émancipation propre à l'œuvre littéraire. L'apprentissage de ses codes culturels s'avère être le mal nécessaire à la compréhension d'un texte.

Pour construire une relation « d'égalité » avec l'Autre, le critique étranger doit s'évertuer à ravaler ses préjugés en entamant une démarche d'humilité vis-à-vis de l'auteur et de son texte. Construire le roman à partir d'un schème animiste serait alors, pour l'écrivain, une précaution contre les étiquettes biaisées. L'animisme fonctionne comme une clé de lecture permettant le décodage du texte. Le critique doit s'en munir pour pouvoir s'introduire dans le *chronotope* du roman tel que proposé par

---

[29] *Ibid*, p. 181.
[30] *Ibid*, p. 177.
[31] *Ibid*, p. 183.
[32] *Ibid*, p. 179.

l'auteur. L'effort pour entre en possession de cette *clé* annihile, de fait, tout jugement hâtif.

L'animisme n'est plus dès lors l'objet d'étude des premières heures de l'Anthropologie, mais il vient au contraire faire écran contre les lectures dévoyées, lestées d'*a priori*. Il n'est plus l'objet du texte, mais l'outil grâce auquel le texte négocie la perception de la distance toujours à interroger entre son intériorité et sa réception.

Tel qu'usité dans notre analyse ce concept met en exergue la définition de l'exotisme donnée par Mouralis dans *Les Contre-littératures* :

> L'exotisme constitue bien un processus qui tend à subvertir l'équilibre du champ littéraire et, à cet égard, il correspond à une tentative de remise en question du dogmatisme et de l'ethnocentrisme littéraires. Mais en même temps, parce qu'elle n'est que le prétexte à des développements fondés sur des problématiques propres à l'observateur, l'altérité qu'implique l'exotisme a un caractère très relatif. Parlant sur l'Autre, parlant pour l'Autre, le discours exotique ne peut exprimer que médiocrement la différence. Et, en particulier, il se révèle en définitive incapable de donner véritablement la parole à l'Autre et de se mettre à son écoute[33].

En somme, le dialogue de part et d'autre de la frontière culturelle ne peut se nouer que sur la base d'une négociation au sujet de l'incommunicable. Tout comme B. Mouralis l'expose ici, ce n'est que lorsque René se laisse manipuler qu'il peut paradoxalement débusquer les intrigues d'Al Capone et intégrer son monde. Le regard exotique s'annihile au profit de l'expérience vécue, et de la vérité subjectivisée des faits de société. La pensée illustrée par Sami Tchak dans ce roman, et plus particulièrement cette scène, est qu'il n'y a de réel que la croyance. Et comme Philippe Descola nous invite à le méditer, toute vérité est dépendante des règles de vie et des valeurs culturelles fondatrices d'une *raison* et de sa relation à l'Autre.

Bibliographie

Baguissoga, Satra, *Les audaces érotiques dans l'œuvre de Sami Tchak*, Paris, L'Harmattan, 2010.

---

[33] Mouralis, Bernard, *Les Contre-littératures*, Paris, Presses Universitaires de France, 1975, p. 102–103.

Descola, Philippe, *Par-delà nature et culture*, Paris, Gallimard, 2005.

Goudabla, Kligueh Basile, *Le Vodu à travers son encyclopédie : la géomancie Afà*, Bagneux, Afridic, 2001, p. 185.

Greimas, Julien et **Courtès**, Joseph, « Motif » *in Sémiotique*, Dictionnaire raisonné de la théorie du langage, Paris, Hachette, 1969, p. 238.

Juhé-Beaulaton, Dominique (dir.), *Forêts sacrées et sanctuaires boisés. Des créations culturelles et biologiques (Burkina Faso, Togo, Bénin)*, Paris, Karthala, 2010.

Leiris, Michel Michel, *L'Afrique fantôme*, Paris, Gallimard, 1981.

Mercier, Jacques, « Corps pour corps, corps à corps. De la régulation sacrificielle de la possession à la « mise en corps » du sacrifice par la possession », in *L'Homme*, Vol. 33, n° 125. (1993) p. 67–87.

Mongin, Olivier, « Création et culture à l'âge postcolonial. Éloge du décentrement. », in *Esprit*, Mars–Avril, 2002, n° 3–4, p. 316–332.

Mouralis, Bernard, *Les Contre-littératures*, Paris, Presses Universitaires de France, 1975.

Petrarca, Valerio, *Un prophète noir en Côte-d'Ivoire. Sorcellerie, christianisme et religions africaines,* Trad. de Marie-José Hoyet, Paris, Karthala, 2008, p. 139

Philippe, Nathalie, « Écrivains migrants, littératures d'immigration, écritures diasporiques », in *Hommes & Migrations* 3/2012, n° 1297, p. 30–43, Web, consulté le 30/04/2015.

Rooney, Caroline, *African literature, animism and politics*, New York, Routledge, 2000, p. 19.

Soyinka, Wole, *Myth, Literature and the African world,* Cambridge, Cambridge University Press, 1976.

Tchak, Sami, *Al Capone le Malien,* Paris, Mercure de France, 2012.

Torre, José de la, *Le Vodu en Afrique de l'Ouest*, Paris, L'Harmattan, 1991, p. 60–69.

ALTÉRITÉ ET VIOLENCE, Dans deux romans de Sami Tchak : *Le Paradis des chiots* et *Filles de Mexico*

Charif Majdalani

Le Paradis des chiots de Sami Tchak est l'histoire d'un garçon de quatorze ans, Ernesto, qui raconte la vie qu'il mène à El Paraiso, bidonville d'une cité d'Amérique latine. Cette cité n'est jamais nommée, mais pourrait aussi bien s'apparenter, malgré l'onomastique hispanisante, à n'importe quelle métropole de l'hémisphère Sud de notre planète ou de l'Asie, ou encore de toute ville où la violence urbaine atteint des sommets, mêlant trafics, guerres de gangs, assassinats, corruption, soumissions, prostitution et alliance des pouvoirs officiels avec les pouvoirs occultes.

À El Paraiso, Ernesto vit avec sa mère dans une cabane où il n'y a qu'un seul matelas. Il navigue entre les gangs et leurs chefs qui sont souvent d'autres enfants, un peu plus âgés que lui, et parfois des adultes ou même des policiers. Il endure ce qu'on endure dans ces univers, il passe ses journées à chercher à manger, ou à tirer un coup, et comme il est plutôt faible dans cet univers impitoyable, il est souvent humilié, battu, violé, ce qui le pousse à se mettre sous la protection de plus grands que lui, ou de plus forts, et ainsi va la vie, dans l'indifférence d'une mère prostituée et d'amis qui ne sont réellement tels que s'ils sont plus faibles que lui, et qu'il peut sur eux exercer ce qu'il subit de la part des plus forts.

Mais si l'histoire racontée est essentiellement celle d'Ernesto, le roman est construit selon le principe de la multivocalité, et laisse entendre deux autres voix. Celle de la mère d'Ernesto d'abord, qui raconte à ce dernier son passé, quand elle n'était qu'une enfant fraîchement débarquée à El Paraiso. Tout aussi émaillée de violence, son histoire est celle de sa poignante rencontre avec une sorte d'inquiétant maquereau nommé El Che, un homme qui n'a pourtant du maquereau que l'apparence et qui va tenter de protéger Linda, de la sauver de son destin inéluctable de prostituée. Mais Linda grandit et, petit à petit, s'éprend de son corps. Brûlant de désir, elle rejette finalement l'aide d'El Che et se précipite en jubilant dans l'enfer du bidonville. La troisième voix que l'on entend dans le roman est celle d'El Che, qui raconte son passé et les raisons de son attachement à Linda.

Les trois récits, et notamment ceux d'Ernesto et de Linda, se présentent sous la forme de longs flux intérieurs, mimant une oralité et une langue de la rue très drôles et très inventives. La violence transpire pourtant dans chaque phrase et dans chaque fait raconté, mais très curieusement, cette violence est comme amortie, surtout dans le cas d'Ernesto, par une sorte de candeur dans la vision des choses et dans leur évaluation. Ernesto trouve tellement normal tout ce à quoi il assiste, les viols, les meurtres, les cadavres que l'on jette dans les décharges et les propres avanies qu'il subit ou fait subir que son récit est décliné sur le même mode que celui qu'il aurait adopté pour raconter la routine d'une vie sans vrais soucis. Et c'est ce mode presque ronronnant, habillant avec une incroyable subtilité les faits et les gestes les plus insupportables, qui fait la force de l'écriture du livre. Car si la voix d'Ernesto, reflet du regard naïf qu'il promène sur son monde, lisse les aspérités de la vie, elle est, pour l'auteur du roman, une manière perverse et terriblement ironique de réfléchir sur la nature humaine et ses facultés d'adaptation aux pires situations. Et cette ironie perverse atteint un point culminant lorsque le doute s'installe sur l'identité des personnages, lorsque les enfants dont on entend l'histoire, qui se disputent autour d'une décharge ou se battent autour d'une gamine, apparaissent soudain, l'espace d'un fugace instant d'indécision, comme une meute de chiens se chamaillant autour d'un morceau de pain rassis ou d'une femelle. L'habit ronronnant du réel soudain se déchire et la violence la plus dure montre alors ses horribles dents.

Pourtant, une chance est donnée de s'en sortir. Une première fois à Linda, par l'intermédiaire d'El Che, une autre fois à Ernesto, par sa rencontre avec Lucia, une jeune femme riche, une peintre qui habite un grand appartement des beaux quartiers de la ville. Paradoxalement, c'est lorsque Lucia l'emmène chez elle, vers la fin du roman, que, par contraste avec ce milieu nouveau où il est transposé, l'on découvre l'allure d'Ernesto, ses pantalons d'adulte trop larges, la corde en guise de ceinture et ses pieds nus et sales. Comme si le regard extérieur porté sur lui pour la première fois le révélait au lecteur, en même temps qu'il certifierait enfin sa qualité d'être humain. Même si par la suite, cette dernière redevient problématique, et que, dans les ultimes pages du livre, on recommence à se demander si ce que Lucia décide d'adopter est un jeune garçon des bidonvilles ou un simple chien des rues.

Filles de Mexico, que Sami Tchak publie après *Le Paradis des chiots*, est constitué de deux parties que l'on pourrait lire comme deux récits indépendants, simplement liés par le même thème, celui de l'errance d'un écrivain dans deux villes d'Amérique latine, Mexico d'abord, Bogotá ensuite ; voire comme deux textes racontant de deux manières différentes la même histoire. Or, tel n'est pas le cas, bien évidemment. Dans la première partie, écrite à la première personne du singulier, Djibril Nawo, un écrivain togolais, raconte quelques journées passées à Mexico où il est allé donner des conférences à l'université. Pris en amitié par Dino Aguledo, un étudiant colombien blanc et homosexuel, puis par Deliz Gamboa, une étrange intellectuelle et cinéaste colombienne, blanche également et à la recherche d'expériences limites, il va à la découverte de la fascinante et difficile capitale du Mexique, notamment de ses quartiers les plus inquiétants, quartiers de plaisir et grands bidonvilles où la vie et la sécurité de tout un chacun et surtout d'un étranger, noir de surcroît, est toujours une gageure. Mais sans arrêt abandonné par Dino et par Deliz, prenant en affection un jeune enfant des rues qui finira par le voler, croisant sur son chemin les personnages du *Paradis des chiots*, comme de fugaces fantômes qui nous font bien comprendre que d'un livre à l'autre, nous sommes passés d'un côté du miroir à l'autre, Djibril erre avec fascination dans un monde de misère inouïe, brutal et surpeuplé. Et la partie s'achève sur une extraordinaire scène dans un minable café du quartier de Tepito où Djibril se fait tourner en ridicule en couchant un peu malgré lui avec une prostituée indienne sous les encouragements des habitués qui le prennent comme objet de leurs paris à cause de la couleur de sa peau et de sa qualité de nègre et donc de porteur indiscutable du sida, le maître virus de ces quartiers.

Dans la deuxième partie, on retrouve le même Djibril, mais à Bogotá cette fois, où Deliz Gamboa l'a emmené et installé chez elle, dans un superbe appartement qui n'est pas sans rappeler celui où, dans *Le Paradis des chiots*, une peintre recueille pour un jour le petit Ernesto. Cette fois, le récit est à la troisième personne du singulier, mais le propos est le même, l'écrivain togolais se promène à la découverte de Bogotá. Comme dans la partie précédente, Deliz finit par abandonner Djibril et ce dernier erre seul dans la ville, jusqu'à se retrouver dans un café, en compagnie de quatre Colombiens noirs, deux sœurs jumelles, étudiantes aisées, un poète noir, militant de la cause des nègres de Colombie, et sa fille, une superbe petite métisse, mélange de Noir et d'Indien, pétillante, bavarde et très liante. La scène dans ce café sous la pluie est d'une beauté dure et à couper le souffle, mais n'est rien devant la suivante, où tout ce monde se retrouve dans l'appartement de Nelo le poète, et qu'à la compagnie se joignent sa fille noire et sa femme indienne, puis le tenancier blanc du café. Ce mélange de races, de sexes et de générations, où l'alcool intervient vite, aboutit à des scènes d'amour collectives puis à de véritables orgies, mais surtout, il finit dans les disputes et les règlements de comptes entre les membres de la famille de Nelo, c'est-à-dire entre sa part noire et sa part indienne, autrement dit encore entre les composantes les plus défavorisées de la nation colombienne, celle des anciens maîtres de la terre et celle de la race des esclaves importés et qui alors, dans une lutte fratricide, s'en prennent l'une à l'autre et se lancent leurs vérités et leurs rancunes à la figure en une sorte de grande hystérie verbale et théâtrale digne des plus belles tragédies.

Roman superbe, cocasse et violent à la fois, plein de cette distanciation dont seuls sont capables les personnages candides voyageant en des pays d'insurmontables contrastes, *Filles de Mexico* apparaît ainsi comme une œuvre profondément homogène mais en deux parties racontant l'itinéraire d'un Africain parti à la découverte de l'Amérique. Au Mexique, il fait l'expérience que sa couleur de peau peut être source d'étonnement hilare et de curiosité exotique. En Colombie, au contraire, assistant distraitement aux grands emportements raciaux du poète Nelo, il se retrouve au milieu de Noirs, de gens de sa race, implantés là depuis des siècles et sujets à un véritable drame historique à quoi il est sensible et indifférent en même temps. Mais cet itinéraire a aussi une autre portée. Il résume le drame de la posture du Noir dans le monde d'aujourd'hui. Là où ce dernier est peu connu, il passe pour une bête curieuse. Là où il est connu, il vit dans le mépris racial et culturel. De cela, Djibril a une conscience aiguë et douloureuse que son voyage en Amérique n'a fait qu'accroître. Ce qui explique sa permanente inquiétude, comme un *leitmotiv*, face à l'absence injustifiée d'Aguledo puis de Deliz, et le fait que ces derniers, qui sont ses deux seuls amis blancs et ses hôtes de surcroît, disparaissent finalement chacun à son tour, à la fin de chaque partie. Ce fait n'est pas de l'ordre de la réduplication narrative, mais le signe de l'exacerbation du drame du personnage, de sa plongée progressive dans l'irrémédiable sentiment de solitude dû non plus seulement à sa condition d'homme, mais aussi à sa tragique identité de Noir.

Bibliographie

Majdalani, Charif, « *Le paradis des chiots*, La violence et la candeur », in *L'Orient Littéraire*, novembre, n° 122, 2016, p. 6 ; « *Fille de Mexico*, Un Togolais en Amérique » in *L'Orient Littéraire*, n° 122, 2016, p. 12.

SAMI TCHAK OU LA DÉMESURE DU TEXTE ET DES CORPS

LANDRY-WILFRID MIAMPIKA

« [...] et le lendemain ramena de nouveaux plaisirs et quelques nouvelles réflexions » Sade, *Les 120 journées de Sodome.*

« Il ne faut pas, même si c'est difficile. Il ne faut pas ôter au jeu sa portée très large » Yambo Ouologuem, *Les mille et une bibles du sexe.*

« Qui saura jamais ce qu'est le corps ? Le mien pourtant je le devine agréable à toutes les folies du monde, bâti à la seule mesure de la démesure » Sony Labou Tansi, *Les sept solitudes de Lorsa Lopez.*

De *Place des fêtes* à *Hermina* : fondation de la démesure

Le Togolais Sami Tchak est un écrivain de la génération transcontinentale francophone d'Afrique subsaharienne[1]. Sociologue de formation, il est auteur de plusieurs essais et fictions. Depuis son premier roman, *Femme infidèle* (1988), il a su mettre en place un projet littéraire singulier et novateur : *Place des fêtes* (2001), *Hermina* (2003), *La fête des masques* (2004), *Le paradis des chiots* (2006), *Filles de Mexico* (2008), *Al Capone le malien* (2011), *L'ethnologue et le sage* (2013). D'un roman à l'autre, Sami Tchak a consolidé un ensemble romanesque de la démesure,

---

[1] Pour un bilan des tendances et thématiques de la génération transcontinentale, cf. Papa Samba Diop : « Le roman francophone subsaharien des années 2000. Les cadets de la post-indépendance », in *Culture Sud, Nouvelle génération*, Juillet–Septembre, 2007.

dont quelques traits saillants, sont repérables d'un roman à l'autre, sous forme de ce que R. Barthes appelle « un réseau organisé d'obsessions »[2]. En effet, une bonne part de sa production romanesque fait foi de ce que G. Genette définit, après Barthes, comme « un réseau complexe de parentés effectives (par imitation ou continuation), des similitudes thématiques, de contrastes formels (ou l'inverse), bref, une circulation, une interaction » (2002 : 50). Aussi, *Place des fêtes* et *Hermina*, sont-ils deux romans de renouveau et de rupture[3], qui successivement, annoncent et renforcent les angoisses de ce *réseau d'obsessions* : la femme et la question féminine, la sexualité et l'érotisme (le corps, les perversions, la tension masculin-féminin), les confluences transtextuelles et la transcontinentalité des imaginaires africains ici et ailleurs, notamment, la légitime ouverture ou inclusion des Afriques en l'Amérique latine, deux continents-espaces aussi proches que contradictoires.

Place des fêtes se situe en amont de cette poétique de la démesure. Publié en 2001, *Place des fêtes* est une sorte de roman picaresque, car le personnage-narrateur a des traits qui renvoient au Picaro[4]. « Marginal » et « exclu » à sa manière, comme ce personnage, il fait preuve d'une moralité douteuse, en racontant ses aventures, surtout ses aventures sexuelles, sans aucune pudeur. Son récit à la première personne, à la fois sous forme de confession et soliloque, est largement ponctué par des observations aigües, voire satiriques, sur la société[5]. Sans scrupules, par son truchement, le texte affiche un manque de bienséance et une liberté de ton sans précédent.

---

[2]   *Michelet par lui-même*, R. Barthes cité par G. Genette (2002 : 16).

[3]   Dans les littératures africaines francophones, après *Le devoir de violence* (1968) et *Les mille et une bibles du sexe* (1969) de Yambo Ouologuem, quelques éléments érotiques circulent, de manière quelque peu sommaire et ponctuelle, entre autres, dans l'œuvre de Calixthe Beyala (*Tu t'appelleras Tanga*, 1987) et celle d'Henri Lopes (cf. Ange-Séverin Malanda, *Henri Lopes et l'impératif romanesque*, Silex Éditions, 1987). L'œuvre de Sony Labou Tansi est, sans doute celle où le thème de l'érotisme doublé de cruauté est le plus présent. Lire à ce sujet l'étude d'Yvette Sagini-Lebas, *Éléments d'érotique du texte. L'exemple de trois romanciers contemporains : Alain Robbe-Grillet, Kateb Yacine et Sony Labou Tansi*, Paris, L'Harmattan, 2013.

[4]   Concernant le pícaro (*voleur, tricheur, mendiant*) et sa place dans le roman picaresque (en tant que genre, thématique, mentalité ou mode de vie, paru en Espagne durant la seconde moitié du XVIe siècle) à partir *du El Lazarillo* de Tormes (1554), cf. Daniel Henri Pageaux, *Naissance du roman*, ˝Paris, Klincksieck, 1995.

[5]   Concernant les rapports, les confluences des discours sur la société et la littérature, et les ambigüités des discours sur l'Afrique et l'Autre dans la création tchakienne, cf. de Bernard Mouralis : « Discours du roman et discours social dans l'œuvre de Sami

Cette liberté de ton, tout comme sa représentation non condescendante de l'immigration et des immigrés, en mettant à nue les stratégies de survie de ceux-ci, donne une force transgressive à ce roman. Non sans désinvolture, ce personnage-narrateur, avoue le principe structurant de sa biographie et de sa mise en écriture : « je suis fier d'être un obsédé sexuel et textuel intraitable » (2001 : 162). En effet, la conciliation de ces deux obsessions, sexe et texte, traverse, de part en part, la fiction de Sami Tchak. Et le roman *Hermina*, est le point culminant et la chambre de résonnance de ses choix esthétiques et angoisses thématiques.

Roman de filiation sadienne, *Hermina* gravite autour de la lancinante fusion festive[6] et libertine des corps, des textes et des discours. Le présent article va donc aborder, à partir de ce roman, la dynamique d'une écriture de la démesure et de la subversion érotique qui déroute l'horizon d'attente. Il s'agira, d'abord, d'explorer les échos, ou encore, les traces de ce *réseau d'obsessions* autour du corps et des textes ; ensuite, de proposer quelques rapprochements, voire, des parallélismes avec *Place des fêtes* et autres romans de l'auteur ; puis, de tracer quelques récurrences techniques dans la construction du récit, notamment, la dialectique entre espace/ temps/narration/personnages ; et enfin, de prospecter les interstices de l'autoréférentialité et du discours libertin dans la tension entre vécu érotique/art romanesque/littérature.

Univers sadien et subversion tchakienne : le corps en question

À partir des codes sadiens, la littérature libertine explore le corps, ses multiples jeux et enjeux, son assomption, ses tentations, son caractère éphémère tout comme sa déchéance, ou mieux, sa finitude. Elle tente de saisir le corps et ses variations par une rhétorique et une crudité lexicale particulière, créant ainsi un univers des marges et de débauche où le grivois côtoie le scabreux, le sacré le profane. Les échos de Sade informent et nourrissent la fiction contemporaine. Et Sami Tchak assume ces codes et les subvertit en augurant un univers propre de la démesure.

Tchak », *in* Alpha Ousmane Barry (dir.), *Pour une sémiotique du discours littéraire postcolonial d'Afrique francophone*, Paris, L'Harmattan, 2009, p. 57–73.

6   Dans *Les audaces érotiques dans l'écriture de Sami Tchak*, Baguissoga Satra écrit : « Écrire, pour lui, c'est jubiler, festoyer, "faire danser les mots", ou encore, "écrire en fête et faire lire en fête" » (2011 : p. 27).

Le corps de la démesure : de Sade à Sami Tchak

La sexualité, l'érotisme et le corps sont trois domaines intimement liés. Paul Ricœur rappelle : « la sexualité est le lieu de toutes les difficultés, de tous les tâtonnements, des périls et des impasses, de l'échec et de la joie » (1990 : 198). Dans son essai, *La flamme double. Amour et érotisme*, une poétique exploratrice de l'interconnexion entre sexe, érotisme et l'amour, Octavio Paz définit l'érotisme, à la différence de la sexualité animale, comme « cérémonie, représentation », « sexualité transfigurée » en « métaphore » et en « rite ». Étant uniquement humain grâce à l'imagination et la volonté, l'érotisme est aussi, pour Octavio Paz, « sexualité en action » (1994 : 14), « invention, variation incessante » (1994 : 18). Et pour sa part, Michela Marzano souligne que « le concept de corps-chair constitue un thème majeur, la chair désignant la modalité même de l'existence humaine » (2007 : 5). En effet, l'œuvre de Sade tout comme celle de Sami Tchak s'articule autour du lien entre sexualité, érotisme et corps comme une médiation entre soi et l'autre.

L'univers de Donatien Alphonse François plus connu sous le nom de Sade, est surtout livresque, voire, fictif, car impossible à mener, comme le fait remarquer R. Barthes, à cause de sa démesure. À la fin du XVIIIᵉ (vers 1785), Sade, publie *Cent vingt journées de Sodome*. Dans ce livre polémique et scandaleux, le marquis de Sade mélange avec une imagination délirante, récits d'orgies, descriptions des cruautés, propos philosophiques sur fond de dépravation des mœurs. Selon ses propres mots, ce livre se veut un « bourbier du vice et du libertinage » (1975 : 30), une peinture des « doux plaisirs de la lubricité » (1975 : 35), des « plaisirs de l'inceste » (1975 : 34) et des « écarts de la débauche » (1975 : 19). À juste titre, Georges Bataille considère que *Cent vingt journées de Sodome* est « un livre qui domine en un sens tous les livres étant la vérité du déchaînement que l'homme est au fond et qu'il est tenu de contenir et de taire » (1957 : 81). Avec ses œuvres ultérieures, *Justine ou les malheurs de la vertu* (1791) et *La philosophie dans le boudoir* (1795), Sade met en place les prémisses philosophiques et pratiques des perversions sexuelles, connues comme le sadisme, et où les humiliations, la douleur ou la mort infligée à l'Autre (la victime) servent à la jouissance et l'assouvissement des désirs.

En tant que corps d'idées et des pratiques, le sadisme, qui sublime le supplice et la soumission de la victime, est aussi destruction extrême de soi-même et de l'Autre : il ne demeure pas moins une intention de dépassement des tensions et limites du désir et de la volupté. Paraphrasant *La philosophie dans le boudoir*, depuis *Place de fêtes*, Sami Tchak projette une mise en écriture de la démesure, fondée sur « la philosophie dans le foutoir » (2003 : 336). Cette « philosophie » du « foutoir » vivifie ses traits récurrents, c'est-à-dire, ses propres codes de démesure. Entre autres : la transposition de la débauche par accumulation, la sublimation d'un imaginaire de la transgression érotique, la description explicite, et sans commune mesure, des fonctions du corps et de la fusion charnelle, l'emploi d'un lexique approprié sur le corps et la sexualité, la configuration libertine des personnages et de leurs récits de vie, un plaidoyer du libertinage à la faveur de l'effondrement des mœurs, la profusion des discours, sous forme d'harangue, sur la littérature et d'autres domaines de l'existence humaine, et enfin, le recours constant à des références intertextuelles et transtextuelles[7].

Dans la démesure Tchakienne, le *corps-chair* condense la dualité sexualité-érotisme ainsi que la dialectique corps-sujet et corps-objet, le corps étant à la fois, objet et sujet de désir. Doté de volonté et de subjectivité, pour ses personnages, le corps est présence obsédante, un lancinant lieu de tensions et d'attentes ; mais aussi, lieu de constitution d'une individuelle et douloureuse « narration intérieure » (pour reprendre un terme de Belinda Canonne), sans cesser d'être le lieu d'appel à une fusion des altérités. En effet, dans la dimension érotico-festive tchakienne, le corps est une entité au service de la jouissance ; et le personnage, un éternel sujet de jouissance, pour qui le désir et la liberté, trouvent leur expression, ou encore, leur vrai sens, dans la mise en avant des désirs érotiques, dans la réjouissance sexuelle et sans limites qui transcendent les interdits, les inhibitions, les droits et les devoirs imposés par la famille et la société.

Dans la bonne fiction libertine, les personnages sont des êtres de discours, les porte-parole d'une conception libre des règles morales et des usages sociaux du corps. Dans ce sens, le récit de vie Mira Garcia, dans *Hermina*, est exemplaire. Enceinte, et se rendant chez ses amis-partenaires (trois Précaires Branchés) pour une dernière partie de débauche

---

[7]   À propos de l'écart entre la norme et les perversions chez Sami Tchak, cf. de Sélom Komlan Gbanou : « La marge et le large. Sami Tchak entre la norme et l'écart », dans Isaac Bazié, Peter Klaus (dir.), *Neue Romania (Canon national et constructions identitaires : Les Nouvelles Littératures francophones)*, n° 33, 2005, 125–148.

sadomasochiste[8], elle a un sursaut de conscience sur la signification effective du corps :

> J'ai compris, grâce à eux, qu'en réalité notre corps a d'innombrables potentialités, que c'est nous qui, bloqués par notre éducation ou par l'hypocrisie, l'empêchons de sortir des grilles dressées autour de lui pour aller découvrir d'autres sensations. Je n'avais jamais compris aussi clairement, avant cette expérience, que le corps, notre corps, a une volonté autonome, que tous les principes que nous dressons devant ou autour de lui sont en réalité la marque de la dictature qu'il subit. Chacun de nous est un dictateur au moins à l'égard de son corps. Celui-ci a un bien triste destin, on l'empêche de vivra sa vie. Je l'ai compris, mais maintenant… (*Hermina,* 2003 : p. 268–269).

Cette méditation sur le corps condense la toile de fond érotico-idéologique du projet romanesque de la démesure. Dans ce sens, le texte tchakien dessine les excès des contours et métamorphoses du corps : un corps réceptacle qui porte les traces des désirs enfouis, des fantasmes refoulés ou (in)assouvis.

Mesure du corps et démesure des perversions

L'on pourrait dire, avec Mikhaïl Bakhtine, que « le corps ne révèle son essence, comme principe grandissant et franchissant, ses limites, que dans les actes tels que l'accouplement, la grossesse, l'accouchement, l'agonie, le manger, le boire, la satisfaction des besoins naturels » (1970 : 35). *Hermina* est traversé, de part en part, par une saisie de la mesure et des excès du corps. Cette saisie, véritable un acte de possession, est rendue par une accumulation des descriptions fragmentaires et fragmentées du corps. En effet, le roman explicite, de manière morcelée et naturaliste, différentes parties et fonctions du corps :

– la description de ce que R. Barthes (1971 : p. 133) nomme les « chefs-lieux de plaisir », ou encore, sur les « lieux d'intromission », c'est-à-dire, la bouche, l'anus/fente du cul et le vagin ;

---

[8]   Le sacrilège est l'un des piliers du code sadien : pendant ces parties de sadomasochisme, où Mira sortira avec les traces de la flagellation et autres pratiques sur son corps, des passages de la Bible et du Coran sont lus par un des précaires branchés (*Hermina,* 2003 : p. 279–280).

- la description des organes génitaux et des zones érogènes féminins, en l'occurrence le con/le vagin, le clitoris, les seins, les fesses ;
- la description des organes génitaux masculins – engin, membre, vît, verge, phallus –, leur surdimension et leur puissance supposée ;
- la description des états physiologiques, en particulier, les déjections et autres fluides du corps : urine, excréments, vomissement, sueur, effluves sexuels, décharges séminales, sang ;
- la description des odeurs nauséabondes des corps, notamment des parties génitales féminines comme objet de répulsion, tout comme la peinture de la crasse des espaces et des lieux ;
- la description des accouplements, des moments d'extase et jouissance (« les foudres orgasmiques »), ou des plaisirs solitaires.

Toutes ces évocations de la texture, des couleurs, saveurs et odeurs de la démesure, par le biais du corps, sont parsemées de détails scabreux ou grivois : elles créent une atmosphère « capiteuse », où les personnages, emparés des désirs charnels irréfrénables, se relâchent et se lâchent.

Suite à cette logique de descriptions, comme jeux constants des corps et sur les corps, *Hermina* accumule les variantes sexuelles mises à l'écart par la soi-disant « norme ». Une bonne part d'entre elles est constituée par des pratiques libertines sublimées par Sade, à savoir, *la sodomie, les fantaisies sacrilèges et les goûts cruels.* Au-delà l'atmosphère pesante de lubricité, *Hermina* est un inventaire des pratiques sexuelles (considérées comme perverses), tout comme des pratiques condamnables comme l'inceste, le viol, pis encore, le viol incestueux, la pédophilie, ou encore, la polyandrie. Mis à part l'exhibitionnisme, le tourisme sexuel, la zoophilie et la pornographie, entre autres, bon nombre de personnages du roman trouvent la jouissance extrême dans des actes concrets : *le voyeurisme* (Samuel, le personnage-narrateur et son rapport aux nues de ses rencontres non consommées) ; *le fétichisme* (Heberto est assujetti à l'obsession pour le « soutien-gorge » et le « slip rouge au bord dentelé » de la jeune Hermina) ; *la punition sadomasochiste* (fonde la relation Heberto-Ingrid et celle de Mira Garcia et les *précaires branchés*) ; *le viol* (Chinrageno-Nora sans manquer de faire allusion à la passivité de Samuel) ; *la sodomie* (structure le renouveau et le vécu homosexuel de Fritz Haarmann) ; *l'inceste* (Hermina, son père et sa mère participent aux mêmes parties de débauche) ; *la nécrophilie* (entre autres, la présence du cadavre d'une femme morte dans la rue suscite l'appétit sexuel des passants).

Mais la représentation de la démesure des perversions, à la limite de la fiction, est largement portée par Mira Garcia. Son « livre noir sur la sexualité » est à la fois l'apogée et l'apologie du sadisme. À partir des faits divers d'une cruauté inouïe, son « livre noir » dresse un tableau de la multiplicité des types de crimes sexuels (*Hermina*, 2003 : p. 285–290). Contenus dans un classeur, il inventorie et entasse toutes sortes de modes inhabituels et blâmables de jouissance : pédophilie, prédateurs sexuels, tueurs-violeurs en série, viols incestueux, travestis violeurs, policier violé avec le manche d'un balai par une femme, père violeur violé, professeur femme violée ou professeur homme sodomisé par des élèves, sexe à risques sans préservatif avec des séropositifs pour avoir une « sensation de l'extrême », cuisinier qui éjacule sur les aliments, perroquet comme partenaire sexuel, enfin, zoophilie, cannibalisme et vampirisme.

Le sadisme, comme corps d'idées, est plaidoirie à outrance des perversions cruelles. *Hermina*, toujours dans son agencement narratif par accumulation dans la représentation et discours sur les perversions sadiennes, fait allusion au livre, *Autobiographie d'un pervers*, de John Pololo, un célèbre pervers. L'extrait de ce livre est, sans aucun doute, une nette apologie des tenants et aboutissants du rapport sexe-crime :

> Son livre, *Autobiographie d'un pervers*, s'était bien vendu, tous les journaux en avaient publié des extraits, dont celui que Mira Garcia avait découpé. Notre supériorité sur les barbares réside surtout dans la sexualité, nous sommes les seuls à l'avoir élevée au-dessus des pratiques purement animales. Nous sommes les seuls à pouvoir associer la torture à la jouissance, à pouvoir trouver sexuellement enivrant le fait de violer un bébé et de le tuer en l'écartelant par exemple. Nous sommes les seuls à avoir trouvé de tels raffinements qu'aucune autre espèce animale n'a pu recevoir dans les gênes. Plus les perversions sont surprenantes, dégoûtantes pour le pauvre bon sens, plus elles distinguent de l'animal et traduisent l'âme d'une grande civilisation, témoignent de notre supériorité sur les peuples qui sont encore au niveau des singes (*Hermina*, 2003 : p. 290).

Mutations romanesques : espace, temps et voix narratives

À partir de la cartographie, qui concilie corps, érotisme et sexualité, la co-présence des voix narratives changeantes, de multiples espaces géographiques et l'usage, notamment, psychologique du temps confère une architecture singulière à *Hermina*. Cette conjonction restitue, avec cohérence et cohésion, la démesure de l'univers recréé, d'une part ; et la hantise, les angoisses du monde intérieur des personnages de cet univers, d'autre part.

Espace démultiplié et temps psychologique

Au-delà de l'interconnexion des espaces réels et fictifs, le cœur du roman renvoie sans ambages à Cuba. Dans le contexte général du récit, une citation (*Hermina*, 2003 : p. 330) de *Las iniciales de la tierra* l'écrivain cubain Jesús Díaz, reprise dans le texte, semble résumer le choix de l'île caribéenne :

> Cuba était le plus grand producteur de culs par mètre carré de toute la planète. Dans la division internationale du travail, nous étions, par définition, le pays de la baise.

Plusieurs éléments historiques et spatiaux explicites dans le récit confirment la vraisemblance avec l'île de la Caraïbe : Alejo Batistuta, nom proche de Fulgencio Batista (dictateur de Cuba de 1940–1944, puis de 1955–1959), le village Quintero (dont est originaire Federico), la clinique privée Cira Garcia à La Havane, l'évocation de la Guantanamera et du héros national cubain, José Marti. Bien d'autres indices renvoient à Cuba. Par exemple, la vraisemblable situation politique et socio-économique de l'île caribéenne : la corruption et la duplicité des fonctionnaires, le tourisme sexuel et la pédophilie, la simulation et dissimulation, la ruse et l'idée du masque comme stratégies de survie pendant les années de pénurie, connues sous le nom de « période spéciale » ; le nom de certains personnages, comme Antonio Pinga, étant donné que Pinga désigne, dans l'espagnol de Cuba, l'organe sexuel masculin, ou encore, une personne bien dotée sexuellement, un étalon ; l'allusion à *Adios Mamá* de l'écrivain cubain Reinaldo Arenas, décédé en exil, pour aborder à travers Chingareno la question de l'exil en général, et celui des Cubains à Miami, en particulier. D'ailleurs, l'exil est vu avec une grande lucidité non dépourvue de cynisme qui souligne son cortège de servitudes : douleurs, physiques, souffrances morales, inadaptation et, souvent, la cruelle impossibilité de retour.

Hermina est aussi un roman de la jouissance par les voyages, le déplacement et la découverte. Cette évocation de Cuba, comme espace de départ et espace central du récit, est mise en relation avec d'autres espaces comme l'Afrique, et, notamment, le camp Boiro, une prison de sinistre réputation de la Guinée ; l'Europe : l'Espagne avec le Parc Retiro situé à Madrid ; Paris chez Ingrid, pour les noms des rues (Filles-de-la-Souffrance/Filles du Calvaire, la rue La Fontaine, le quartier populaire de la Poissonnerie/la rue poissonnière) ; MImami en Amérique du Nord, où Samuel, le narrateur, retrouve Nora après leur exil avec Chingareno ; enfin, l'Amérique du Sud (Mexico) et la Caraïbe, Haïti plus précisément, décor de la relation Ingrid/sa maman/Rachid.

En ce qui concernant le temps, *Hermina* est une superposition du présent raconté et du passé remémoré : le temps est avant tout psychologique, un déroulé érotique toujours présent dans la mémoire, ou mieux, un temps mémoriel des désirs. Le fil conducteur de cette dialectique temps et narration est, sans doute, l'imagination fantasmatique de Heberto enflammée par la vue du « soutien-gorge » et du « slip rouge au bord dentelé » d'Hermina (2003 : p. 11). Dès les premières pages du roman, ce fétichisme idyllique, tout comme la vaseline, structure sa relation imaginaire et idéalisée avec elle. De part en part du récit, Hermina (personnage), désormais présence obsédante, est pour Heberto, à la fois une muse, un stimulus, mais aussi un frein à sa capacité de saisir le réel et de le transposer par écrit. Dans cette condensation subjective, la focalisation temporelle est constituée, de surcroît par des allers-retours entre désir de possession et nomination du fantasme de la femme rêvée : l'angoisse obsessionnelle donne lieu à une incapacité de consigner, par l'écriture, les méandres de cette mémoire du désir. Ce jeu, entre le temps de la narration et l'insoluble conflit intérieur, accentue la tension entre suspension du temps et remémoration du désir au gré des fantasmes, ou encore, des réelles rencontres érotiques.

Mutations des voix narratives

Roman de la démesure, du jeu du texte et du corps, *Hermina* est également un roman du jeu de la narration qui résume bien quelques traits de l'écriture de Sami Tchak : les modalités changeantes du point du vue, sous forme de jeux ou mutations de différentes instances narratives ajoutées aux descriptions par accumulation ou entassement ; la présence d'un narrateur au statut ambigu, souvent effacé et non moins observateur à la fois actif et discret ; une structure du récit, subordonnée au discours inséré en son sein ; une mise en intrigue sans progression classique, une intrigue sans « principe de tension »[9], ou mieux, une intrigue à faible intensité. Dans son agencement éclaté des perspectives, le récit mêle avec imagination l'omniscience, l'irruption du narrateur-personnage, voire « l'intrusion d'auteur », pour rapporter la subjectivité des personnages, leurs errements, leurs ruminations et même leurs préjugés.

Dans le cadre de l'instance omnisciente, l'architecture de *Hermina* est axée sur l'érotisme qui organise toute la texture du roman, en l'occurrence la perspective dominante et le point de vue des faits textuels et sexuels. La perception du monde, des choses et des relations interpersonnelles est avant tout érotique, sensorielle, physique : elle montre par accumulation la dissipation des corps, la légèreté (pas toujours assumée) des mœurs et les désirs assouvis ou inassouvis. En résumé, le point de vue du narrateur à la troisième personne est entrecoupé par des moments-fragments de réflexions, des pensées, des rêves, des fantasmes des personnages. Comme conscience omniprésente et absolue, le narrateur omniscient décrit les corps, commente les actes, interroge la morale, apporte des éléments sur l'érotisme, juge la condition humaine, et pontifie sur l'art romanesque et la littérature. Il est éloquent aussi sur les alliances, antipathies ou appréhensions des personnages, et sur leur rapport au réel.

Dans le jeu de la narration, l'omniscience cède la place à une narration épisodique à la première personne. En effet, *Hermina* est traversé par la présence de Samuel, le narrateur-personnage, qui a séjourné à Cuba puis à Miami. Installé dans une fausse neutralité, Samuel a un statut quelque peu ambigu. Effacé, discret, et ayant des apparitions occasionnelles, il entretient quelques rapports, semble-t-il, avec l'auteur du roman. Dans le déroulé objectif du récit, Samuel se met en scène comme un personnage de plus et intervient : il reste, tout de même, un témoin-observateur actif et un voyeur passif. Il va sans dire que sa perspective est beaucoup plus rétrécie que celle du narrateur omniscient. À ces deux premières voix, il sied d'ajouter « l'intrusion d'auteur » (la voix de Sami Tchak sur Ananda Devi)[10] qui est un élargissement de la perspective du récit.

---

[9] Belinda Cannone traite avec pertinence de la place de l'intrigue, de la narration et des personnages dans les récits à la première personne dans le cadre du roman contemporain, cf. *Narrations de la vie intérieure*, Paris, PUF, 2001.

[10] L'écart entre les points de vue n'est pas toujours évident : le personnage rejoint parfois le narrateur, voire l'auteur, ou mieux, le narrateur-auteur parle à travers les personnages. Par exemple, *La couleur de l'écrivain* (2014 : p. 183–184) reprend et amplifie, avec de légères modifications, le fragment d'une critique sur le roman *Soupir*

Ce jeu de mutations du narrateur (Vargas Llosa), du passage de la narration de la première personne à la troisième personne, et vice versa, cristallise une superposition des bribes de conscience (des uns et des autres), et la hantise (mélange de désir et frustrations) autour de l'obsession pour le corps et la démesure de la sexualité. En conséquence, ces permutations narratives démultiplient la densité du tissu narratif et le fouillis des destins érotiques donnant ainsi une complexité polyphonique au roman.

Entre pastiches, allusions implicites ou explicites, citations littéraires de longueur variable, le récit à narration double n'a pas une progression dramatique précise, car l'intrigue est subordonnée aux errements érotiques du personnage central. Ces déplacements, ou permutations de point de vue, plus l'enchâssement de petits récits de vies, amplifient la démesure et la subversion des corps et du texte. Les dernières pages du récit (*Hermina*, 2003 : 334–338) révèlent et intensifient, en contrepoint, un dénouement tragique. Du moins trois différents événements (Mira-Heberto ; Ingrid-Rachid, à la recherche d'Heberto ; Mira-Fritz-Heberto) se mêlent de manière simultanée et sous forme de « vases communicants » (Vargas Llosa, 2000), progressant ainsi vers un même et seul point de tension romanesque. Un mélange de bonheur, d'effroi de la mort et d'offrande est condensé dans la citation (*Hermina*, 2003 : p. 338) de *L'automne du patriarche*, de Gabriel García Márquez, qui clôt le récit tout en lui donnant un sens large et métaphorique : « … et de nos instants insaisissables de bonheur, où l'amour était contaminé par les germes de la mort était tout l'amour… ».

Mario Vargas Llosa signale que « les changements de point de vue peuvent enrichir une histoire, la rendre plus dense ou plus subtile, mystérieuse ou ambiguë, en lui donnant une projection multiple, polyédrique » (2000 : 66). En effet, *Hermina* et l'ensemble des romans de Sami Tchak ont largement utilisé, non sans habileté, les jeux du narrateur ou les permutations de point de vue. Ainsi donc, ses récits ont une indiscutable « intelligence narrative » entendue, selon Ricœur, comme la « *coordination ou corrélation entre intrigue et personnage* » (1990 : 171). *La fête des masques* (2004), récit harmonieux sur le plan de la composition et de l'autonomie narrative, a la capacité de muer

---

d'Ananda Devi signé par un certain S. T. (vraisemblablement Sami Tchak) dans *Hermina* (2003 : p. 116–118).

avec suffisance et économie le monde raconté, sans suture perceptible, donnant ainsi un univers soutenu par la cohérence et la cohésion. Malgré la violence intérieure des personnages (mélange de rancœurs, solitude et désespoir), son style, surtout allusif, rend bien la conjonction de la tension vie-mort, l'exploration de la dualité masculin-féminin, la métamorphose des masques et le douloureux dédoublement ou brouillage d'identités. À l'instar du récit (*Los Cachorros/Les Chiots*, 1967) de l'écrivain péruvien Mario Vargas Llosa, *Le Paradis des chiots* (2006) est un récit collectif, à voix multiples, qui porte la spontanéité, les redites et les répétitions propres de l'oralité pour nommer un monde sordide soumis sans cesse à une violence structurelle. Et, *Filles de Mexico* (2008) joue avec l'alternance des voix dans les deux grandes parties du récit, entre une narration à la première personne pendant le séjour du narrateur-personnage à Mexico, et une narration à la troisième personne pendant son séjour à Bogotá, en Colombie.

Hermina est écrit dans un style direct, cru à certains endroits, sans fioritures, enrichi par le champ lexical du corps et de l'érotisme. Son *intelligence narrative* (conjonction de l'unité, la cohérence et la cohésion) réside, entre autres, dans les principaux procédés rhétoriques utilisés, à savoir, la réitération et l'accumulation. Ces deux procédés, propres de la poétique de la démesure, amplifient l'excès dans la description des scènes, parfois obscènes, des gestes, des détails ludiques, mais aussi dans la transposition des pensées et autres idées qu'elles soient érotiques, idéologiques ou littéraires. Tout au long de l'œuvre, la réitération et l'accumulation, comme principes de la démesure, ont une fonction, à la fois, structurelle et imaginaire : ils rythment le récit ; ils dynamisent la configuration des personnages ; ils renforcent et réactualisent l'obsession des personnages et ils amplifient les excès de la débauche. Dans sa dimension de remémoration, la reprise obsessionnelle et accumulative des énoncés octroie également une portée circulaire et itérative au récit : le tout devient un jeu musical de démesure où se mêlent, avec excès et sans mesure, des partitions des corps et des fragments des textes.

Jeux et enjeux des personnages

L'érotisme, le libertinage et le sadisme traversent la biographie des personnages tchakiens : ils sont des véritables porte-parole des voluptés et de la jouissance sous l'emprise de la dialectique domination-soumission. À partir de la biographie érotique d'Heberto, *Hermina* est une représentation d'un monde d'obsessions, de décomposition humaine, où la hantise du désir, le délire et la frénésie charnelle renforcent les excès du libertinage.

La biographie des libertins

Selon Octavio Paz, « l'érotisme s'incarne par conséquent en deux figures emblématiques : celle du religieux solitaire et celle du libertin. Emblèmes opposés, mais unis en un même élan : tous deux récusent la reproduction et représentent des tentatives de salut ou de libération individuelle face à un monde défaillant, pervers, incohérent ou irréel » (1994 : p. 23). En effet, à travers leurs destins affranchis de toute tutelle morale, et sans aucun mal à enfreindre les codes de conduite socialement admis, les personnages tchakiens vivent dans un territoire de démesure libertine où ils sont, sans cesse, tentés de mener à bout leurs fantasmes et de démultiplier leur plaisir : ils sont à la fois sujets et objets de leurs désirs, sujets et objets de jouissance, même éphémère. Sujets et objets, toujours à l'affût des limites de l'érotisme. Constamment plongés dans une ambiance de désinvolture et de dissipation, ils adhèrent par volonté propre ou conviction à une vie aux mœurs dissolues. La complicité (d'Irma et Samuel) témoigne bien de la projection érotique des personnages et de l'esprit du roman :

> Nous étions, elle et moi, des esprits libres. Chaque fois nous nous étions retrouvés, autour d'un plat et d'une tasse de café, nos discussions, passionnées, avaient débouché sur le sexe et la sexualité, nous abordions, avec une discrète excitation, la question des tabous et des perversions, en nous référant aux grands noms de la littérature libertine, Sade notamment, mais en osant mettre sur la table nos expériences respectives. Cette mutuelle mise à nu verbale avait consolidé notre complicité et facilité notre collaboration intellectuelle (*Hermina*, 2003 : p. 130).

Samuel, étranger d'origine africaine et narrateur-personnage épisodique du récit, visite Cuba même s'il n'a jamais rencontré Heberto, le personnage principal. Voyeur et considéré passif, il entreprend des relations de confidence, ambigües et non consommées avec des femmes surtout (Irma et Nora, entre autres) :

> Notre complicité s'était élargie à la communication des corps, à la communication inachevée, je dirais, car Nora me permettait tout, sauf le contact de nos organes génitaux. Elle préférait plutôt me parler des hommes

à qui elle le permettait, avec une grande liberté qui me l'avait rendue si précieuse (*Hermina*, 2003 : p. 139).

Pris pour un écrivain, Samuel, observateur aigu des mœurs, est un fétichiste des nues des femmes. Irma, devenue écrivaine, à son tour, et au faîte de sa renommée, se résout à demander à Samuel de la célébrer et de fixer sa beauté :

> C'est ce que j'attends de toi, Samuel, que tu écrives un roman, que tu parles de mes seins et que je te suive partout pour apprendre à tes lectrices et à tes lecteurs que c'est de mes seins que tu parles. C'est ce que j'attends de toi (*Hermina*, 2003 : p. 265).

Heberto Prada, Afro-cubain et ancien professeur de philosophie mis sur le banc de touche, est le personnage principal du récit. Rat de bibliothèque, il est un écrivain en herbe qui veut se consacrer uniquement à l'écriture. Tout au long du récit, il entretient une excitante relation imaginaire avec Hermina après la mort du vieux pêcheur Santiago avec lequel il était très lié. Dès leur première rencontre, Hermina devient présence obsédante, à la fois femme fatale, femme inaccessible, mais aussi sa muse. Heberto s'impose, alors, comme défi d'écrire un roman éponyme *(Hermina),* d'entreprendre un projet romanesque, dans lequel la jeune fille est à la fois le déclencheur et la destinataire qui va donner un sens à sa vie erratique. Mais, durant tout le récit, Heberto, tourmenté par le désir, est dépassé par l'incapacité de transcrire ses sensations malgré les ambiances « capiteuses » qui alimentent ses appétits sexuels et ses tentatives d'écriture. N'ayant le courage d'affronter l'écriture, ses ébauches ne peuvent, non plus, décrire les contours de la beauté de ses fantasmes malgré sa folle envie de renfermer celle-ci dans ses propres mots :

> Chaque jour, il tentait d'écrire un paragraphe qui tînt la route, mais il lui arrivait de consommer plus de dix feuilles sans parvenir à commettre une seule phrase digne d'être sauvée. Et son imagination s'ankylosait davantage chaque fois qu'il avait tenté de la revivifier par la lecture, à haute voix, d'une page d'un grand livre (*Hermina*, 2003 : p. 207).

En Europe, après avoir quitté Cuba avec l'obèse Ingrid Himmler, ses multiples tentatives d'écrire sont vaines, au point où Ingrid le place dans un hôtel appartenant à Rachid, pour qu'il puisse, selon elle, « mettre des détails intéressants dans sa vie plate pour l'aider à trouver son chemin » (2003 : p. 246), le laborieux chemin de l'écriture.

Heberto incarne le parfait libertin pour lequel le plaisir est une fin en soi, dont l'imagination, la fantaisie, ou mieux, le désir est le soubassement de tout vécu, tout acte et tout discours. Antihéros, Heberto est un lâche et incapable de mener à terme ses désirs, même ses visées littéraires, de parachever son projet d'écriture malgré toutes les facilités possibles. Devant la menace de meurtre de Fritz, il est d'autant plus lâche, qu'il est incapable de défendre Mira Garcia, la seule femme qui constitue son vrai soutien moral, et avec laquelle il a eu une communion d'esprit et une complicité érotique en Europe.

Le Cubain Federico Martínez (père d'Hermina) est un personnage non insignifiant parmi les personnages masculins. C'est un *nouveau riche*, qui travaille dans une multinationale dans une société cubaine marquée par la décadence et la pénurie. Libertin raffiné, qui implique sa femme et sa fille dans son jeu, Federico affiche une ferme « volonté de trancher avec les mœurs ambiantes » et apporte « toujours une touche, une petite fantaisie... » (2003 : 56) aux relations interpersonnelles.

Des libertines à la portée du roman

Par ailleurs, les personnages féminins enrichissent le roman par un jeu d'identité et de dédoublements : Hermina/Mira/Irma/Nora/Ingrid, sont toutes des doubles d'Hermina et elles-mêmes. Elles incarnent la belle et intelligente fille de Federico. Mais seule l'une d'elles, Mira Garcia, a une portée significative et substantielle pour Heberto. En Europe, Heberto a un « fantasme cannibalesque » (2003 : 173) pour elle dès leur première rencontre[11] ; tout de suite une sorte de complicité perverse et libertine s'installe entre eux :

> Peut-être parce qu'elle était petite et lui avait dit avoir lu tout Sade à dix-huit ans, il s'était senti, à côté d'elle dans le taxi, dans un tel état excitation qu'il devint animal. Elle-même dégageait des effluves d'une femelle lascive prête à s'offrir en pleine rue. Il n'avait déjà éprouvé une envie aussi intense, sinon plus forte, que pour Hermina. Il l'attira contre lui, se mit à lui caresser les

---

[11] « Mais on avait beau être une femme honnête, il fallait se soumettre à tout, et le libertinage, qui n'admet jamais aucune borne, se trouvait singulièrement échauffé de contraindre à des horreurs et à des infamies ce qu'il semblait que la nature et la convention sociale dussent soustraire à de telles épreuves » (Sade, « Introduction », 1975 : 19). Ces mots de Sade pourraient bien correspondre au vécu libertin de Mira Garcia.

seins tout en lui proposant un petit tour dans un hôtel de la gare d'à côté (*Hermina*, 2003 : p. 172).

Comme pour beaucoup de personnages de l'univers tchakien, l'existence, pour Mira Garcia, est un leurre, et la médiocrité en est une composante courante. Malgré ses nombreux voyages pour combler son envie du monde, ses multiples aventures pendant ses voyages afin de vaincre sa solitude et d'assouvir ses insatiables besoins sexuels, son infructueuse quête du bonheur trouvera une compensation dans le voyeurisme et le fétichisme morbides :

> Elle prit un abonnement internet « forfait illimité tout compris » pour bouffer sans modération les milliers de photos et de films pornos dont les scènes scatologiques et de tortures extrêmes lui rappelaient l'univers sadien. Elle n'achetait les journaux et les revues que pour la même raison : faire la collection des images pornos et découper tous les articles qui relataient des faits divers insolites ayant un rapport avec le sexe. Elle les conservait dans un gros classeur rouge (*Hermina*, 2003 : p. 285).

Après une vaine recherche de mari par une agence matrimoniale, une tentative de suicide avortée, le besoin de maternité devient sa nouvelle raison d'être. Enceinte (de Fritz Haarmann), *in fine*, Mira Garcia est, à la fois, l'instrumentalisation libertine du corps et le *summum* de la conscience narratrice autour des perversions et de leurs retombées :

> Chaque fois que Mira parcourait son classeur rouge, devenu son livre noir sur la sexualité, son imagination s'enflammait. Mais elle prenait aussi conscience de l'appauvrissement de son esprit. Obnubilée par ses fantasmes et ses violentes envies sexuelles, elle avait perdu l'habitude de lire des livres exigeants. Elle semblait appartenir à l'élite intellectuelle, puisqu'elle fréquentait des écrivains et des chercheurs universitaires de renommée mondiale, mais elle était loin de ce monde-là (*Hermina*, 2003 : p. 292).

L'érotisme est quasi toujours lié au tragique, car prévient Octavio Paz, « l'érotisme est porteur de vie et de mort » (1994 : 20). Mira Garcia est le personnage qui porte surtout le poids tragique et idéologique du roman. Par son interposition, le narrateur discourt sur multiples interrogations : le sexe, les perversions, le mariage, la remise en question du modèle traditionnel du couple et de la famille, la solitude et l'insatisfaction sexuelle dans le couple, la désillusion de la vie amoureuse, la fausseté dans la famille, les divorces dramatiques, les enfants non désirés, la déconstruction du couple et le bonheur inaccessible. À partir du récit de Mira, le roman illustre, en effet, l'asymétrie des relations maritales ou amoureuses, les destins fragilisés par le désespoir, le manque d'épanouissement érotique, et prône, par conséquent, l'urgence universelle des mœurs beaucoup plus dissolues.

Support de la fiction, les personnages, hommes et femmes, sont surtout et avant tout des libertins : ils incarnent les formes et le langage inhérents à la démesure de l'érotisme, qui définit leur rapport au réel et à autrui. Ils sont toujours tentés de s'affranchir de leur corps, des contraintes culturelles et de la morale traditionnelle par la transgression des tabous. Cette volonté d'émancipation trouve son sens dans une inévitable intersubjectivité, dans un besoin constant de fusion charnelle et sans limites. Par-delà le temps et l'espace, les personnages-libertins, à la fois lucides et faibles, ont des identités fluctuantes et sont toujours disponibles aux appels des corps. Hantés par l'insatisfaction, l'ivresse du désir, des rencontres érotiques, réelles ou projetées, et au gré des occasions, leur éternelle quête de jouissance est aussi une fuite en avant.

Trans-textualité et post-colonialité : interstices et connivences

Depuis Sade, le texte libertin de fiction est aussi un espace de discours, de réflexion sociologique et philosophique. Et le libertin un sujet de discours qui remet sans cesse la société et ses mœurs en question. La prose festive de Sami Tchak se veut, aussi et avant tout, un discours, un discours sans complaisance, une parole de remise en question des convenances et institutions sociales, une parole de dénonciation de l'hypocrisie sur la bienséance, enfin, une parole libre et de libération des mœurs.

Trans-textualité et démesure du discours

Roland Barthes rappelle : « Pour Sade, il n'y a d'érotique que si l'on "*raisonne le crime*" ; *raisonner*, cela veut dire philosopher, disserter, haranguer, bref soumettre le crime (terme générique qui désigne toutes les passions sadiennes) au système du langage articulé, mais cela veut dire aussi combiner selon les règles précises les actions spécifiques de la luxure, de façon à faire de ces suites et groupements d'actions une nouvelle "langue", non plus parlée, mais agie ; la "langue" du crime, ou nouveau code d'amour, tout aussi élaboré que le code courtois » (1971 : p. 30). En effet, par le biais des personnages ou des situations, *Hermina,* propose maints actes de discours[12] sur la société et l'être humain, en général, et sur les mœurs, la sexualité, la prostitution, la condition des femmes, les droits des minorités sexuelles, en particulier. Nonobstant, *Hermina* se veut aussi un espace de discours et de débat sur la littérature et sa transcendance : le roman compile les citations, inventorie des sources (souvent citées de manière explicite), énumère des textes, invoque des auteurs de diverses origines et époques. Le roman condense les lectures, en explicitant le penchant du narrateur pour des auteurs considérés polémiques ou iconoclastes comme Sade ou V. S. Naipaul. Entre les faits narrés et les auteurs cités, s'instaurent des parallélismes, des filiations, enfin, des confluences thématiques et formelles, enfin, des confluences des traditions littéraires. Le narrateur, lecteur passionné et averti des littératures du monde, ne se propose d'incarner aucune tradition spécifique, dépassant ainsi les repères littéraires (ethniques et ethnicisants) assignés à ses origines.

Hermina est dialogue permanent, sous forme intertextuelle[13], avec les livres favoris du narrateur (pourquoi pas de l'auteur) de la bibliothèque universelle. Par-delà les auteurs ou les livres comme *La philosophie dans le boudoir* de Sade, ou encore, *La Vénus à la fourrure* de Sacher-Masoch, la transtextualité permet de mettre en abyme plusieurs auteurs ou textes, de rendre hommage à des auteurs ou textes marquants du domaine érotique. Entre autres : la série *Sex and the City*, *Sexe et caractère* de Otto Weninger, *Nexus* d'Henry Miller, *Paradiso* de José Lezama Lima, *Soupir* d'Ananda Devi, *Adios Mamá* et *Avant la nuit* de Reinaldo Arenas, *Coño* de Juan Manuel de Prada, *Hadriana dans tous mes rêves* de René Depestre, *Comment*

---

12 Suite à Barthes, dans une excellente préface sur l'actualité de Sade, Béatrice Didier renchérit : « Le langage est l'arme absolue, non seulement – c'est trop évident – pour l'écrivain, mais aussi pour le libertin. Dans le cours du roman, celui-ci parle tout autant qu'il agit : la parole toujours double, annonce ou commente l'acte. Le libertin pratique deux types de discours : la dissertation théorique, philosophique, quand il justifie ses actes, explique son système, et, d'autre part, la parole brève qui est celle d'un impossible dialogue et qui, le plus souvent, est incisive, violente, ordre ou injure. Le point commun entre ces deux discours c'est leur caractère d'intransigeance. Il n'y a pas de réplique possible. D'ailleurs l'interlocuteur est soit la victime réduite au silence ou à l'insignifiance idéologique, soit un autre libertin qui est lui-même déjà convaincu. » (« Sade aujourd'hui », Préface, *Justine ou les malheurs de la vertu*, Librairie Générale Française, Paris, 1973, p. 21–22.)

13 À propos de l'intertextualité dans l'œuvre de Sami Tchak, cf. Vincent K. Simedoh, « Sami Tchak, *Hermina* : l'Intertextualité ou une réflexion sur l'art romanesque », *Éthiopiques*, n° 75, 2005, p. 55–77.

faire l'amour avec un Nègre sans se fatiguer de Danny Laferrière. Toutes ces références transtextuelles, et bien d'autres, qui jalonnent l'univers érudit de Sami Tchak, n'entament en aucun cas la vigueur et l'originalité de sa création romanesque. Elles cristallisent, plutôt, des alliances ou affinités littéraires, tout en montrant des rapprochements avec d'autres traditions littéraires. Elles illustrent une production narrative qui a su sédimenter multiples lectures, au-delà des continents et des époques.

Roman autoréférentiel, *Hermina* foisonne de saisissants discours sur l'art du roman et les valeurs intrinsèques d'une littérature classique. Bon nombre de personnages sont liés par le monde des lettres et de la fiction. Certains personnages ont fait des études de lettres (Hermina, Lourdès). D'autres s'essaient à l'écriture (Heberto, Samuel, Irma), ou sont des lecteurs voraces (Federico, Heberto). Ils partagent tous la passion pour la fiction et le rêve d'une vie romanesque au point de vouloir y être immortalisé (Irma, Hermina). Mais *Hermina* est, avant tout, un roman sur l'écriture, sur la difficulté d'écrire, voire l'impossibilité de réécrire après la féconde et glorieuse histoire universelle des lettres :

> Il n'y a plus rien à dire ni à comprendre sur le monde, rien du tout. Il n'y a même plus de raison d'écrire des romans, personne ne peut apporter quoi que ce soit dans un genre, tout a été déjà fait, aucune innovation n'est plus possible dans aucun genre, aucune. Même si l'on souhaitait faire du style pour le style, il n'y a plus aucun style qui soit franchement neuf, tous les styles ont déjà vieilli. Il n'y a plus aucune structure neuve, aucune forme de narration novatrice. Il n'y a vraiment plus rien. Il n'y a plus rien à déconstruire, rien à construire. L'écriture a atteint ses limites (*Hermina*, 2003 : p. 201).

Heberto est à la fois la personnification et la victime de la difficulté d'écrire. Malgré toute l'inspiration que peuvent procurer les lectures et l'atmosphère érotique, il a de plus en plus de la peine à mettre par écrit ses affects et ses émois, au point où Ingrid trouve comme remède la punition sadomasochiste. La seule et possible réponse à surmonter son impuissance pathologique vis-à-vis de l'écriture serait de transfigurer la « désublimation forcée » de sa génération (*Hermina*, 2003 : 319). Au bilan de tous ces obstacles en attente de dépassement, une réflexion sur la lecture et l'incapacité d'écriture survient et s'impose :

> Dis-moi ce qu'il te faut comme conditions pour y parvenir ! Tu veux un conseil ? Mon frère, si tu ne parviens pas à écrire, c'est parce que tu es lâche, tu n'oses pas te regarder en face. Sinon, tu es ton propre sujet. Tout ce que tu as à faire, c'est de mettre noir sur blanc l'histoire de ta vie avortée. Écoute !

C'est simple ! Tu es un individu inutile, tu le sais, non ? Écris-le. Pour toi, écrire, ce serait ça : te tuer d'une balle de mots dans la tête pour ensuite faire ta propre autopsie. Alors, dans tes entrailles, on verrait l'ombre d'une génération de soi-disant intellectuels, des errants au ventre creux et à la tête vide, substituant l'esbroufe au talent, élevant le ton pour lâcher un verbe qui ne vaut pas le pet d'une vieille chèvre, moineaux faméliques qui se prennent pour des aigles (*Hermina*, 2003 : p. 318).

De l'utopie universaliste au *malheur généalogique*

La conception littéraire de Sami Tchak rejoint le mythe d'une littérature universelle comme point de jonction et de possibilité des rencontres. En filigrane, *Hermina* célèbre une littérature d'ouverture, non exclusive à une tradition : une littérature vaste et inépuisable, comme l'univers d'ailleurs, qui transcende les temps et les espaces. Une littérature où les auteurs sont les contemporains des lecteurs ; et où tous les livres, déjà écrits et encore à écrire, peuvent être lus de manière renouvelée. Comme expression inachevée d'un monde infini, la littérature écrite jusqu'à présent n'est que le résumé à la fois de l'univers et des livres, et elle ne peut donc être embrassée. Toutefois, la lecture comme acte humble de contact avec le patrimoine humain, est une intention de saisir la projection utopique de l'universel littéraire. D'ailleurs, Gérard Genette, dans un article intitulé « L'Utopie littéraire » (1966), résume cette idée universaliste de littérature à partir de l'œuvre de l'Argentin Jorge Luis Borges : « Cette vision de la littérature comme un espace homogène et réversible où les particularités individuelles et les préséances chronologiques n'ont pas cours, ce sentiment œcuménique qui fait de la littérature universelle une vaste création anonyme où chaque auteur n'est que l'incarnation fortuite d'un Esprit intemporel et impersonnel, capable d'inspirer, comme le dieu de Platon, le plus beau des chants au plus médiocre des chanteurs, et de ressusciter chez un poète anglais du XVIIIe siècle le rêve d'un empereur mongol... » (1966 : p. 125).

Hermina, ainsi que *Place des fêtes*, se projette comme un lieu de discours, de parole, de nouvelle morale. Le texte de fiction est transfiguré en un lieu de continuelles interrogations existentielles : il jette un regard acerbe et sans complaisance, parfois désabusé, sur la condition humaine et sur la bassesse des humains sur terre. Loin des obsessions érotiques, le discours d'ordre politique et idéologique trouve aussi sa place : l'espace romanesque est réinvesti par les angoisses (ambiguïtés et contradictions comprises) du questionnement postcolonial. Toujours par accumulation, le roman entreprend une critique de l'africanité, de la tradition africaine, une remise en question des lieux communs sur soi-même et sur l'autre, sur l'hégémonie culturelle et le relativisme culturel. Par le truchement du narrateur omniscient, le roman passe en revue d'autres questions de la représentation postcoloniale : le fait colonial, le sous-développement, le peuple, la pauvreté, le racisme, la colonisation et la culpabilité coloniale, la tension colonisé-colonisateur, l'hégémonie occidentale et les zoos humains. L'amertume de l'exil, la douleur de la migration, tout comme un discours sur la débrouillardise et l'éloge de la prostitution sont également évoqués. Le roman mène également des considérations sur l'amitié, la vacuité des intellectuels et universitaires (comparés aux chauves-souris), les précaires branchés, mais aussi sur la reconnaissance des droits des minorités sexuelles, les unions mixtes et leur descendance.

Dans cette même perspective postcoloniale, *le malheur généalogique*[14] est une angoisse à la fois épistémologique et existentielle qui traverse une bonne part de l'œuvre de Sami Tchak. Au-delà des représentations et préjugés de base, *le malheur généalogique* renvoie aux avantages et désavantages liés aux origines (lieu de naissance, trace ethnique et lieu du discours). Comme nœud de tension autour de la différence visible, par ses fantasmes et ses fantômes, *le malheur généalogique* façonne une existence et confère des contours précis ou vagues à une biographie réelle ou imaginaire. Cette « couleur qui fait tendance », pour reprendre les propres mots de Sami Tchak, ou mieux, *fait que le malheur généalogique* se révèle comme un « cadre de références et d'attitudes » de la différence dans le jeu et les enjeux du pouvoir et de légitimation, comme dans les représentations identitaires. Cette « couleur qui fait tendance »[15] transparaît, parfois, comme une essence déterministe dans ses romans, *Place des fêtes* et *Filles de Mexico*, et dans son essai, *La couleur de l'écrivain*.

---

[14]   Ce concept de Michel de Certeau (*L'écriture de l'histoire*, 1975), institué comme paradigme de la critique culturelle par Achille Mbembe, est mis à profit par Victorien Lavou pour décrire la tension entre vécu réel et pratiques discursives dans l'approche de la présence-absence des Noirs en Amérique Latine et dans la Caraïbe, cf. son ouvrage, *Du « migrant nu » au citoyen différé*, Perpignan, PUP, 2003, p. 7–12.

[15]   Cf. l'étude de Khunle Till R. sur la question de la couleur dans l'œuvre de Sami Tchak, « Ma peau fait trop tendance » : Sami Tchak, « une voix de la migritude », in *La Tortue verte, Revue en ligne des littératures francophones*, Dossier n° 1, *Ce que Paris fait aux littératures francophones*, 2012.

Pour une esthétique festive de la démesure

La fiction de Sami Tchak tisse un « réseau d'obsessions » autour des textes et du corps par une originale esthétique de la démesure, de la désacralisation et de la démythification : un univers de désirs omniprésents et de plaisirs comme une fin en soi ; un univers de restitution des variations, angoisses et versants subversifs de l'imaginaire érotique ; une vision du monde fondée sur la déconstruction des normes littéraires et sociales établies à partir d'une conscience accrue des limites et possibilités du corps. Ayant une vision holistique, à la fois, de l'être humain et de la littérature, son écriture est, toutes proportions gardées, en rupture avec les représentations précédentes du corps, du désir et du féminin-masculin dans le roman francophone.

Dans le sillage du carnavalesque bakhtinien, *Hermina* invoque une « fête textuelle et sexuelle », parfois tragique, qui témoigne de la finitude et de la légèreté de l'existence humaine. Éloge romanesque de l'érotisme, et hymne du libertinage et de l'hédonisme, *Hermina* déploie, non seulement les choix esthétiques et thématiques, mais encore une fabulation dont la marque distinctive évoque la démesure festive, en l'occurrence l'excès dans la peinture de la lubricité et la métamorphose des corps. Il pourrait encore être lu comme une érotisation du monde par les livres, ou davantage comme une tentative de nivèlement des êtres humains par la fusion des corps subordonnée aux seules lois du désir et de la possession.

Lecteur informé et fin connaisseur de la bibliothèque universelle de l'érotisme, Sami Tchak a su construire une œuvre atypique dans le paysage littéraire africain et francophone[16]. Réceptacle de lectures et de références transtextuelles agrémentant une transgression fantasmatique, cette œuvre, inscrite dans une féconde tradition libertine, solennise une esthétique de l'hyperbole par la peinture jouissive du désordre des sens et des actes. Par la figuration jubilatoire de la débauche, l'exhibition des masques identitaires et sexuels, par la démesure et du corps et des textes et de la dimension charnelle de son univers débridé, cette écriture débusque et interroge les failles contemporaines dans les mœurs communautaires. Contribution africaine et francophone au romanesque des marges

---

[16] En collaboration avec Jean-Pierre Orban, Sami Tchak a écrit la préface du livre, *Les mille et une bibles du sexe* (La Roque d'Anthéron, Vents d'ailleurs, 2014) de Yambo Ouologuem.

érotiques[17], cette prose hardie, par moments provocatrice et polémique, re-calibre avec fougue la mesure de la jouissance et des réjouissances.

Bibliographie

Bakhtine, Mikhaïl, *L'œuvre de François Rabelais et la culture populaire au Moyen âge et sous la Renaissance*, Paris, Gallimard, 1970.

Barthes, Roland, *Sade, Fourier, Loyola*, Paris, Éditions du Seuil, 1971.

Bataille, Georges, *La littérature et le mal*, Paris, Gallimard, 1957.

Brézault, Éloïse, Sami Tchak ou la « philosophie dans le foutoir », *Culture Sud, Nouvelle génération*, n° 166, juillet–septembre, 2007.

Cannone, Belinda, *Narrations de la vie intérieure*, Paris, PUF, 2001.

Cazenave, Odile, *Afrique sur Seine. Une nouvelle génération de romanciers africains à Paris*, Paris, L'Harmattan, 2003.

Didier, Béatrice, « Sade aujourd'hui » (Préface), *Justine ou les malheurs de la vertu*, Librairie Générale Française, Paris, 1973, 7–24.

Diop, Papa Samba, « Le roman francophone subsaharien des années 2000. Les cadets de la post-indépendance », in *Culture Sud, Nouvelle génération*, Juillet–Septembre, 2007.

Genette, Gérard, *Figures I*, Paris, Éditions du Seuil, 1966.

Genette, Gérard, *Figures IV*, Paris, Éditions du Seuil, 1999.

Genette, Gérard, *Figures V*, Paris, Éditions du Seuil, 2002.

Kuhnle, Till R., « Ma peau fait trop tendance » : « Sami Tchak, une voix de la migritude », *La Tortue verte. Revue en ligne des littératures francophones*. Dossier N° 1 (*Ce que Paris fait aux littératures francophones*), 2012.

Marzano, Michela, *La philosophie du corps*, Paris, PUF, 2007.

Ngal, Georges, *Création et rupture en littérature africaine*, Paris, L'Harmattan, 1994.

Paz, Octavio, *La flamme double. Amour et érotisme*, Paris, Gallimard, 1994.

---

[17] Après l'anthologie de Gérard Clavreuil, *Érotisme et littératures. Afrique noire, Caraïbes, Océan Indien* (Paris, Édition Acropole, 1987), on trouve cette référence africaine dans le domaine érotique : sous la direction de Léonora Miano, *Première nuit. Une anthologie du désir*, Montréal, Mémoire d'encrier, 2014.

Ricœur, Paul, « Sexualité : la merveille, l'errance, l'énigme », *Histoire et vérité*, Paris, Éditions du Seuil, 1990.

Ricœur, Paul, *Soi-même comme un autre*, Paris, Éditions du Seuil, 1990.

Sade, *Les 120 journées de Sodome*, Paris, Éditions 10/18, 1975 [1785].

Sade, *Justine ou les malheurs de la vertu*, Paris, Librairie Générale Française, 1973 [1791].

Sade, *La philosophie dans le boudoir*, Paris, Gallimard, 1976 [1795].

Tchak, Sami, *Place des fêtes*, Paris, Gallimard, 2001.

Tchak, Sami, *Hermina*, Paris, Gallimard, 2003.

Tchak, Sami, *La fête des masques*, Paris, Gallimard, 2004.

Tchak, Sami, *Le paradis des chiots*, Paris, Mercure de France, 2006.

Tchak, Sami, *Filles de Mexico*, Paris, Mercure de France, 2008.

Tchak, Sami, *La couleur de l'écrivain*, Paris, La Cheminante, 2014.

Tchak, Sami, « Écrire la sexualité », *Notre Librairie*, n° 151, Dossier *Sexualité et écriture*, juillet–septembre 2003, p. 5–6.

Vargas Llosa, Mario, *Lettres à un jeune romancier*, Paris, Gallimard, 2000.

Wabéri, Abdourahman, « Les enfants de la postcolonie. Esquisse d'une nouvelle génération d'écrivains francophones d'Afrique noire », *Notre Librairie*, n° 135, Sept.–Déc. 1998, p. 8–15.

L'ETHNOLOGUE ET LE SAGE : DOUBLE NARRATIF, ÉCRITURE SANS CHAMP

Pierre Ndemby Mamfoumby

Parce que les personnages principaux, Maurice Boyer et Alfa Salifou, forment un binôme insécable, par leurs destins liés et leurs fonctions narratives comparables, l'attention du critique est portée sur le thème du *double* dans *L'Ethnologue et le sage* de Sami Tchak, roman paru aux Éditions ODEM à Libreville en 2013. D'autre part, l'organisation du récit y est sous-tendue par une double modalisation : la première met en scène les théories de l'ethnologue, la deuxième est réalisée par la réaction de l'imam. Enfin, l'inscription du double, élargie à un *motif* narratif, induit l'idée d'un redéploiement et d'un transfert de valeurs. L'âme de ce récit reposant ainsi sur cette configuration du double et s'étoffant de réfractions des identités de l'auteur. Entre l'ethnologue et le sage, entrent en conflit deux rationalités reflétant deux facettes fictionnalisées de l'auteur.

L'intrigue

L'Ethnologue et le sage[1] s'ouvre sur la présence de Maurice Boyer, un ethnologue en mission de recherche au village de Tèdi. La quiétude du lieu et les bons rapports entretenus par le chercheur avec les villageois prennent une autre tournure lors du procès de la mère de Yaya Nintchè accusée d'avoir volé des ignames. Ce jugement révèle deux figures du

---

[1] Tchak, Sami, *L'Ethnologue et le sage*, Libreville, Éditions Odette Maganga, 2013, 126 p. Livre ayant obtenu le Prix Ahmed Baba à Bamako en 2015.

récit représentant deux logiques face à l'incombustibilité du Coran. Maurice Boyer défie l'imam du village en démontrant que le Coran, en sa matérialité de livre, peut brûler, et qu'en revanche ce qui ne brûle pas c'est la parole de Dieu transmise par le Prophète. Désavoué, le sage du village met en place une stratégie : laver ce qu'il a ressenti comme un affront, par l'entremise de sa fille Rabia. Le mets que cette dernière sert à l'ethnologue lui provoque une diarrhée sévère. L'imam doit alors lui prêter une culotte pour qu'il traverse dignement le village. Au lendemain de cette mésaventure, l'ethnologue décide de surseoir à ses recherches et quitte le village.

Raison critique, écriture du double

La particularité du roman de Sami Tchak est qu'il fonctionne sur un mode binaire[2]. Qu'il s'agisse du personnage, du titre du roman ou de l'organisation du récit, le lecteur est frappé par la volonté de l'auteur d'imprimer un mouvement dual à l'ensemble du texte. Cette inflexion récurrente dans l'organisation du récit, nous l'avons étudiée plus en détail sous le concept de *doublexité*[3].

Le premier niveau d'appréhension de celle-ci est le niveau des personnages. Toute la sphère énonciative y est actualisée autour du personnage-narrateur Maurice Boyer et de l'imam du village. Pour comprendre l'opposition des deux figures, il convient de les replacer chacune dans sa sphère culturelle et ses convictions idéologiques. Maurice Boyer incarne la science, la méthode, une raison occidentale. *A contrario*, Alfa Salifou, l'imam, est l'incarnation de la sagesse d'un village qu'il a su convertir à la vision musulmane du monde. Il y est le garant du Coran.

---

[2] *La Fête des masques*, Paris, Gallimard, 2004, du même auteur adopte la même construction binaire à partir de la relation conflictuelle entre Carlos et Carla. Cf. Pierre Ndemby Mamfoumby, « Le roman francophone à l'aube du XXIᵉ siècle : les procédés narratifs dans *La Fête des masques* de Sami Tchak », in *Éthiopiques*, Dakar, 2008, n° 81, p. 63–69.

[3] La *doublexité* peut être ainsi sériée : « la *doublexité du personnage* qui tient compte du conflit intérieur et extérieur du personnage (avec lui-même ou avec les autres) ; la *doublexité culturelle* qui intègre la religion, la valeur sociale des personnages, les imaginaires et les acquis culturels des écrivains ; la *doublexité textuelle* qui relève de l'organisation du récit », cf. Pierre Ndemby Mamfoumby, *Le roman et son ombre. Étude et caractérisation du récit chez Henry Bauchau et Nancy Huston. Essai sur la théorie du double dans les textes littéraires*, Paris, Éditions Bergame, 2017, 167 pages.

Avant que l'histoire de l'igname n'éclate et ne nécessite une querelle publique, l'ethnologue jouit de l'hospitalité légendaire des Tèdiens. Le narrateur le souligne :

> « La maison dans laquelle je vivais appartenait à un fils de Tèdi qui avait émigré dans la capitale ; il avait tenu à avoir, dans son village natal, un « pied-à-terre » que les paysans réservaient maintenant à certains de leurs hôtes, surtout à ceux qui devaient séjourner pendant plusieurs mois à Tèdi et qui souhaitaient avoir une certaine autonomie ; ils appelaient cette maison Igoma dè dana (littéralement « la maison des étrangers ») (p. 9).

Ces moments de quiétude sont remis en cause par la personnalité double du narrateur. Habitant du village aux privilèges exceptionnels, mais au regard distant, il n'intègre pas les schèmes culturels de ceux qui l'accueillent. Dès lors s'instaure un désaccord entre le « personnage-arrivant » et le « personnage-accueilli ». Cette *duplicité* conduit aux divergences avec l'imam dans la manière habituelle de régler les différends dans le village.

L'ethnologue, faute d'avoir compris le modèle social tèdien, récuse l'autorité judiciaire et religieuse incarnée par l'imam. De ce fait, il déconstruit le système de valeurs qui assurait la cohésion du village. L'humiliation symbolique et sociale d'Alfa Salifou change l'ordre du récit. Le parcours narratif des deux personnages s'incarne dans la défiance, voire dans une logique de mise à mort en vue de retrouver ou de conforter une certaine légitimité. Cet élan des personnages est régulé par la relation antagoniste animée par Maurice Boyer et Alfa Salifou. Les comparses, comme Wouro Tou le chef du village, s'inscrivent, en considérant le schéma actanciel de Greimas, dans l'axe dual des oppositions.

Maurice Boyer, dans son individualité, est le *personnage-intégrant*, celui qui vient à la rencontre du *personnage collectif*, le village. À un autre niveau de compréhension, le détachement de chaque personnage du collectif consolide la frustration. Dans les possibilités de la représentation narrative qui s'offrent au lecteur, le *double* peut être constitué de : Maurice Boyer-Wouro Tou, Maurice Boyer-Alfa Salifou, Maurice Boyer-Rabia. Au-delà de l'affront subi par Alfa Salifou, ce sont les entités dynamiques constituées par Maurice Boyer, le chef de village et de sa fille, qui sont les plus significatives dans la deuxième partie du récit. Le repas servi par Rabia à l'ethnologue, à l'homme de science, scénarise l'instant du châtiment infligé à un *in-croyant*. Acculturé à partir sa « maladie honteuse » (la diarrhée) dans la *doxa* tèdienne, puisque revêtu d'habits traditionnels autochtones, comme un musulman, Maurice Boyer n'en est pas pour autant soustrait à l'axe dual des oppositions. En effet, il n'est pas insensible à la beauté et au charme de Rabia, la fille de l'iman. Et ces sentiments conduisent à un autre écueil : les vues de l'ethnologue s'achoppent à l'intransigeance de l'imam. Tous ses chemins pris, parce que tous ses rapports avec la société tèdienne s'étant soldés par des échecs, l'homme de science, enveloppé dans l'obscurité de la nuit, baisse le rideau sur les épisodes calamiteux de sa vie de « chercheur » à Tèdi : « Il était 22 h lorsque je m'éloignai de ma maison, les larmes aux yeux » (p. 126). Le contraste entre les débuts et la fin du récit est saisissant. Entre jour et nuit, Sami Tchak a bâti non seulement un *récit du double*, mais un *récit du double négatif.*

Un autre niveau d'analyse sonde la vitesse du récit qui se ferme aux micros-récits ou aux tiroirs narratifs pouvant apporter des informations complémentaires au mouvement des personnages. Autant les actions sont rapides, autant la narration est sélective. Ainsi, à peine l'autorité de l'imam est-elle remise en question que le lecteur est déjà placé face à Rabia se rendant chez Maurice Boyer pour lui porter son repas.

Le récit progresse de façon linéaire et peut être scindé en deux grands moments. La première séquence va du début texte (p. 9) au moment où la mère de Yaya Nintchè est jugée sur la place publique (p. 41). Le deuxième mouvement commence à la page 42 et se poursuit jusqu'à la fin du récit. Cette séquentialisation instruit le lecteur de la stratégie de l'écrivain décidant de figer les personnages dans des rôles et de leur tracer une trajectoire d'*objets* impuissants à infléchir le cours des événements.

Maurice Boyer part d'intentions positives, celles d'étudier la vie des Tèdiens, pour finir par porter un jugement négatif sur l'objet de ses recherches, les Tèdiens, dont il a d'abord souhaité intégrer la société. Il reconnaît sa déconvenue, non sans culpabiliser : « Quelques instants après, lorsque je me retrouvai seul chez moi, je pris conscience du mal que j'allais faire aux Tèdiens en bousculant violemment leurs plus fortes croyances » (p. 43). Le récit dénote des délibérations intimes suscitées par les différences de perception du monde. Rationaliser la parle de l'imam, l'*occidentaliser*, c'est défaire un monde et son contenu et s'en fermer à jamais les accès. Le récit de ce parcours initiatique raté est programmé par le titre du roman, « L'ethnologue et le sage », compréhensible de manière ambivalente : en association, ou en opposition. Dans un sens comme dans l'autre, une question se pose en sourdine : l'ethnologue peut-il être un sage ?

Gérard Genette indique dans *Seuils* que « la relation entre un titre et un contenu global est éminemment variable »[4]. Cette assertion reconnaît à l'écrivain la liberté infinie des dénotations et des connotations impliquées par les titres de ses écrits. Dans le cas de *L'Ethnologue et le sage*, la conjonction de coordination [et] fonde le caractère inséparable des deux sujets-personnages. Et, paradoxalement, il suggère l'incommunicabilité entre deux *monades*. Le « double construit » par le titre est détaillé par le récit. L'effet de contagion sémantique qui s'opère entre le paratexte et la diégèse conditionne la cohérence des personnages. Le premier est inscrit dans une tradition colonialiste où l'on est détenteur d'un savoir et porteur d'un regard que l'on pose sur des peuples exotiques. Le second, un Africain, ardent dans la défense de son espace culturel et de ses valeurs spirituelles, s'érige en gardien d'un patrimoine. La réciprocité conflictuelle dans cette binarité est source de compétions, si ce n'est d'entreprises punitives.

Dans cette dynamique narrative, l'« insuccès » de l'ethnologue n'est pas, comme pourraient le laisser entendre ses paroles finales, une cruelle déception pour un visiteur éconduit. Prémices d'une éthique nouvelle, les déboires de l'homme de science l'inclinent à une plus grande humilité : Maurice Boyer ne verra plus l'Afrique de la même manière.

Écriture sans panneaux

Le récit de Sami Tchak restitue lecteur et critique au lointain souvenir de *L'Aventure ambiguë* de Cheick Hamidou Kane où, de retour au village après son séjour européen, Samba Diallo, pour avoir perdu la foi au point de ne plus accepter de prier, meurt sous les coups d'un fou. Le jeune Toucouleur, victime d'une *hybridité* aux termes inconciliables, paie le prix fatal d'une complexité irréductible, engendrée par des « *être-au-monde* » déclinés en deux registres : le culturel confondu au judiciaire, et le moral assimilé au religieux. Cette inaptitude à concilier deux modes de pensée se retrouve dans d'autres textes du corpus africain. Sur un plan idéologique, dans *Le Monde s'effondre*[5] de Chinua Achebe, *Ville cruelle*[6] de Mongo Béti, ou *Sahel ! Sanglante Sécheresse*[7] de Alpha-Mandé Diarra, romans

---

[4]   Genette, Gérard, *Seuils*, Paris, Seuil, 1987, p. 80.

[5]   Achebe, Chinua, *Le Monde s'effondre*, Paris, Présence Africaine, 1954.

[6]   Beti, Mongo, *Ville cruelle*, Paris, Présence Africaine, 1958.

[7]   Diarra, Alpha-Mandé, *Sahel ! Sanglante Sécheresse*, Paris, Présence Africaine, 1981.

dans lesquels l'échec ou la mort des héros sont les expressions tragiques de l'impossible osmose entre les espaces physiques et les aspirations spirituelles des héros.

Sami Tchak, dans ce contexte, ouvre une voie médiane. Une nouvelle piste de lecture se dessine : le déshonneur ne conduit plus systématiquement à la mort. Ni l'ethnologue, ni l'iman ne mettent fin à leurs jours parce que leurs visions du monde ont été bafouées. L'imam trouve en sa culture des ressources morales pour se confronter à l'arrogance de la science occidentale, et sortir vainqueur de cette épreuve. Et Maurice Boyer ne met pas un terme à sa vocation de chercheur. En revanche, de missionnaire civilisateur pour qui il se prenait au début du roman, il s'est converti en disciple à l'écoute de l'Afrique. Cette conversion n'ayant rien d'abstrait, comme on peut le lire dans ce passage :

> À la tombée de la nuit, avant de m'en aller, j'écrivis sur un bout de papier que je souhaitais laisser dans le salon cette phrase que l'imam, qui lisait très bien en français, comprendrait : « j'étais venu pour apprendre, j'ai eu mieux, j'ai fait une rencontre » (p. 126).

Au-delà du fait que ce texte métaphorise « la couleur de l'écrivain », il subvertit l'ordre de vassalité dans la relation Nord-Sud, en affirmant d'une part l'engagement d'un auteur, d'autre part, liée à la question des valeurs, l'égale dignité des croyances et des pratiques sociales. À l'identité malheureuse il allie l'enferment culturel. Maurice Boyer ne devient en effet digne de l'estime du romancier que lorsque, ne vivant pas sa métamorphose intellectuelle comme un reniement de ses assises cartésiennes, il renaît à une nouvelle philosophie des rapports à Autrui, à l'iman singulièrement. Cette ouverture inaugure l'identité heureuse du protagoniste désormais sauvé de « l'impossibilité de concilier des théories contraires, et de résoudre des contradictions »[8].

Et puisque le personnage est médiateur de l'auteur, l'expérience fictive de Maurice Boyer se conçoit comme un biais par lequel Sami Tchak fait lever l'étendard de l'ouverture culturelle. Cette « mise en abyme » du *double élémentaire continu* est l'expression du regard que l'écrivain pose sur le monde. Dans l'économie du récit, l'ethnologue est à la fois la « présentification diégétique du producteur ou récepteur du récit et la

---

8   Czyba, Lucette, « Nature et fonction du double dans *Bouvard et Pécuchet* », *in* Gabriel-André Pérouse (dir.), *Doubles et dédoublements en littérature*, Saint-Étienne, Publication de l'Université de Saint-Étienne, 1995, p. 133–140.

manifestation du contexte »[9]. Grand « écrivain voyageur »[10], Sami Tchak sait d'expérience que le monde ne peut plus s'expliquer à partir de visions manichéennes, mais dans une transversalité des philosophies et dans la transculturalité des recherches. L'on est ainsi au cœur de l'esprit du romancier-philosophe et de sa pratique scripturale. L'écriture en devient sans champ spécifique, étant donné que l'auteur ne se conforme à aucune des règles énoncées par Pascal Durand à la suite de Pierre Bourdieu, à savoir que « tout champ suppose code de comportement et d'action, une règle du jeu en quelque sorte, mais aussi des enjeux et des intérêts partagés par l'ensemble des agents qui en relèvent »[11]. Librement, Sami Tchak infléchit le sens que le lecteur peut attribuer à un genre, qu'il s'agisse du roman, de l'essai ou des carnets. Comme Houellebecq (*Soumission*), Sami Tchak s'interroge indirectement sur l'influence et le rôle de la religion dans les sociétés actuelles. Ce faisant, la pensée s'engendre hors des cadres traditionnels, hors de la norme ressentie comme un carcan.

« Comment penser et écrire l'Afrique aujourd'hui » ?[12], mais aussi « comment comprendre la société actuelle » ? sont les sujets de sa quête. L'auteur tente d'y répondre dans article, « Le moi au miroir fragmenté du Nous »[13], où il réaffirme que « l'écrivain », même éloigné de la démarche autobiographique, « écrit à partir de soi, puise au plus profond de soi, pour faire entendre une voix nourrie d'échos variés qui, tous concourent à produire une mélodie remarquable au cœur d'un concert global » (p. 205). Cette relation de l'auteur à la production romanesque est légitimée par le fait que celui-ci pose sur le monde un regard marquant[14] au pouvoir cathartique sur le lecteur. Michel Guiomar souligne, dans le même sens,

---

[9]   Dällenbach, Lucien, « La narration mise au jour », in *Le Récit spéculaire. Essai de mise en abyme*, Paris, 1977, p. 100.

[10]   L'auteur refuse d'être un « écrivain voyageur », ajoutant avec une grande modestie : « Suis-je un écrivain voyageur ?, je sais que, pour le moment, je me suis rendu dans beaucoup de pays et de villes du monde. Je pense qu'il serait juste de me considérer comme un précaire privilégié » in Sami Tchak, *La Couleur de l'écrivain*, Ciboure, La Cheminante, 2014, p. 87.

[11]   Durand, Pascal, *Introduction à une sociologie des champs symboliques*, Paris, Karthala, 2001, p. 23.

[12]   Mabanckou, Alain (dir.), *Penser et écrire l'Afrique aujourd'hui*, Paris, Seuil, 2017, 224 p.

[13]   Tchak, Sami, « Le Moi au miroir fragmenté du Nous », *in* Mabanckou Alain (dir.), *Penser et écrire l'Afrique aujourd'hui, op. cit.*, p. 203–205.

[14]   Meizoz, Jérôme, *La Littérature « en personne ». Scène médiatique et formes d'incarnation*, Genève, Slatkine Éruditions, 2016, p. 74–75.

que dans ce type d'écriture du double, « au moins l'un des personnages d'un roman, même non autobiographique, porte généralement les couleurs de son auteur »[15].

La construction de son espace d'énonciation (récit) tient à assurer la continuité qui le lie à sa culture et à son territoire. Cette alliance des *sémiosphères* permet à l'écrivain d'exister à la fois dans un temps mythique et de construire sa parole dans un espace contemporain. Cette relation autoréflexive de l'écrivain propulse au premier plan celui qui parle tout en évaluant la pertinence de son discours. Elle éclaire aussi sur les difficultés des écrivains francophones, comme de leurs personnages, à s'exempter de ce qui fait aujourd'hui leur spécificité : la double identité, le « corps utopique »[16] dont parle Michel Foucault.

Modernité tchakienne

L'Ethnologue et le sage, récit « sans frontières », milite pour une *transculturalité*[17] assumée et devant convaincre de la mystique culturelle qui, chez les Tèdiens, personnages métonymiques des Africains, gouverne les actions et explique les destinées. Cette cosmogonie disqualifie pour impartialité les *raisons* exogènes, ce qui justifie la scène du crapaud et du serpent aux pages 96–98. Ainsi, le récit diffracte-t-il, sur la base d'une dualité souvent perfectible, les figures médiales de l'auteur et leur cheminement ontologique. Voilà pourquoi ces personnages sont à suivre comme les « héros et les victimes d'une quête illimitée »[18].

Bibliographie

Brombert, Victor, *Flaubert par lui-même*, Paris, Seuil, 1974.

---

[15] Guiomar, Michel, *Principes d'une esthétique de la mort* (édition revue et corrigée), Paris, José Corti, 1967, p. 408.

[16] Foucault, Michel, *Le Corps utopique, les hétérotopies*, Paris, Les Nouvelles Éditions Lignes, 2009, p. 15.

[17] Pour compléter le point de vue d'Yves Clavaron (*Poétique du roman postcolonial*, St-Étienne, Publication de l'Université de St-Étienne, 2011, p. 75), notons que la transculturalité ne consiste plus pour les romanciers africains à cibler les grands textes européens pour les contester, mais, désormais, à intégrer les idéologies européennes elles-mêmes pour mieux les combattre.

[18] Brombert, Victor, *Flaubert par lui-même*, Paris, Seuil, 1974, p. 177.

Clavaron, Yves, *Poétique du roman postcolonial*, St-Étienne, Publication de l'Université de St-Étienne, 2011.

Dällenbach, Lucien, « La narration mise au jour », dans *Le récit spéculaire. Essai de mise en abyme*, Paris, Seuil, « Coll. Poétiques », 1977.

Durand, Pascal, *Introduction à une sociologie des champs symboliques*, Paris, Karthala, 2001.

Foucault, Michel, *Le Corps utopique, les hétérotopies*, Paris, Les Nouvelles éditions Lignes, 2009.

Genette, Gérard, *Seuils*, Paris, Seuil, 1987.

Guiomar, Michel, *Principes d'une esthétique de la mort* (Édition revue et corrigée), Paris, José Corti, 1967.

Meizoz, Jérôme, *La Littérature « en personne »*. *Scène médiatique et formes d'incarnation*, Genève, Slatkine Éruditions, 2016.

Ndemby, Mamfoumby, Pierre, « Le roman francophone à l'aube du XXIᵉ siècle : les procédés narratifs dans *La Fête des masques* de Sami Tchak », *Éthiopiques*, 2008, n° 81.

Pérouse, Gabriel-André (textes réunis), *Doubles et dédoublement en littérature*, St-Étienne, Publication de l'Université de St-Étienne, 1995.

Tchak, Sami, *L'Ethnologue et le sage*, Libreville, Éditions Odette Maganga, 2013.

Tchak, Sami, *La Couleur de l'écrivain*, Ciboure, La Cheminante, 2014.

Tchak, Sami, « Le Moi au miroir fragmenté du Nous », *in* Mabanckou, Alain (dir.), *Penser et écrire l'Afrique aujourd'hui*, Paris, Seuil, 2017.

ÉCRIRE ET S'ÉCRIRE PAR TEMPS DE MONDIALISATION

DANS L'ŒUVRE LITTÉRAIRE DE SAMI TCHAK

STEEVE RENOMBO

« Le Mossika ne figure sur aucun Atlas. Ce pays existe pourtant, il appartient à mon Afrique intérieure »[1], Henri Lopes.

« L'illusion majeure au cœur de ma vie a fait de moi un être jeté sur les flots du vaste monde. Chère Madame, comme vous l'avez compris, peu importe le lieu où j'échouerai, peu importe : je suis Aboubakar Sadamba Tcha-Koura, dit Sami Tchak, un homme de l'ethnie tem du Togo, de clan Nintché. Mais, surtout, je suis une part de l'Homme »[2], Sami Tchak.

Les indicibles violences engendrées par les tragédies de l'histoire de l'Afrique se trouvent rétrospectivement prises en charge par la fiction littéraire, au double plan symbolique et sémiotique. Elles s'y modalisent notamment par la récurrence du thème du malaise et du désenchantement ; la figuration d'une anthropologie négative, avec sa cohorte de personnages en déréliction, frappés de folie ou voués à la mort ; la désarticulation des systèmes axiologiques, ainsi que la perte du lieu. Si ces invariants ont largement déterminé les segmentations littéraires jusqu'aux années 1990, il est apparu que ceux des écrivains africains nés après les indépendances, et ayant migré loin des « terres d'ébènes », et

---

[1] Lopes, Henri, *Dossier classé*, Paris, Seuil, 2002, p. 16.
[2] Tchak, Sami, « Le pseudonyme et la mort », *La Couleur de l'écrivain*, Paris, La Cheminante, 2014, p. 23.

que Waberi désigne « les enfants de la postcolonie », s'étaient comme affranchis de ce « malheur généalogique » pour jouir des infinis bienfaits d'une « mondialisation heureuse » : « La mondialisation transforme l'exil ordinaire angoissant, annihilant, douloureux, en un exil fécondant, joyeux, qui n'est plus appréhendé sur le mode nostalgique, souffreteux [...] »[3]. À l'analyse, cette affirmation de Waberi est à nuancer, car l'espace mondialisé, en conjuguant effets pervers[4] et vertueux, expose le sujet historique à un monde comme démâté, dont les nouveaux référentiels axiologiques, les univers et les rationalités numériques nés des nouvelles technologies[5], ainsi que les logiques de captation et de prédation par le néolibéralisme de l'essentiel des richesses de la planète, engendrent une surcharge sémiotique et des formes de précarité sociale et ontologique :

> Il se trouve qu'à l'échelle de la planète, un nouveau cycle de redistribution du pouvoir, des ressources et de la valeur se met en place et se cristallise. Une autre partition du monde s'esquisse, tandis que se dessinent d'autres géographies de la terre. Si ce cycle suscite l'espoir d'approfondir les possibilités de vie et d'agir de nombreux groupes humains, il n'en demeure pas moins qu'à peu près partout il entraîne des télescopages, une redistribution inégalitaire de la vulnérabilité et de nouveaux et ruineux compromis avec des formes de violence aussi futuristes qu'archaïques. Il s'agit d'un monde plus que jamais dominé par la hantise de sa propre fin, par la peur de l'oblitération et de l'extinction. Avec la ruine des grands espoirs de transformations, l'idée d'une fin heureuse a été congédiée, ouvrant la porte à la prolifération de fictions cyniques, de croyances et d'envoûtements multiples[6].

---

[3]   Waberi, Abdourahman, A., « Les enfants de la postcolonie. Esquisse d'une nouvelle génération d'écrivains francophones d'Afrique noire », *Notre librairie*, 135, [*Identités littéraires*], septembre–décembre 1998, p. 8–15, p. 15.

[4]   Sur le traitement littéraire de la puissance de bouleversement des sociétés africaines par la mondialisation néolibérale, lire Mwanza Mujila, Fiston, *Tram 83*, Paris, Métailié, 2018 et In-Koli, Jean Bofane, *Congo Inc. Le testament de Bismarck*, 2014. Mais selon une perspective plus globale, le roman de Michel Houellebecq, *Soumission*, révèle bien que la mondialisation constitue aussi un péril pour les civilisations dont les fondements culturels et les structures sociales sont censées être plus stables.

[5]   Au sujet des mutations majeures consécutives aux NTIC, lire, Appadurai, Arjun, *Après le colonialisme. Les conséquences culturelles de la globalisation*, Paris, « Petite bibliothèque Payot », 2015.

[6]   Mbembe, Achille, Sarr, Felwine, « Avant-propos », *Les Ateliers de la pensée. Politique des temps. Imaginer les devenirs africains*, Paris, Philippe Rey, Dakar, Jimsaan, 2019, p. 7–10, p. 8–9.

Les nouveaux « partages du sensible » résultant de cette mondialisation appareillée[7] – globalisation –, amorceraient même le dépassement du paradigme des *Postcolonial Studies* : « En passant des *Postcolonial Studies* aux *Globalization Studies*, on passe d'une mondialisation à une autre, de type technologique et économique, liée au capitalisme mondialisé »[8]. Pris dans ces eaux troubles de la globalisation, alors que se déchaînent les vagues, et se lève la houle impétueuse, l'écrivain africain éprouve la fragilité de son esquif, puis de flux en reflux finit par se retrouver échoué sur les côtes africaines. Senghor avait donc raison, aussi vrai qu'Ulysse revient toujours à Ithaque, les lamantins, eux aussi, s'en retournent toujours « boire à la source ». À partir du cycle[9] des productions de Sami Tchak, allant de *L'ethnologue et le sage*[10] aux *Fables du Moineau*[11], en passant par *Al Capone le Malien*[12], *La couleur de l'écrivain*[13] et *Ainsi parlait mon père*[14] (cycle romanesque du reflux), le présent article examine le mouvement d'une écriture de la translocalisation qui, après s'être éloignée de l'Afrique en direction des lointaines spatialités hispano-américaines, y revient selon de nouveaux partages discursifs et symboliques. Même si, nous le verrons, bien que géographiquement séparé de l'Afrique, l'écrivain a toujours été imaginairement proche de cette « patrie », dont tout le corps de son œuvre est comme constellé des stigmates. C'est ici que s'orchestre « l'intranquillité » d'une écriture qui, pour dire l'Afrique, devait d'abord s'en distancer parodiquement, instituant ainsi l'ironie, le détour, en dispositif littéraire capable de coudre des espaces hétérogènes. Il en résulte un processus de circulation et de concaténation des mondes, articulant le local et le global (glocalisation)[15]. Un personnage d'*Hermina*, roman de

---

[7]   Déotte, Jean-Louis, *L'époque des appareils*, Paris, Lignes & Manifestes, 2004

[8]   Clavaron, Yves, *Francophonie, Postcolonialisme et mondialisation*, Paris, Classiques Garnier, coll. « Bibliothèques contemporaines », 2018, p. 52.

[9]   Cette organisation des productions de Sami Tchak en cycles, n'a pas vocation à établir des segmentations strictes car, d'une période littéraire à une autre, s'observe un phénomène de migration thématique. C'est la raison pour laquelle le roman *Hermina*, appartenant au « cycle romanesque du flux », sera très souvent évoqué.

[10] Tchak, Sami, *L'ethnologue et le sage*, Libreville, Odem, 2013.

[11] Tchak, Sami, *Les fables du Moineau*, Paris, Gallimard, coll. « Continents noirs », 2020.

[12] Tchak, Sami, *Al Capone le Malien*, Paris, Mercure de France, 2011.

[13] Tchak, Sami, *La couleur de l'écrivain*, Paris, La Cheminante, 2014.

[14] Tchak, Sami, *Ainsi parlait mon père*, Paris, JC Lattès, 2018.

[15] « Le terme de « glocalisation » rappelle l'Aleph borgésien, le lieu où se trouvent, sans se confondre, tous les lieux de l'univers, vus de tous les angles, un espace infini de

l'exil par excellence, ne confesse-t-il pas qu'« il y a des moments où pour mieux habiter son pays, il faut le quitter »[16] ? Analyser les discursivités et herméneutiques littéraires produites par les écrivains postcoloniaux, est inséparable de la question du « lieu », telle que nous l'envisagions dans une étude sur la scénographie postcoloniale de *Place des fêtes* :

> Toute écriture est habitée et travaillée par la question du lieu, d'un lieu violemment polémique qui rapidement se développe comme la scène même où la littérature joue et rejoue inlassablement son devenir. Dans les récits postcoloniaux, cette question n'est pas moins décisive, si l'on en croit Jean-Marc Moura : « L'œuvre postcoloniale construit souvent d'une manière insistante son espace d'énonciation : c'est l'un des signes manifestes des littératures coloniales ou postcoloniales ». Il ajoute : « La critique postcoloniale étudie la manière dont chaque auteur, chaque œuvre gère son rapport à son "lieu" et l'investit selon un mode spécifique »[17].

L'énigme du retour[18]

Une tentative de caractérisation, dans le champ de la littérature africaine francophone, des thématiques et esthétiques de ces vingt dernières années devrait pouvoir isoler une séquence significative et encore ouverte, consacrée à la « littérature du retour », comme l'attestent déjà quelques études[19] de référence. Ce retour au pays effectué par les écrivains dits de la

---

simultanéités et d'ubiquité, un prisme localisé en un endroit précis, qui donne accès à des marges du monde entier et de tous les temps. La « glocalisation » participe d'une déstabilisation du national et désigne aussi bien le local accessible au niveau global (par tous et partout sur la planète), que le global vecteur du local pour tous et partout. Edward Soja en fait un des principes de la géographie postmoderniste. Ainsi, le concept de « glocalisation » dialectise les échelles globale et locale dans les processus de mondialisation, ce qui est aussi une manière de mettre en œuvre un scénario transculturel d'interpolation entre le local et le global qui vise à transcender les frontières établies », Clavaron, Yves, *Francophonie, Postcolonialisme et mondialisation*, *op. cit.*, p. 63.

16   Tchak, Sami, *Hermina*, Paris, Gallimard, coll. « Continents noirs », 2003, p. 147.

17   Renombo, Steeve, « Portrait de l'écrivain postcolonial en cartographe : poétique et politique du lieu dans *Place des fêtes* de Sami Tchak », Mangeon, Anthony (sous la direction de), *Postures postcoloniales. Domaines africains et antillais*, Paris, Karthala-MSH-M, 2012, p. 149–178, p. 152–153.

18   Laferrière, Danny, *L'énigme du retour*, Paris, Grasset, 2009.

19   Schüller, Thorsten, « À la recherche de l'Afrique perdue : le retour au pays natal dans le roman contemporain de l'Afrique noire d'expression française, (Éfoui, Alem, Effa, Miano) », Coulon, Virginie et Garnier, Xavier (dir.), *Les littératures africaines, textes*

« *migritude* », est de nature à surprendre, s'agissant d'agents culturels ayant travaillé dur pour s'arracher à un champ périphérique – l'Afrique – afin de conquérir, par un investissement du centre, un double capital d'abord socio-économique, puis symbolique[20]. Pourquoi donc, enfin devenus citoyens d'honneur de la « république mondiale des lettres », parfois au prix de stratégies esthétiques et de compromis divers[21], décident-ils de

---

et terrains, p. 321–333, Paris, Karthala, 2011 ; Schüller, Thorsten, « La Littérature africaine n'existe pas », ou l'effacement des traces identitaires dans les littératures africaines subsahariennes de langue française » (varia), *Études littéraires africaines, L'enfant-soldat : langages et images* (dossier coordonné par Nicolas Martin-Granel), numéro 32, 2011, p. 135–146 ; Parisot, Yolaine, « Sous les yeux du Père », le cahier comme une proposition de retour sur l'énigme « Laferrière », *Études françaises, La figure du Père dans les littératures francophones*, Vol. 52, 2016, p. 91–105 ; Parisot, Yolaine, « Au-delà de l'événement postcolonial. Récits de (l'éternel) retour, retours à la fable », Parisot, Yolaine, Pluvinet, Charline, (dir.), *Pour un récit transnational. La fiction au défi de l'histoire*, Rennes, PUR, 2016, p. 83–99. Cette importante contribution porte sur la trilogie de Farah, Nuruddin, *Links, Knots* et *Crossbones*, ainsi que sur deux romans de Kossi Éfoui, *La fabrique de cérémonies* et *Solo d'un revenant*.

[20] Dans *La couleur de l'écrivain*, Sami Tchak aborde cette question avec beaucoup de franchise, « Cependant, une vérité flotte au-dessus de tous ces discours parfois méprisants, cette vérité qu'aucun de nous ne peut nier : l'importance de Paris sur le destin des écrivains africains francophones. Paris comme lieu idéal de publication, Paris comme lieu de légitimation, Paris comme principal marché, Paris comme tout ! Paris pèse de tout son poids sur une partie non négligeable de nos lettres. Bien sûr, je l'ai déjà dit, Paris n'a nullement besoin de ces auteurs-là pour que son spectacle et sa comédie littéraire se perpétuent, les lettres franco-françaises étant suffisamment variées et assez dynamiques pour se passer, sans dommage de tout ce qui est considéré comme apports extérieurs, mais nous (auteurs africains) avons tragiquement besoin de Paris pour tenter d'exister », p. 58. Pour approfondir ces questions lire, Ducourneau, Claire, *La Fabrique des classiques africains. Écrivains d'Afrique subsaharienne francophone*, Paris, CNRS Éditions, 2017 ; Halen, Pierre, « Notes pour une typologie institutionnelle du système littéraire francophone », Diop, Papa Samba, Lüsebrink, Hans Jürgen (dir.), *Littératures et sociétés africaines. Regards comparatistes et perspectives interculturelles. Mélanges offerts à János Riez à l'occasion de son soixantième anniversaire*, Tübingen, Gunter Narr Verlag, 2001, p. 55–68.

[21] Les exigences de progression/promotion à l'intérieur du champ littéraire conduisent souvent les acteurs culturels à se « renier », d'une certaine manière, pour rentrer dans les moules symboliques qu'on leur impose. C'est toute la portée de cette déclaration d'Heberto : « C'est impossible de parvenir à grand-chose sans passer par les singeries, quand on est issu d'un peuple à genoux pour l'éternité ». (p. 23). Dans *Al Capone le Malien*, Binétou Fall dénonce l'inauthenticité de la littérature produite par les écrivains francophones en France : « Beaucoup de nos écrivains, surtout dit francophones, produisent des caricatures sur leur pays et sur l'Afrique, rarement ou presque jamais ils ne créent des œuvres denses, complexes comme les grands auteurs Latino-Américains dont les pays connaissent pourtant des situations de violence

refluer vers cette terre initiale dont les « rigueurs de marâtre »[22] avaient parfois précipité leur départ, dans l'espoir que là-bas, outre-Atlantique, l'herbe serait forcément plus verte ?

Mais le Nord n'a pas entièrement tenu sa promesse, et les soleils de la mondialisation n'ont éclairé que d'une lumière blafarde les projets d'universalisme. C'est le temps vertigineux des « illusions perdues », où l'on réalise qu'il suffit de légèrement décaper le vernis prétendument humaniste pour constater que c'est toujours l'imparable « couleur de l'écrivain »[23] qui détermine l'Autre et sa perception. À cette déstabilisation vient s'ajouter le maelstrom de la globalisation, fait d'incessantes dynamiques transactionnelles et transférentielles, mais aussi de l'affaiblissement des récits structurants et de la prolifération des

---

encore plus dramatiques, qui ont traversé ou traversent des dictatures encore plus sanglantes. [...] Avec leurs choix de styles, de thématiques toujours dans l'esprit d'attirer l'attention du public et des critiques blancs, ils ne parviendront jamais à la hauteur de leur propre vérité » (p. 161). Une étude de Véronique Porra, examine bien cette question des « assignations catégorielles », « Malaise dans la littérature-monde (en français) : de la reprise des discours aux paradoxes de l'énonciation », *Recherches & travaux*, [En ligne], 76, 2010, p. 109–129.

22   Heberto vit dans un village – *Quintero* – dont la description des carences de tous ordres figure, caricaturalement, la conjoncture des pays africains. Il est convaincu que c'est le lieu le plus abject de la terre et dont il faut absolument s'affranchir : « Comme Federico Martinez, Heberto Prada avait eu, lui aussi, à couper avec ses origines, mais pour d'autres raisons. Il avait compris que le village était stérile, que son coin natal était un fardeau, une entrave à ses ambitions [...] il avait décidé de biffer Quintero de sa mémoire. Il s'était mis à haïr ce village, à haïr d'ailleurs tous les villages, où les croyances les plus grotesques tenaient lieu de sagesse. Ces coins étaient, selon lui bourrés d'hommes et de femmes encore à l'âge de la pierre, qui partageaient beaucoup de choses avec les animaux, des êtres humains confinés dans leur stupide mentalité, qui n'avaient avec le monde moderne que de très lointains rapports grâce à leur insignifiante intégration à l'économie capitaliste [...]. Il lui fallait quitter son village, ne plus jamais le revoir, renier cette partie de la terre qui ne représentait rien du tout aux yeux du monde, dont l'anéantissement par un volcan ou un cyclone par exemple ne serait remarqué de personne » (p. 32–33).

23   Au cours d'un débat littéraire animé par Boniface Mongo-Mboussa, une dame blanche demanda à Sami Tchak s'il se considérait comme un « écrivain noir », et cette question le perturba particulièrement : « Pourtant, elle occupa mon esprit pendant des heures et perturba ma concentration alors que, dans le métro, j'avais repris la lecture de *La mal-mesure de l'homme*, l'essai de Stephen Jay Gould qui dénonce les thèses issues du déterminisme biologique, puis leur rapport avec le racialisme et le racisme. En utilisant l'adjectif « noir » au lieu de « africain » (« écrivain africain »), Madame, vous semblez m'inviter à me définir à l'intérieur des frontières de ma peau, donc au-delà de mon pays et du continent qui le contient, ce petit Togo », « Et ma peau ? », *La couleur de l'écrivain, op. cit.*, p. 11.

« politiques de l'inimitié »[24]. Affleure alors la nostalgie de la terre d'origine, alimentée par le sentiment d'être ballotté comme un frêle oiseau pris au milieu des forts vents contraires, tel Heberto qui brûle de quitter son île pourrie :

> Mais après qu'ils avaient récupéré leurs bagages et qu'ils étaient allés à la zone des taxis, la nostalgie l'avait soudainement submergé à la manière des vagues de la mer en folie par temps de cyclone, et il avait comme perçu, la sirène d'un bateau qui coulait. […] Il avait commencé à regarder les choses avec les yeux d'un étranger, d'un étranger minuscule devant l'exubérance des êtres et des choses […] c'était la première fois qu'il allait éprouver ce sentiment de manque qui s'empare des gens qui, hors de chez eux, se retrouvent dans une situation de flottement, à la manière des oisillons qui battent de l'aile pour la première fois et qui, découvrant l'immensité du monde, se rendent compte qu'ils auraient été plus en sécurité dans leur nid, sous les ailes de leur mère[25].

C'est précisément cette condition existentielle de l'homme, allégorisée par la fragilité de l'oiseau, qui sert de matrice philosophique aux *Fables du Moineau*. Après cette évocation de certains motifs du retour, comment en décrire il convient d'en décrire les figurations littéraires, même s'il s'accomplit aussi par d'autres modalités, notamment physique et/ou éditoriale[26].

Il a prévalu un temps l'idée selon laquelle, pour les écrivains de la *migritude*, l'éloignement géographique s'accompagnait d'une mutation des thématiques abordées, qui, alors, ne concernaient quasiment plus le pays d'origine, mais plutôt leur *condition* dans le pays d'accueil. Cette thèse globalement confirmée par un examen des productions romanesques beaucoup plus profilées « *world literature* », va connaître un infléchissement à compter des années 2000. Ainsi observe-t-on dans plusieurs fictions la mise en scène de migrants qui après de longues

---

[24]   Mbembe, Achille, *Politiques de l'inimitié*, Paris, La Découverte, 2016.

[25]   *Hermina, op. cit.*, p. 89–90.

[26]   Le retour physique concerne au moins deux écrivains qui, en dépit d'une position avantageuse dans le champ littéraire dominant, ont pourtant requis de quitter le centre pour rejoindre la périphérie. Si l'on excepte Mongo Beti, dont le cas est plus complexe, on peut citer Kangni Alem repartant au Togo et occupant même des fonctions politiques et Tierno Monénembo ralliant son inénarrable Guinée. Au plan éditorial, c'est le choix de petits éditeurs du Sud : Sami Tchak publiant *L'ethnologue et le sage* chez Odem au Gabon, mais aussi la session des droits à des éditeurs locaux (Togo) comme *Graines de pensée*, pour que les livres soient accessibles en Afrique à moindre coût. Sans compter la traduction en langue *mina* du Togo de *Femme infidèle*.

années d'absence se trouvent engagés dans un projet de « retour au pays natal », à forte prégnance autobiographique, dans la mesure où le retour est inséparable de la double expérience d'un retour à soi et sur soi. Mais ce pays quitté n'est jamais retrouvé tel qu'il fut, il se déploie telle une entité fugace, qui résiste à l'écriture, s'enveloppe de nocturne et d'étrangeté. C'est une terre d'ombre dont l'éparpillement des signes affecte tout projet de figuration : les contours tremblés du pays se prolongeant comme autant de lignes de fuite qui entraînent le sujet dans un mouvement de dissémination. Sous la désignation de « cabale cartographique », Edgar Fall en fait la vertigineuse expérience, lors de son retour dans « l'ex Togo » :

> Aucune image d'une vie passée là. Pas même d'une année. D'un jour. Pas même d'une seconde. Comme s'il n'avait jamais, ou pas encore, vécu ce qui aurait pu, ce qui aurait dû, combler en flots d'images familières cette place vide, disponible, à l'intérieur de lui ; qui s'était libérée en réponse à une injonction inconsciente de se souvenir. De quoi[27] ?

La plupart de ces personnages finissent par vivre leur exil, même volontaire, comme des déracinés, des errants frappés par une fêlure ontologique pour avoir voulu longtemps étouffer la voix de l'Afrique qui sourdait au tréfonds d'eux, comme le confesse le personnage de Gaston-Paul Effa : « Ou en avais-je voulu si fort à ce continent, à cet enfant noir que j'avais été, avais-je tant aspiré à me débarrasser de lui, que je l'avais étouffé et empêché de renaître ainsi pendant vingt ans »[28] ? Le personnage de *Place des fêtes*, qui ne répond d'ailleurs à nul patronyme, est considéré comme un Français lorsqu'il se rend en Afrique, et comme un Africain quand il est en France. Double impasse topologique et identitaire conduisant à la névrose d'un sujet qui se vit comme une « putain de corps sans patrie ». Le protagoniste de *Voici le dernier jour du monde*, éprouve aussi ce sentiment de double exclusion :

> S'il est vrai que je suis devenu comme une noix de coco, noir à l'extérieur et blanc à l'intérieur, et que j'ai poussé comme un cocotier en oubliant mes racines, il faut que j'apprenne à renoncer à cette honte naturelle. J'ai été accueilli en France comme un étranger ; à présent c'est en étranger que je retourne chez moi[29].

---

[27] Éfoui, Kossi, *La Fabrique de cérémonies*, Paris, Seuil, 2001, p. 59–60.
[28] Effa, Gaston-Paul, *Voici le dernier jour du monde, op. cit.*, p. 7.
[29] *Idem.*, p. 9.

Mais c'est certainement dans *Hermina* que cette ambivalence de l'exil est le mieux exprimée, renforcée par la problématique de l'*ancillarité* :

> Samuel, moi je sais ce que tu es devenu : un homme de la double périphérie. Oui, ton pays est déjà une périphérie et tu vis à la périphérie d'un pays développé qui ne sera jamais ton pays. Tu quittes ton pays pour les lumières d'une grande nation et tu te retrouves dans le bordel des gens comme toi, dans la puanteur des damnés de la terre [...] (qui) affichent déjà leur statut de futurs citoyens de seconde zone, de futurs subalternes, hein ![30] (p. 148–149).

Rendus aux limites extrêmes de la dépersonnalisation, ces personnages prennent conscience de ce qu'il ne s'offre à eux d'autre choix que de consentir à faire le chemin à rebours, à la manière d'une anamnèse ou d'une entreprise orphique vers le *topos* où tout a commencé, et qui seul détient la clé de leur revitalisation. C'est ce à quoi se prépare Orphée, dans *Orphée négro* de Grégoire Biyogo. Promis dès sa naissance à un destin intellectuel glorieux en Occident, le personnage est plutôt victime d'une série de drames et entreprend de revenir dans son pays – l'Atlantide – chercher la cause de cette prophétie avortée :

> Oui, au creux de ce voyage qu'il redoute quelque peu, Orphée veut approfondir une seule et même question, à laquelle il entend apporter des réponses : comment comprendre que, né pour devenir le grand poète de l'Atlantide, la Nuit lui soit soudain tombée sur la tête ? Ce que les Sages de l'Atlantide avaient établi et qui était formel serait-il soudain devenu mensonger[31] ?

Le personnage de Gaston-Paul Effa aboutit au même constat : « Tout m'apparaissait, s'ordonnait ainsi dire de soi-même : il fallait retourner à la source, saisir le mal à la racine »[32]. C'est ce sentiment de déprise du pays d'origine qui explique que plusieurs de ces personnages soient des journalistes qui mettent en œuvre les protocoles du reportage pour tenter d'appréhender le pays. S'ouvre alors une véritable (en)quête herméneutique visant à recharger les signes. On peut évoquer à ce sujet, dans *Dossier classé* d'Henri Lopes, Lazare repartant en reportage au

---

[30] *Hermina, op. cit.*, p. 148–149.

[31] Biyogo, Grégoire, *Orphée négro*, Paris, L'Harmattan, 2006, p. 10. Ce roman est le premier volume d'une trilogie comprenant, *Homo viator* (2008) *et La terre promise* (2008).

[32] Effa, Gaston-Paul, *Voici le dernier jour du monde, op. cit.*, p. 7.

Mossika pour le magazine *African heritage* ; Edgar Fall dans *La fabrique de cérémonies*[33], et *Solo d'un revenant*[34], pour le journal au titre évocateur, *Périple magazine* tout comme le personnage de *Voici le dernier jour du monde*[35]. Le narrateur de Danny Laferrière n'est pas journaliste (même si l'auteur fut dans sa jeunesse chroniqueur), mais traverse le pays selon le même mode opératoire, en notant les menus détails dans un carnet[36], à l'image de Heberto : « Mais c'est dans un carnet qu'il tentait de coudre la vie avec le fil doré des mots »[37] (p. 12) ; ou d'Orphée : « Personne ne doit soupçonner mon activité. Je tiens un journal de voyage. Les écrivains voyageurs sont ainsi faits : il leur faut consigner des notes dans des feuillets, dire leurs doutes, leurs incertitudes, leurs folies » (p. 7). Chez Alain Mabanckou, « l'oiseau migrateur » des ciels européens et américains s'en revient dans le nid d'antan, celui du « vert paradis de l'enfance ». C'est le sujet de sa trilogie fictionnelle[38] suivie d'un autre roman, *Les cigognes sont immortelles*[39], où l'histoire personnelle rejoint les périodes plus ou moins longues de l'Histoire du Congo, notamment, colonisation et décolonisation.

Imaginaires de l'Afrique, du flux au reflux

S'agissant de la trajectoire de l'œuvre de Sami Tchak, en lien avec ce retour symbolique, deux périodes sont à distinguer, en rapport à deux modes de figuration de l'Afrique. La période du romanesque du « flux » avec six romans ayant respectivement pour théâtres les sociétés africaine (*Femme infidèle*), française (*Place des fêtes*), hispanophone (*La fête des masques, Les filles de Mexico, Le paradis des chiots, Hermina*). Dans cette période, la parole romanesque explore les lointains, non seulement

---

[33] Éfoui, Kossi, *La fabrique de cérémonies*, Paris, Seuil, 2001.

[34] Éfoui, Kossi, *Solo d'un revenant*, Paris, Seuil, 2008.

[35] Effa, Gaston, Paul, *Voici le dernier jour du monde*, Paris, Éditions du Rocher, 2005.

[36] Le narrateur exprime ainsi son sentiment de dépaysement : « De retour dans le sud après toutes ces années/ Je me retrouve dans la situation de quelqu'un/ Qui doit réapprendre ce qu'il sait déjà/Mais dont il a dû se défaire en chemin », *L'énigme du retour, op. cit.*, p. 127.

[37] *Hermina, op. cit.*, p. 12.

[38] *Demain j'aurai vingt ans* (2010), *Lumières de Pointe Noire* (2013) et *Petit piment* (2015).

[39] *Les Cigognes sont immortelles*, Paris, Seuil, 2018.

par les pays qui accueillent les intrigues, mais aussi et peut-être plus dynamiquement par l'opération de polyfocalisation et de recyclage sémiotique d'une culture mondiale à partir d'une pratique profuse de l'intertextualité. Dans ces fictions, l'Afrique comme pôle référentiel est appréhendée sur un mode implicite ou parodique. Elle apparaît en creux, notamment du fait des fortes analogies des sociétés ou univers décrits avec les *realia* africaines. Sous ce rapport, selon Florence Paravy, ces personnages (doubles de l'écrivain ?)

> [...] sont en quête d'un « tiers monde », c'est-à-dire un espace leur permettant à la fois de dépasser les polarisations binaires, et de se regarder comme dans un miroir révélant aussi bien leur spécificité africaine que leur multiculturalisme. Si je parle ici de miroir, c'est qu'il y a bien évidemment des affinités, des similitudes importantes entre ces deux régions du monde, qui font qu'au-delà de l'Atlantique, les écrivains africains peuvent avoir le sentiment de découvrir un autre « chez-soi », à la fois proche et différent de leur terre d'origine. Qu'il s'agisse de l'environnement géographique, de l'histoire ou de la culture, l'Amérique latine est bien plus proche du continent africain que l'Europe, avec laquelle les liens historiques et culturels sont certes très puissants, mais déterminés par un rapport de domination qui les a imposés de façon unilatérale[40].

Dans *Place des fêtes*, si plusieurs descriptions topographiques et culturelles figurent objectivement l'Afrique, il reste que ce toponyme n'est jamais mentionné, au profit d'une désignation pour le moins elliptique « là-bas » :

> Cette négociation des équivoques dans la représentation du sujet et du réel se traduit par cette désignation presque exclusivement déictique : la polarité de l'*ici* et du *là-bas*, forme d'anonymat topologique participant de la ruine de tout principe de pertinence historique et symbolique attachée à la notion de « pays » ou de continent[41].

La stratégie narrative d'*Hermina* repose davantage sur la technique de mise en abyme, à l'œuvre sur plusieurs pages (p. 102–114) où sont cités des extraits de *Terre d'ébène* d'Albert Londres, qui en position hypotextuelle racontent la débâcle du roi du Dahomey Béhanzin, puis

---

[40] Paravy, Florence, « Écrivains africains en quête d'un tiers-monde », *Revue Silène* [En ligne], 2011.

[41] Renombo, Steeve, « Portrait de l'écrivain postcolonial en cartographe... », *op. cit.*, p. 157.

de son fils Ouanilo. Par effet de miroir, cette tragédie dahoméenne sert d'interprétant historique susceptible d'illustrer dans le présent la permanence d'une condition de subalternes. C'est ce qu'exprime Ingrid face à Heberto :

> Il [ce livre] faut le lire. Il m'a aidée à comprendre certaines choses. Il m'a permis de mieux appréhender votre drame. J'ai compris qu'en chacun de vous existe un prince humilié, déshérité et déchiré, un prince chassé de son royaume et qui ne peut survivre qu'auprès de ses vainqueurs. J'ai compris qu'en chacun de vous, il y a le fils de Béhanzin, il y a Ouanilo[42].

Dans cette dynamique du cycle littéraire du « flux », l'Afrique transparaît sur fond de littérature mondiale, comme en filigrane. Ici, plutôt que de percevoir le global à partir du local, c'est en revanche du global que l'on reconsidère le local. Au sujet de cette dialectique des localités chez d'autres auteurs, notamment dans l'œuvre d'Ananda Devi, on lit dans *Hermina* :

> Alors que nombre de grands écrivains insulaires ont utilisé l'écriture pour faire de leur île une petite bouche qui avale le monde (Lezama Lima de Cuba, Naipul de Trinidad, Césaire et Glissant de la Martinique, etc.), Ananda Dévi quitte le monde pour retourner dans son ile, et comme si l'île Maurice n'était déjà pas trop exiguë rapportée à la dimension de la terre, elle y recherche des coins comme Rodrigue, puis s'enferme dans des recoins comme Soupir, et finalement ressert tout dans son corps. La magie de son univers réside en partie dans cette démarche qui lui permet de dire l'universel avec quelque chose d'aussi intime (p. 117–118).

Du point de vue de l'expérience littéraire stricte, envisagée comme devenir[43] et production d'une parole de l'*intranquillité*, ce dispositif spéculaire d'identités sans différences, de continuités généalogiques sans ruptures, de « variation [existentielles] autour de la même merde » (*Place des fêtes*), peut s'avérer inopérant, inauthentique. Pareil humanisme conjonctif s'avère être un ajournement des singularisations ou décrochages

---

[42] *Hermina, op. cit.*, p. 102.

[43] Deleuze, Gilles, *critique et clinique*, Paris, Minuit, 1993, « Écrire n'est certainement pas imposer une forme (d'expression) à une matière vécue. La littérature est plutôt du côté de l'informe, ou de l'inachèvement, comme Gombrowicz l'a dit et fait. Écrire est une affaire de devenir, toujours inachevé, toujours en train de se faire, et qui déborde toute matière vivable ou vécue. C'est un processus, c'est-à-dire un passage de Vie qui traverse le vivable et le vécu », p. 11.

subjectifs qui seuls peuvent garder actives, au sein des foyers identitaires, les forces de l'hétérogène. Dans *La couleur de l'écrivain*, Sami Tchak le relève, s'agissant du sentiment d'appartenance communautaire vécue avec les Noirs d'Amérique latine :

> « Nous sommes tous frères », tant d'autres expressions de ce genre qui sont aussi une limitation imposée à celui qu'on incorpore, puisque cette « fraternité » allant de soi implique que je fasse taire mes différences en tant qu'individu pour correspondre à l'image du Noir idéal. Lorsque quelqu'un m'accueille avec l'idée que je suis « lui », il m'interdit implicitement la possibilité d'être moi, c'est-à-dire l'Autre en face de Lui, au-delà d'un élément plausible d'identification, il m'interdit ma différence. Il ne la suppose même pas, il ne suppose pas que sur des problèmes nous concernant, lui et moi, je peux par moment avoir des points de vue similaires à ceux de « l'ennemi ». En m'incorporant dans un « nous », il ne me laisse pas suffisamment de marge de liberté. Dans ces conditions, le courage de créateur consiste à trahir les siens. C'est peut-être ainsi qu'il pourrait en devenir le meilleur porte-parole »[44].

Cette distance prise par rapport à « la densité de l'histoire » (Fanon)[45], produit d'une mondialisation où dominent les logiques postmodernes, conforte la capacité du sujet à se décharger de l'assomption de destins collectifs ou communautaires au profit d'une négociation de sa propre place dans le monde[46]. Il ne s'agit déjà plus de l' « Orphée noir » de Sartre. C'est ce que dit en substance Federico à Heberto dans *Hermina* : « Mais on ne peut être sauvé qu'individuellement. En tant que peuple nous n'avons

---

[44] Tchak, Sami, *La couleur de l'écrivain, op. cit.*, p. 12–13.

[45] « La densité de l'histoire ne détermine aucun de mes actes. Je suis mon propre fondement. Et c'est en dépassant la donnée historique, instrumentale, que j'introduis le cycle de ma liberté […] Mon ultime prière : O mon corps, fais de moi toujours un homme qui interroge ! », Fanon, Franz, *Peau noire, masque blanc*, Paris, Seuil, coll. « La condition humaine », 1952, p. 228–229.

[46] C'est tout le sens de l'interpellation de Chingareno, un personnage d'*Hermina* : « Car, j'ai compris ce que tu n'oses dire en termes explicites : le problème, ton problème, c'est toi-même, ta place dans ce monde, le sens de ta vie. Samuel, toi, devenu un grand errant, explorateur du vide, tu avanceras d'un pas le jour où tu auras le courage de faire la sociologie de ta misère intellectuelle, sexuelle, affective, matérielle…Tu dois être ton propre terrain, ton propre sujet. Tu dois t'étudier toi-même. Mais je sais que tu n'oseras pas aller au fond de ton propre désespoir, de tes mensonges, de tes simulacres de combat pour un sens, tu n'oseras jamais donner à lire ta propre misère. Comme tout le monde, tu triches, tu veux qu'on te prenne pour celui que tu n'es et ne seras jamais » (p. 144).

aucun avenir » (p. 22)[47]. Or, pour s'intégrer dans les flux accélérés et multidirectionnels du monde globalisé, il faut bien partir d'un lieu, d'un site énonciatif ; pour *dé-river* et faire monde, il faut pouvoir partir d'un bord. Ce qui se profile alors ici plutôt comme un humanisme disjonctif, et que Jean Bessière désignerait comme « universel sans universalisme »[48], trouve une éclairante description dans le modèle cosmopolitique défendu par Guy Scarpetta :

> C'est pourquoi, le cosmopolitisme dont je parle est le contraire d'une pure dénégation des appartenances, qui ne serait que le fantasme d'une « nature universelle » antérieure à tout ordre symbolique ; c'est pourquoi il n'a rien à voir avec les rêves de nomadisation sans identité, de déterritorialisation sans unité, de migration sans langue et sans loi. [...] Le cosmopolitisme, donc, une effective anamnèse, une radiographie (sans tabou ni fascination) des « racines » et des généalogies, pour y faire exploser toutes les réductions, toutes les communes mesures. Il n'est pas pure dérive, pure errance insignifiante, mais multiplication du sens à travers des trajets calculés. Il n'est pas ce simple vagabondage aphasique soumis à tous les remous d'une « matière » ou d'une « nature » immaîtrisable, mais un mouvement qui sait entre quoi et quoi il voyage, quelles intensités et quelles ruptures il fait surgir, quelles frontières il

---

[47] Cette surdétermination de la subjectivité n'est pas pour autant exclusive, si l'on en croit les travaux de Michel Maffesoli sur « les nouvelles tribus » de l'espace globalisé. Lire notamment, « Tribalisme postmoderne », *Sociétés*, 2011/2, n° 117, p. 7–16.

[48] Bessière, Jean, « Penser le roman francophone contemporain. Les moyens de son universalisation et de son universel sans universalisme », Gauvin, Lise, Fonkoua, Romuald et Alix, Florian, *Penser le roman francophone contemporain*, Montréal, Presses de l'université de Montréal, 2020, p. 350–360 : « les références africaines et les références occidentales sont présentées selon des bords communs, en des figurations des religions et de la dictature et de la démocratie. Il y a là un moyen de reconsidérer les constructions littéraires de la créolité antillaise : le centre et la périphérie deviennent des bordures qui disposent des séries de points de vue paradoxalement externes. Par quoi, les mondes d'un roman appellent certainement l'inférence d'un monde unique, inférable selon les seuls bords de ces mondes. La relation et le tout-monde déploient cette poétique des bords, désignation d'un universalisme sans universel, hors des polémiques du relativisme, liées à la dualité du dominé et du dominant. Cette poétique recèle sa propre question, littéraire et anthropologique. Elle laisse non explicitée la lecture de la relation, de la communauté des bords [...] Cet implicite de la poétique des bords peut être l'objet d'un roman. Sami Tchak, dans *Le Paradis des chiots*, dispose la seule scène de l'Amérique latine, qui commande le jeu de la connexion partielle – le monde de ce roman se lit comme le bord d'autres mondes, ceux de la domination, sans qu'aucune comparaison soit livrée. Tout monde appelle son interprétant et inversement. Cela fait une poétique de la parfaite égalité qui a son herméneutique et son réalisme. L'herméneutique applique les symboles d'un monde à n'importe quel autre monde et entraîne le dessin de subjectivités dispersées », p. 358.

affronte, ce qui s'y déplace et ce qui s'y traverse. Il lui faut même souvent, au départ, une frontière bien précise, un pôle transférentiel inaugural [...] pour y convoquer et y nouer tous les autres franchissements ; il lui faut repérer la limite qui le traverse et le divise originairement, pour pouvoir déployer les multiplications ultérieures d'identités, l'infini recommencement des traversées, l'incessant carrousel des langues et des cultures précipitées dans son mouvement[49].

L'écrivain veut-il cartographier « les contours du jour [d'un universel] qui vient » et transformer son lieu de départ en « syncrétisme originaire »[50] ? Alors qu'il consente à explorer d'abord « l'intérieur de [sa] nuit », pour affronter les monstres qui la peuplent, comme l'y invite le « Professeur fictif » :

> Autre chose, et je te le dis sincèrement : vos écrits sont creux parce qu'ils ne dégagent pas votre propre odeur, vous n'avez pas toujours le courage de vous mettre, vous, vos blessures, vos illusions, vos frustrations, vos mensonges, vos masques, bref votre véritable vie au cœur du monde dans lequel vous êtes plongés. [...] Les chefs-d'œuvre de tous vos classiques, ce sont les livres qu'ils n'ont pas osé écrire sur eux-mêmes, c'est ce qu'ils ont laissé de côté, je veux dire leurs propres ombres[51].

S'agissant du « cycle littéraire du reflux », il se caractérise par une mutation dans les modes discursifs et génériques, les systèmes axiologiques mais aussi par une veine plus réaliste dans sa propension à réinvestir le Nom propre des êtres et lieux africains. Cette aventure ambiguë commence par *L'Ethnologue et le sage*, roman dont la relocalisation africaine n'est pas seulement diégétique, mais aussi éditoriale. En effet, la publication de ce roman, distingué par le Prix Ahmed Baba en 2015, est confiée à un petit éditeur du Gabon, Pierre Ndemby, des éditions *Odette Maganga* (Odem). L'histoire a pour point focal, non pas une ville d'Afrique, mais un petit village de moins de cent habitants répondant au toponyme de Tèdi. L'ethnie et la langue de ces habitants, le *Tem*, sont aussi celles de Sami Tchak au Togo.

Les stratégies épistémiques utilisées par l'écrivain répondent à l'impératif d'observer les précautions anthropologiques minimales pour

---

[49] Scarpetta, Guy, *Éloge du cosmopolitisme*, Paris, Grasset et Fasquelle, 1981, p. 299–300.

[50] Mangeon, Anthony, [Préface], Bachir Diagne, Souleymane, Amselle, Jean-Loup, *Enquête d'Afrique (s). Universalisme et pensée décoloniale*, Paris, Albin Michel, coll. « Itinéraires des savoirs », 2018, p. 7–32, p. 26.

[51] Tchak, Sami, *La couleur de l'écrivain, op. cit.*, p. 70.

négocier le retour, puis l'immersion. Ainsi, celui qui effectue le retour au pays natal n'est-il pas l'enfant du pays ou du village, mais un ethnologue blanc (français) du nom de Maurice Boyer (rebaptisé par les villageois Morou, puis Anansara) qui, attaché au principe de l'observation participante (Malinowski), entend étudier la société de Tèdi. Il semble qu'à travers cet agent culturel exogène, ce soit l'écrivain lui-même, chez qui la pratique des doubles et des masques est récurrente, qui revient dans ce village. Ce Blanc représente sa propre part d'extériorité dans son rapport à l'Afrique traditionnelle, consécutive à un éloignement de plusieurs années. Ce principe d'extériorité se traduit jusque dans l'organisation spatiale du village, puisque la case affectée au Blanc est excentrée du groupe des autres cases du village.

Au soir du récit, Morou échoue à intégrer les méandres de la culture des « gens de Tèdi », du fait d'un regard anthropologique – et donc d'une parole – par trop rationnel à l'intérieur d'un univers nocturne échappant à la pensée binaire et où, comme le lui assènera « la parole de l'Imam »[52], « la vérité est belle. Hélas elle n'est pas toujours fille de la sagesse » (p. 124). Il ajoutera, « mais vous [les Blancs] en savez tellement que vous oubliez la beauté de l'ignorance » (p. 119). Si l'entreprise ethnologique échoue, il reste toutefois que l'expérience humaine s'avère enrichissante, car s'en détachent plusieurs thématiques qui informeront les publications futures de Sami Tchak. D'abord l'espèce d'interpolation que Maurice Boyer, venant d'Occident, parvient à réaliser, non seulement entre un local très reculé et l'universel, mais bien plus entre tradition et modernité :

> Oui, je savais qu'il y avait au sein de ces familles beaucoup d'amour, d'affection, de tendresse, de solidarité. Mais on a peut-être eu tendance à gommer de ces tableaux ruraux bien des pans de réalité qui font leur charme universel : les jalousies, les complots, les injustices, le mensonge, la cruauté, le cynisme, la volonté de nuire, la méchanceté, le mépris envers les faibles et les marginaux, les rapports de force et de pouvoirs, la difficulté à accepter que certains individus sortent du lot…Je ne m'étais pas aventuré vers de telles sociétés en les considérant comme étant idéales pour le bonheur humain, non, mais parce qu'elles offraient à observer sous des angles apparemment originaux des invariants de la condition sociale, de la condition humaine (p. 58).

---

[52]   Il n'est pas fortuit que l'Imam se nomme Salifou (Alfa), comme le père de Sami Tchak.

Puis, lorsque par compassion Maurice Boyer sauve un crapaud d'une mort certaine, les villageois lui font réaliser qu'il vient d'interrompre le dynamisme d'une chaîne alimentaire et d'un équilibre écosystémique, voire mystique. Il comprend alors que l'univers se déploie tel un vaste système d'effets et de causes dont la phénoménologie dépasse infiniment nos capacités de synthèse intellectuelle. Tout notre effort de compréhension doit alors consister à trouver notre place et à nous y tenir, si dérisoire soit-elle, dans cette mécanique (du chaos ?)[53]. Ces apologues constitueront la matière philosophique et écologique des *Fables du Moineau*.

Enfin, la clausule du roman n'est pas anodine, qui nous livre aussi une clé pour la compréhension de la philosophie littéraire de Sami Tchak, à savoir que la vie vaut premièrement en tant qu'elle est une expérience humaine. Un espace-temps au cours duquel des hommes se rencontrent, s'influencent et s'enrichissent. Maurice Boyer l'exprime dans les termes d'une confession : « J'étais venu pour apprendre, mais j'ai eu mieux, j'ai fait une rencontre » (p. 126). C'est la victoire du pathos sur le logos, de l'empathie sur la connaissance rationnelle. Rien d'étonnant donc à ce qu'après l'Imam, d'autres rencontres se réalisent, celle du Grand Kouyaté et de l'inénarrable Al Capone le Malien, des doubles imaginaires dans *La couleur de l'écrivain* ; enfin celle avec le Père, au creuset incandescent de la forge.

Dans *Al Capone le Malien*, ce carrousel des rencontres dépeint la manière dont celles-ci réorientent les vies et permettent de regarder le monde tel un immense spectacle sous un chapiteau (motif exploité par Kossi Éfoui dans *La fabrique de cérémonies)*, où par un renouvellement incessant des masques, les hommes – des comédiens – jouent une interminable diversité de rôles. Comme dans *L'ethnologue et le sage*, le

---

[53]   Avec *Mécaniques du chaos*, Paris, Grasset et Fasquelle, 2017, Daniel Rondeau signe un roman de la mondialisation, dont la description des logiques complexes qui relient les êtres, les événements et les lieux rejoint la pensée romanesque du « dernier » Sami Tchak : « Je connais personnellement presque tous les personnages de l'histoire que vous allez lire. Les courbes de leurs vies ont un jour où l'autre croisé la mienne. Pas de hasard ! Le destin avait préparé le carton de ma tapisserie. Je n'ai eu qu'à lancer le va-et-vient. Un kaléidoscope est apparu. Visages, villes, maisons, rivages. Les derniers paysages de ma vie. Des voix sont sorties de cette confusion, elles lui ont donné *une sorte d'unité indéfinissable* ». (p. 19). Lorsque Rondeau publie ce roman qui sera distingué par le Grand prix du roman de l'Académie française, il se situe à une étape de maturité dans sa carrière, qui permet, par la capitalisation des expériences vécues, de porter sur le monde un regard comme en surplomb : « Ce roman représente la somme de tous mes engagements littéraires et personnels depuis plusieurs années ».

protagoniste qui vient en Afrique pour un reportage qui le mènera de la Guinée au Mali notamment, n'est pas un Africain mais un Français répondant au nom de René Cherin. Accompagné d'un photographe (Félix), il entend réaliser une enquête sur le mythique Balafon, le Sosso-Bala. Mais de proche en proche, loin de sa mission initiale, ce périple va se transformer en une série de rencontres de personnages pour le moins baroques, dont il partagera les expériences inédites. Bien plus, il effectuera un « voyage au cœur de leurs ténèbres » (p. 186), mais tout autant des siennes lorsqu'il procède à une introspection en vue de conter la vie d'un homme qui, bien que « Français de souche », « [...] n'a pas trouvé sa place dans la France des villes » (p. 267), et qui, finalement, a « retrouvé sa place, immigré parmi les immigrés » (p. 266). Face à la faconde et aux vies extraordinairement complexes de Namane Kouyaté le griot à la voix envoûtante, Al Capone et sa princesse Sidonie, ou Binétou Fall, titulaire d'un doctorat en littératures africaines, René est littéralement hypnotisé. D'ailleurs, il parle très peu, se réfugiant souvent dans les pays obscurs du rêve. Il n'est donc pas fortuit qu'il lise de manière compulsive, *L'homme sans qualités* de Robert Musil.

Et c'est le flamboyant Al Capone, alias prince Edmond VII, alias Joseph Tawa qui lui conseille de cesser de tout prendre au sérieux pour aborder la vie avec un peu plus de distance ironique ; de la prendre en bandoulière, telle une comédie, dans la mesure où, comme dans une répétition théâtrale, on rejoue indéfiniment la même pièce :

> Or, au-delà de tous les aspects théâtraux des évolutions, de nos sociétés, les hommes d'aujourd'hui ne sont fondamentalement pas différents des tout premiers hommes connus de l'histoire humaine. Leur existence tourne autour des mêmes sentiments, des mêmes actes [...] Il n'y a jamais eu de société idéale, il n'y en aura jamais. Le temps de l'humanité est monotone. Les mêmes choses de répètent toujours à des endroits différents. Quelque spectaculaire que soit l'évolution scientifique et technologique de la société dans laquelle il vit, quelle que soit la sophistication des institutions politiques qui le régissent, l'humain ne sera globalement ni meilleur ni pire, mais simplement humain. Son présent et son futur sont déjà au passé (p. 271).

Et c'est précisément cette requalification de l'existence comme comédie, qui sera exploitée dans l'écriture du livre-bilan que constitue *La couleur de l'écrivain*. Précédemment, nous relevions que le cycle littéraire du reflux s'accompagnait de conversions discursives et génériques. *La couleur de l'écrivain*, par exemple, récit difficilement classable, s'inscrit dans la catégorie de l'essai, « genre ambigu où l'écriture le dispute à l'analyse »[54]. Ce dispositif était nécessaire pour disposer d'une matière narrative malléable à souhait, quant à la mise en récit d'une somme critique sanctionnant un itinéraire existentiel au long cours. C'est peut-être davantage la forme intermédiaire entre le discours du sociologue et celui de l'écrivain, entre le concept et la métaphore, comme l'illustrent la composition discursive de *Tristes tropiques*[55], mais plus largement et plus classiquement les ouvrages des grands anthropologues[56]. Comme cela se prolongera dans *Ainsi parlait mon père* et *Les fables du Moineau*, l'écriture est plus apaisée, moins crue, l'énonciation plus ironique en termes de distance. Les intertextes de la culture mondiale sont de plus en plus remplacés par des sentences issues du fonds proverbial africain. Enfin, l'écriture est beaucoup plus dialogique, afin d'inscrire tout projet de vérité dans la conversation, le partage des idées, dans ce que Deleuze et Guattari nomment « agencement collectif d'énonciations »[57]. Avec *Les fables du moineau*, il n'est pas jusqu'aux animaux et aux plantes qui ne s'associent à cette énonciation plurielle, conférant de la sorte à la parole littéraire la résonance de l'ensemble du vivant[58].

Ce principe de fragmentation énonciative, entre autres inspiré par Nietzsche, se trouve modalisé *dans Ainsi parlait mon père* par la profusion de récits diffractés qui brisent toute possibilité de continuité et de cohérence narratives. De même que le titre, construit en écho à *Ainsi parlait Zarathoustra*, ce mode d'écriture fragmentaire vise à déconstruire les régimes stables de vérité. La première partie de l'ouvrage de Sami Tchak, « Leçons de la forge. (La voix de mon père) » compte 181 fragments et la seconde, « Sur les flots du vaste monde (Ma voix) » en totalise 419, soit un total de 600. Mais entre ces deux périodes discursives, il n'y a guère de rupture, le décompte n'est pas remis à zéro mais se poursuit, chronologiquement, réalisant la congruence des deux voix/voies.

---

54   Barthes, Roland, *Leçon*, Paris, Seuil, coll. « Points », 1978, p. 7.

55   Dans *L'ethnologue et le sage*, cette question de la littérarité de « Tristes tropiques » est abordée. p. 58. Par ailleurs, dans *Al Capone le Malien*, c'est le livre de chevet de l'un des personnages principaux, Binétou Fall.

56   Lire Debaene, Vincent, *L'Adieu et voyage. L'ethnologie française entre littérature et sciences humaines*, Paris, Gallimard, coll. « NRF », 2010.

57   Deleuze, Gilles, Guattari, Félix, *Mille plateaux. Capitalisme et Schizophrénie*, Paris, Minuit, 1980.

58   Cette perspective est développée notamment par Brinker, Virginie, « *Le récit comme caisse de « raisonance ». Une lecture des Fables du Moineau* » de Sami Tchak, *La plume francophone* [Blog littéraire], 2020.

La couleur de l'écrivain rappelle, par certains accents, *La saison de symphonie* de Georges Ngal, où un écrivain fait le bilan de sa vie de professeur et d'écrivain voyageurs, à partir d'une succession de tableaux. Sami Tchak, en donnant la réplique à des interlocuteurs imaginaires, « une dame blanche » et « un professeur fictif », répond à des questions épineuses longtemps demeurées en suspens dans sa vie. Et dans ce genre qu'il désigne lui-même comme une « comédie littéraire » (p. 127), il laisse percevoir la résonance des rires de Dostoïevski, Tolstoï, Érasme, Gracq ou Gombrowicz pour ébranler les certitudes. Mais plus décisivement, ce livre est celui du commencement de l'entrée dans sa nuit intérieure, espacement où le dialogue longtemps différé, ou obvié avec le père peut enfin avoir (son) lieu. Mais il ne peut dès l'entame aborder toutes les questions car, même dans la douleur existent des échelles, et en dépit de l'action cicatrisante du temps, nombre de plaies sont demeurées béantes. Mais puisqu'on ne peut participer à une palabre sans décliner sa généalogie et le lieu d'où l'on parle, le premier différend exposé est celui de la perte du nom propre et l'adoption d'un pseudonyme. Pour le père, il s'agit symboliquement d'un acte de déracinement et d'errance ontologique :

> Moi, Salifou KandjawouTcha-Koura,
> J'ai eu un fils, Aboubakar SadambaTcha-Koura,
> Qui s'est perdu dans le vaste monde
> Pour devenir une plante sans racines
> Au nom étrange de Sami Tchak[59].

Juché sur le promontoire du temps long, riche de mille expériences et le cœur désormais affermi par d'indicibles douleurs, l'écrivain est apte à produire des synthèses, là où prospèrent les schismes et autres manichéismes. D'abord, en quête d'absolu par l'Islam, il propose une voie similaire d'une religion sans transcendance, la littérature : « La littérature et la religion sont sœurs. Leur but est identique : nous apprendre à supporter l'ombre omniprésente de notre propre fin »[60].Quant au choix de l'exil et donc de la perte supposée, il procède par dialectisation du local

---

[59] Tchak, Sami, « Le pseudonyme et la mort », *La couleur de l'écrivain, op. cit.*, p. 21.

[60] *Idem*, p. 23. À propos de cette « spiritualité dans l'art », Ernesto Sábato écrit : « Un roman profond ne peut pas ne pas être métaphysique, car, sous les problèmes familiers, économiques, sociaux et politiques, dans lesquels les hommes se débattent, se trouvent toujours les problèmes majeurs de l'existence : l'angoisse, l'ambition du pouvoir, la

et du global, selon la parole de sagesse qui est exploration/exposition des paradoxes, comme l'y avait déjà initié l'Iman de *L'ethnologue et le sage*. Aussi peut-on lire la réplique suivante dans *Ainsi parlait mon père* :

> Dans ma solitude, quand j'écris, je perçois les échos du lointain, mais ces échos viennent toujours frôler les rivages de notre village, raviver le feu de notre forge. Ils ont des ailes, mais, ta parole à toi, père, leur donne des racines, tu donnes des racines à mes paroles ailées, à mes paroles de voyageur. Moi qui, souvent vole, je donnerai des ailes à tes paroles enracinées. Ainsi, aurons-nous, nous deux, des ailes à nos racines et des racines à nos ailes[61].

C'est seulement à l'issue de la liquidation de ce différend que le sujet-écrivant peut reprendre l'initiative énonciative, pour se dire, se redire enfin par la signature du nom propre, tel qu'il se trouve resitué à l'intérieur d'une trajectoire historique réévaluée : « Je suis Aboubakar SadambaTcha-Koura ; dit Sami Tchak, un homme de l'ethnie tem du Togo, de clan Nintché. Mais, surtout, je suis une part de l'Homme »[62].

Maintenant que Sami Tchak s'est retrouvé en « Aboubakar » qui lui succédera en tant que personnage dans les romans suivants, il peut s'enfoncer encore plus loin dans la nuit de la parole pour y affronter d'autres opacités. C'est ce qui advient dans *Ainsi parlai mon père*, dans l'intimité rougeoyante et irrémédiablement nocturne de la forge. C'est alors que sont révélés les malheurs qui ont anéanti ses parents, et dont le corps de l'écrivain, tout comme celui de l'œuvre s'est inlassablement fait l'écho, ou plutôt le cri : d'abord le mal métaphysique, sous la forme de la maladie survenue inexplicablement et qui paralyse la jambe de son père (Salifou le boiteux) ; d'autre part la gangrène chez la mère, qui lui sera fatale. Ces deux affections résulteraient de pratiques occultes et d'une sorcellerie ambiante. Secrètement moqués par la communauté villageoise, c'est, ironie du sort, une commune infortune qui va sceller le pacte amoureux entre les deux parias : « [...] Grâce à la plaie de ma mère, mon père avait pu épouser une femme et grâce à l'infirmité de mon père, ma mère s'était remariée » (p. 15). Comme si la déchéance du corps ne suffisait pas, le sort continua à s'acharner sur le père que va frapper un mal moral. Vers la fin du roman, le narrateur déclare : « Mon père, il y a

---

perplexité et la crainte devant la mort, la soif d'absolu et d'éternité, la révolte devant l'absurdité de l'existence », *L'écrivain et la catastrophe*, Paris, Seuil, 1986, p. 62.

61 Tchak, Sami, *Ainsi parlait mon père, op. cit.*, p. 8–9.

62 Tchak, Sami, *La couleur de l'écrivain, op. cit.*, p. 23.

une de ces douleurs que j'ai tues jusqu'à présent [...] » (p. 261). En effet, honte et humiliations publiques lui seront infligées suite à une accusation de sorcellerie :

> C'est ainsi que mon père fut tenu pour responsable de la maladie (le diabète) de l'un de ses propres neveux, culpabilité « attestée » par une ordalie qui consistait à enfoncer dans l'œil de l'accusé un cauri. Le cauri n'y entrait, selon les modalités de l'ordalie, que si l'accusé était coupable. Dans l'œil de mon père, le cauri s'était enfoncé, et mon père, devant la douleur, devait reconnaître la vérité pour que le cauri à la suite d'une gifle ne retombât par terre [...] (p. 263).

La dernière humiliation évoquée par l'écrivain est l'infidélité répétée de la deuxième épouse de son père. De ses écarts naîtront des enfants adultérins. Au sortir de cette ultime confrontation avec le pire, l'écrivain peut s'apparaître à lui-même comme participant de la condition d'un « [...], moineau, mais un moineau conscient de ses blessures et de la tragédie que constitue le simple fait d'être vivant »[63].

Les apologues du moineau[64]

Sur la scène de l'existence, il semble que jamais le rideau ne tombe. Bien au contraire, les masques s'ajoutent aux masques, et les ombres s'étirent, se dissipent puis se recomposent. Ce voyage « au cœur des ténèbres » ne débouche sur aucune aube, mais simplement et tragiquement sur une conscience plus aiguë de l'indissociabilité de la littérature et de la nuit, c'est-à-dire du Mal qui en définitive est la véritable encre qui irrigue l'écriture. La conscience du moineau est happée par cette angoisse liée à l'insignifiance de l'homme face à l'immensité terrifiante de l'univers. L'enseignement que l'on tire des *Fables du Moineau* est une sombre vérité : la certitude de l'inéluctabilité de la finitude commune[65] aux êtres humains et aux animaux, qui frappe de vanité tout séjour terrestre :

---

[63] *Idem.*, p. 15.

[64] Toutes les références de cette partie sont tirées de la version électronique du roman Les *Fables du Moineau*.

[65] Le jeune Aboubakar, qui se remémore tous ses actes de cruauté à l'encontre des animaux, accède, grâce aux leçons de vie du Moineau, à la conscience d'une humanité sans exclusion du règne animal : « [...] je comprends qu'eux et moi sommes à jamais liés par le beau poème, l'universel poème, que constitue la mort » (p. 27).

- « Fils du forgeron, il y a une lumière au cœur de la condition du vivant, une lumière… »
- J'ai dit : « Je ne comprends toujours pas. »
- Le moineau a dit : « Celle qui court du ventre de la terre jusqu'aux étoiles, touche tout le monde, qu'on vole, qu'on marche à deux ou à quatre pattes, qu'on rampe, qu'on nage, qu'on soit visible ou invisible, grand ou petit. »
- J'ai dit : « Je ne comprends toujours pas, moineau. »
- Le moineau a dit : « Aboubakar, la lumière qui unit tous les vivants, c'est la mort, qui court de toi à moi, que la mienne vienne de ta main ou d'ailleurs, que la tienne vienne d'un serpent ou du silence, la mort est notre commune lumière, et c'est parce qu'elle existe que le souvenir a du sens. » (p. 8)[66].

Le tragique pascalien au sujet de l'infinie misère de l'homme sans Dieu enveloppe ce passage. À cette différence près, que, chez Sami Tchak, ne se profile nulle alternative transcendantale ou métaphysique, si ce n'est celle de la littérature promue au rang d'une valeur absolue. Car « […] écrire, c'est essayer de donner un sens, un sens moins fragile que les vies »[67]. Toute la question est bien là, qui irradie l'œuvre de Sami Tchak : « Que peut véritablement la littérature face au drame auquel s'apparente la vie ? »[68]. Bien peu de choses. Et pourtant il reste les mots comme contrepoint symbolique à la mort, les mots comme ponts de l'imaginaire jetés par-delà l'abîme, les mots pour accéder à l'immortalité, longtemps après que le corps physique sera redevenu terre servant d'humus à la germination de nouvelles graines, lesquelles fourniront la matière première à de nouveaux livres.

N'est-ce pas une fabuleuse comédie que cette vie !

---

[66] Cette alliance entre l'enfant et le Moineau rappelle bien évidemment le « Petit prince » de Saint-Exupéry qui, lui, reçoit les leçons de sagesse du Renard.

[67] Tchak, Sami, *Hermina, op. cit.*, p. 13.

[68] Dans la magnifique postface qu'elle donne aux *Fables du Moineau*, où la beauté maléfique de nos existences est figurée par le charme crépusculaire de la ville de Naples, Ananda Dévi écrit : « Toute notre vie a été une tentative de les recréer depuis les remous qui nous tiennent lieu d'organes. Comme si tout, déjà, à l'intérieur de nous, était en voie de putréfaction et que seule l'écriture nous permettrait d'exciser nos plaies et peut-être d'en guérir » (p. 106).

Bibliographie

Bessière, Jean, « Penser le roman francophone contemporain. Les moyens de son universalisation et de son universel sans universalisme », Gauvin, Lise, Fonkoua, Romuald et Alix, Florian, *Penser le roman francophone contemporain*, Montréal, Presses de l'université de Montréal, 2020, p. 350–360.

Biyogo, Grégoire, *Orphée négro*, Paris, L'Harmattan, 2006.

Clavaron, Yves, *Francophonie, Postcolonialisme et mondialisation*, Paris, Classiques Garnier, coll. « Bibliothèques contemporaines », 2018.

Effa, Gaston-Paul, *Voici le dernier jour du monde*, Paris, Éditions du Rocher, 2005

Éfoui, Kossi, *La fabrique de cérémonies*, Paris, Seuil, 2001.

Éfoui, Kossi, *Solo d'un revenant*, Paris, Seuil, 2008.

In-Koli, Jean Bofane, *Congo Inc. Le testament de Bismarck*, Arles, Actes Sud, 2014.

Laferrière, Dany, *L'Énigme du retour*, Paris, Grasset, 2009.

Lopes, Henri, *Dossier classé*, Paris, Seuil, 2002.

Mbembe, Achille, Sarr, Felwine, « Avant-propos », *Les Ateliers de la pensée. Politique des temps. Imaginer les devenirs africains*, Paris, Philippe Rey, Dakar, Jimsaan, 2019.

Paravy, Florence, « Écrivains africains en quête d'un tiers-monde », *Revue Silène* [En ligne], 2011.

Renombo, Steeve, « Portrait de l'écrivain postcolonial en cartographe : poétique et politique du lieu dans Place des fêtes de Sami Tchak », Mangeon, Anthony (sous la direction de), *Postures postcoloniales. Domaines africains et antillais*, Paris, Karthala-MSH-M, 2012, p. 149–178.

Rondeau, Daniel, *Mécaniques du chaos*, Paris, Grasset et Fasquelle, 2017.

Sábato, Ernesto, *L'écrivain et la catastrophe*, Paris, Seuil, 1986.

Scarpetta, Guy, *Éloge du cosmopolitisme*, Paris, Grasset et Fasquelle, 1981.

Tchak, Sami, *Place des fêtes*, Paris, Gallimard, coll. « Continents noirs », 2001

Tchak, Sami, *Hermina*, Paris, Gallimard, coll. « Continents noirs », 2003

Tchak, Sami, *L'ethnologue et le sage*, Libreville, Odem, 2013

Tchak, Sami, *Al Capone le Malien*, Paris, Mercure de France, 2011

Tchak, Sami, *La couleur de l'écrivain*, Paris, La Cheminante, 2014

Tchak, Sami, *Ainsi parlait mon père*, Paris, JC Lattès, 2018

Tchak, Sami, *Les fables du moineau*, Paris, Gallimard, coll. « Continents noirs », 2020.

HERMINA : POUR UNE LITTÉRATURE CANONIQUE, FAITE AVEC DU « MAUVAIS GENRE »

Juan Sebastián Rojas

La vogue de la culture populaire et de masse au XXIe siècle s'observe dans tous les domaines de création artistique à travers le monde – cinéma, télévision, arts, musique, danses, lettres – au point de faire dire au Prix Nobel de Littérature, Mario Vargas Llosa, que la haute culture est en danger[1], en si grand danger que l'omniprésence de cette paralittérature dans les imaginaires collectifs constitue, selon lui, la fin de la littérature. Même les universités, censées sauvegarder la haute culture, sont de plus en plus prises dans cette mouvance animée par des figures de détectives, d'aventuriers et de surhommes.

L'affirmation pessimiste de l'écrivain péruvien n'est pas nouvelle. Le XXe siècle, siècle suivant la naissance de la « littérature » de l'époque romantique, est celui de la critique littéraire mais aussi celui au cours duquel les écrivains ont le plus écrit sur la littérature. Et pourtant, cette dernière traverse une crise profonde, au point que certains critiques postmodernes des années 70 décrètent que sa fin est irrémédiable.

Tous ces jugements étant relatifs, il n'est pas de notre ressort non plus de décider s'il convient ou non de confirmer ou d'infirmer de manière catégorique la fin de la littérature. Il n'en demeure pas moins la réalité d'un paradoxe : c'est au moment où l'on considère la littérature en phase décadente que ses commentaires sont à leur apogée. De ce fait, la littérature ne peut pas être mise en cause. Les réflexions sur la littérature ne proviennent pas seulement d'auteurs de littératures majeures française

---

[1] Vargas Llosa, Mario, *La Civilisation du spectacle*, Paris, Gallimard, 2015.

ou anglaise ; elles sont aussi produites par des auteurs d'autres littératures, telles que les togolaise et colombienne. Il est certain qu'au XXe siècle, le roman, qui de par sa nature même permet le regroupement de tous les genres, notamment celui de l'essai, a été considérablement enrichi par toutes ces réflexions. Mais, à notre sens, le plus remarquable dans la situation paradoxale de la littérature est qu'elle n'a jamais été aussi étroitement et aussi profondément liée aux paralittératures. Cette relation est-elle le signe de la mort de la littérature, puisqu'en s'unissant aux paralittératures, elle perd de sa grandeur ? Ou, au contraire, signe-t-elle que la littérature est en train de vivre une nouvelle jeunesse ?

Pour répondre à ces questions nous avons pris pour exemple *Hermina* (2003) de l'écrivain togolais Sami Tchak. Celui-ci mêle roman sentimental et récit érotique, et réfléchit sur la place de la littérature afro-caribéenne dans le monde.

Hermina relaie une vision très pessimiste de la haute littérature, supplantée par la littérature de masse. Cependant, les thèmes de l'humour et de l'érotisme présents tout au long du roman contrebalancent la dimension mélancolique de l'œuvre. La structure même du livre indique l'importance des deux sujets qui retiennent notre attention : avec ses soixante chapitres, qui sont autant de réalisations picturales centrées sur des personnages désirés, il se présente comme une succession de récits d'amour ou de dialogues amoureux qui tendent d'une façon ou d'une autre à susciter le rire.

On pense alors au libertinage, d'autant plus qu'on sait que Sami Tchak, lors de ses études universitaires, a rédigé des études consacrées à la sexualité et écrit un roman qui évoque les fêtes masquées italiennes, *La Fête des masques* (2004). De ce point de vue, Héberto Prada, le protagoniste d'*Hermina*, s'adonne d'ailleurs à des recherches érudites. Il agit souvent comme un libre-penseur, détaché de toute croyance particulière, et n'aspirant qu'à la liberté en tant qu'idéal incarné par Hermina, jeune écrivaine et allégorie d'une littérature encore à naître. Un peu comme dans *Les Amours et aventures de Sindbad le Marin* (2010) de l'écrivain algérien Salim Bachi. Ces œuvres combinent littérature érudite et littérature populaire, et leurs personnages principaux explorent le monde réel ou l'espace littéraire en rencontrant d'autres personnages qu'ils désirent. « Vivre vite, partir loin, aimer le plus, tel est mon programme », dit Sindbad, que l'on peut sans peine rapprocher de l'élan programmatique des personnages d'*Hermina* de Sami Tchak.

En fait, les aventures et déconvenues d'Héberto Prada diffèrent de celles habituellement présentes dans les romans d'aventures où la vie de l'aventurier est toujours mise en péril par des forces humaines ou naturelles. Or, Héberto risque seulement de se suicider, et cela n'arrive pas. L'on note ainsi que les personnages du roman sont plus caractérisés par leurs paroles et actes, souvent insignifiants, que par leur statut d'adjuvants ou d'opposants dans une quête quelconque. Ils sont, comme les personnages d'une pièce de théâtre, des utilités vouées à combler l'histoire de l'auteur. À cet égard, le personnage d'Héberto Prada est comme un valet qui de ses propos divertit une famille riche et l'aide à éduquer hypocritement Hermina, l'unique fille du foyer, et sa bien-aimée. Les aventures (amoureuses ou non) relèvent plutôt de l'anecdote et s'opposent aux romans populaires et au mythe antique tel qu'il est décrit par Roland Barthes[2]. Les actions des personnages de Sami Tchak relèvent essentiellement des fonctions du langage.

En fait, *Hermina* s'inspire moins des mythes que des romans satiriques portant sur les travers sociaux. Le récit avance au fur et à mesure qu'Héberto rencontre des personnages formant des couples très souvent humoristiques, tels Don Quichotte et Sancho Panza. Chaque nouvelle rencontre est occasion pour l'aventurier d'agrémenter sa vie amoureuse de nouveaux épisodes.

Dans ses portraits de personnages comiques, l'auteur a très souvent recours à la caricature : des portraits d'hommes dont les défauts sont largement exagérés et un érotisme grotesque fondent le roman. Notamment dans un passage crucial, décrit avec la crudité de la littérature érotique, passage dans lequel Héberto doit s'accoupler à une femme Allemande grosse et vieille, dans un pays du Nord décadent, au nom de la littérature mineure, car la dame permet à l'écrivain de se nourrir et d'écrire en échange de ses services sexuels. Humour et érotisme sont ici la source de diverses transgressions. La présence des deux thèmes pourrait expliquer la censure silencieuse imposée en Afrique à Sami Tchak, et peut faire songer au philosophe espagnol Fernando Savater, qui considère l'humour comme un thermomètre destiné à juger du niveau de démocratie dans un pays, plus précisément, du niveau de tolérance.

---

[2]   « Voici un autre langage qui résiste autant qu'il peut au mythe : notre langage poétique », dans *Mythologies,* Seuil, Coll. Points, Paris, 1957, p. 206.

L'asymétrie entre *amants* et *aimés* dans le roman de Sami Tchak est l'expression déguisée d'une critique sociale : ceux qui sont en position désavantageuse sont rarement à l'origine des dialogues. D'où l'importance des passages érotiques. Mais ce *topos,* même pour la littérature de masse, est dépassé, enrichi par une attitude caractéristique d'un certain consumérisme occidental. Ainsi le potentiel critique des amants en position défavorable est-il redoublé. D'autant plus que les moins favorisés en amour sont aussi les moins bien traités par l'histoire littéraire, comme Héberto Prada, qui est littéralement l'esclave sexuel de l'intellectuelle allemande qui le nourrit.

La promotion de la littérature mineure (celle non canonisée par l'histoire littéraire) par l'humour et l'érotisme trouve écho du côté de l'histoire littéraire. Cette dernière fait référence d'une part à des auteurs de la haute littérature versés dans la prose érotique. D'autre part, les personnages représentant des hommes lettrés y sont perçus comme contribuant à faire du roman un creuset d'intertextualités incluant une veine licencieuse. La présence de plusieurs narrateurs écrivains participe à ce phénomène. Sami Tchak travaille à partir de ses ancêtres ou de ses contemporains qu'il cite dans *Hermina,* pour ensuite, de cette alliance parodique entre haute littérature et paralittérature, tenter de faire d'asseoir une littérature nouvelle.

Mais l'humour et l'érotisme ne sont pas seulement des jalons dans la fondation d'une nouvelle écriture. Ils contribuent aussi à la verbalisation des diverses crises dont le roman est à la fois l'expression et le théâtre. Dans un monde où la mort est le sujet de conversation le plus fréquent, il n'est pas rare de trouver de grands spécialistes de l'humour noir. On s'en tiendra alors à la définition de cette notion donnée par André Breton : « L'humour noir est borné par trop de choses, telles que la bêtise, l'ironie sceptique, la plaisanterie sans gravité… (l'énumération sera longue), mais il est par excellence l'ennemi mortel de la sentimentalité à l'air perpétuellement aux abois – la sentimentalité toujours sur fond bleu »[3].

Le roman fait fi du politiquement correct et ne s'embarrasse pas de sentimentalisme. Et l'on est loin d'y trouver une morale, car, comme l'a pensé Gabriel García Márquez, « on ne fait pas de littérature avec de bons sentiments ». Sami Tchak n'évoque le thème de l'humour et de l'érotisme

---

[3]   Breton, André, *Anthologie de l'humour noir*, Paris, Jean-Jacques Pauvert, 1966, p. 16.

que pour appréhender le Mal. À l'instar du chirurgien éliminant la chair pourrie pendant qu'il opère, l'humour noir a pour fonction de débarrasser la littérature de ses impuretés pour d'une certaine façon la guérir en la sauvant de la sclérose. Le personnage principal n'est donc apocalyptique que de manière paradoxale. Il exprime avant tout, à travers son humour et ses désirs saugrenus, son attachement au monde. En nous référant en ce qui concerne l'érotisme à Georges Bataille dans *La littérature et le mal*[4], nous pouvons voir en Héberto l'incarnation d'Éros dans sa recherche effrénée de l'amour, et, aux antipodes, percevoir en la même personne les forces de Thanatos, dieu du désespoir et de la mort :

> Le fondement de l'effusion sexuelle est la négation de l'isolement du moi, qui ne connaît la pâmoison qu'en s'excédant, qu'en se dépassant dans l'étreinte où la solitude de l'être se perd. Qu'il s'agisse d'érotisme pur (d'amour-passion) ou de sensualité des corps, l'intensité est la plus grande dans la mesure où la destruction, la mort de l'être transparaissent. Ce qu'on appelle le vice découle de cette profonde implication de la mort. Et le tourment de l'amour désincarné est d'autant plus symbolique de la vérité dernière de l'amour que la mort de ceux qu'il unit les approches et les frappe.

L'humour noir et l'érotisme, en même temps qu'ils redynamisent la littérature travaillent à sa destruction. D'un autre côté, de manière plus spécifique, on peut penser aux liens qui unissent Hermina et Héberto Prada, qui constituent un mélange entre haute littérature et basse littérature, à travers la définition que Bataille donne de l'érotisme : « L'érotisme est, je crois, l'approbation de la vie jusque dans la mort. La sexualité implique la mort, non seulement dans le sens où les nouveaux venus prolongent et remplacent les disparus, mais parce qu'elle met en jeu la vie de l'être qui se reproduit. Se reproduire est disparaître, et les êtres asexués les plus simples se subtilisent en se reproduisant. Ils ne meurent pas, si, par la mort, on entend le passage de la vie à la décomposition, mais celui qui était, se reproduisant, cesse d'être celui qu'il était (puisqu'il devient double) ».

Les narrataires et narrateurs d'*Hermina* de Sami Tchak correspondant si bien à cette définition, on se demandera de quelle façon le récit met en place un humour et un érotisme qui symbolisent le dépassement de la mort de la littérature et l'avènement d'une littérature qui valorise la paralittérature.

---

4   Bataille, Georges, *La Littérature et le Mal*, Paris, Gallimard, 1957, p. 12–13.

Élément perturbateur dans une quête dont l'objet du désir absent est recherché, la figure de l'être aimé tient une place centrale dans ce phénomène. C'est pourquoi elle fera l'objet d'une première partie. Alors que les romans populaires reposent sur des personnages stéréotypés tels que les libertins de la littérature érotique, *Hermina* est fondée sur des réflexions visant à reconnaître l'autorité de la haute littérature. Cela indique un éloignement du texte populaire, qui passe essentiellement par la parodie. Or cette transposition intervient elle aussi dans l'alliance entre l'humour et l'érotisme qui tissent les récits. Une seconde partie s'attachera alors à montrer en quoi la parodie de la haute littérature et de la paralittérature mêle les thèmes de l'humour et l'érotisme afin de parvenir à la reconnaissance de la paralittérature. Chaque personnage du roman ayant un comportement singulier, a aussi sa manière de rabaisser autrui. Cela crée une dynamique entre les différents couples que sont les maîtres érudits et leurs disciples, les érudits et les non cultivés ou les amants et les aimés. Nous analyserons donc, pour terminer, le système des couples.

L'Être aimé et la littérature marginale

L'imagination du protagoniste incarne le ça, qui guide, qui ouvre la porte vers l'extase, qui ouvre les jambes de l'être aimé. Comme le feu qui jaillit du frottement de deux pierres, l'érotisme résulte des liaisons dangereuses entre le surmoi et le ça du personnage, ainsi que de la fusion entre la haute littérature et la paralittérature. Les personnages du roman de Sami Tchak qui se plaignent d'une réalité catastrophique, allégorisée par des personnages écrivains, sont tous assez similaires. Faire l'amour équivaut à recréer l'apocalypse, des scénarios scabreux qui sont aussi le moment d'un carnaval littéraire où le haut et le bas se rejoignent.

C'est donc comme d'une possibilité d'éprouver de la jouissance à partir de la violence que peuvent se rapprocher l'érotisme et l'humour chez Sami Tchak.

La violence des figures féminines n'est pas seulement exprimée par de la moquerie envers le pédantisme des personnages des amants accrochés à la haute culture, ou à travers l'acte sexuel dans lequel elles jouent le rôle de dominatrices. Elles ne sont même pas forcément agressives. Dans *Hermina*, l'acte sexuel est aussi l'occasion pour l'auteur de jouer avec un stéréotype attribué aux Noires et aux Caribéennes en particulier : celui qui en fait des êtres à la vie sexuelle démesurée et pleine d'extravagances aux yeux de certains Occidentaux. Des comparaisons érudites décalées provoquent aussi le rire, ainsi que les interventions populaires issues de la tradition orale, telle :

> « Je vais chanter, dit-il. Je vais chanter une chanson que je viens de composer. » Le silence tomba dans le café. Fernando Pavon joua un peu de l'harmonica avant de se mettre à chanter.
> Les femmes aiment les grosses
> Les hommes aussi
> Avec les grosses y a à malaxer
> Avec les grosses ça fait du bien
> Eh bien moi si maigre je suis grosse.
> Il baissa alors son pantalon et exhiba en effet une verge d'anthologie que trois grosses femmes s'empressèrent d'attraper, tout le monde se mit à applaudir (p. 83).

L'irruption de ce personnage issu de la culture populaire crée un effet de surprise humoristique. Car on passe de références érudites à un plan populaire, l'auteur nous laissant entendre que des lycéens peuvent chanter ses paroles. C'est que tout amour et toute divinisation sont absents, l'humour devient complémentaire de l'érotisme. Ses dards servent à se moquer des individus, mais aussi d'une certaine vision de la littérature du Sud, des mangeurs de stéréotypes.

Les mots du roman de Sami Tchak « prennent chair ». Le langage lui-même semble être en état d'orgasme. Le narrateur de Sami Tchak « voit le langage », expression de Roland Barthes pour désigner l'écrivain authentique. Dans sa métalittérature érotique, le verbe fait corps[5], notamment par l'importance accordée au regard. « Samuel réalise beaucoup de nus avec Nora. Il y a aussi des nus d'Hermina qu'elle offre à Héberto. Il y a aussi les nus d'Ingrid Himmler. Il y a les nus de Mira (elle avait un album composé des nus de tous les hommes qu'elle a eus dans sa vie intime). Il y a pas mal de nus dans *Hermina* », nous a affirmé Sami Tchak dans le cadre d'un entretien le 7 avril 2016 à Paris.

---

[5]   À l'occasion de cet entretien, l'auteur nous a également affirmé que l'éditeur, Jean-Noël Schifano, aurait voulu intituler le roman *Le Corps du livre*.

Dans son œuvre figurent autant de collections de nus que de citations de livres. Le parallèle entre la chair et le texte y est le fait d'une écriture riche et variée, qui, entre discours direct et discours indirect, conduit avec virtuosité à une envoûtante confusion des voix. Car l'être fragmenté ne peut être rassemblé que par la chair des mots. La performance orale fait partie de cette esthétique qui, soudain, lorsque le protagoniste, Héberto, prend la parole en public, consiste en l'accélération du rythme. Sous le coup de l'émotion, et au plus près de l'expression de l'enthousiasme, les mots se précipitent et leurs palpitations ébranlent le corps du héros jusqu'à l'orgasme.

La vacuité de ses mots est métaphorique du sort de l'écrivain. Héberto, qui ne se sent ni Africain, ni Français, ni Latino-Américain, sert à l'auteur d'*Hermina* à dire le vertige du créateur lorsqu'il cherche à se définir et à circonscrire son territoire hors du texte. Étourdi par sa propre quête, il finit par prendre conscience du *no man's land* dans lequel il est sommé de concevoir puis de réaliser son œuvre. Le livre achevé, il est saisi d'un autre tremblement qui le convertit à l'idée que le corps du livre est sa terre, sa maison pour toujours, son continent noir. C'est dans la chair du livre travaillée avec une puissance érotique enivrante qu'il comble tous ses manques et cherche à rectifier tous ses déséquilibres. Anaïs Heluin note à ce sujet :

> Dans Hermina et La Fête des masques aussi, la narration est à la première personne. Mais elle reste recroquevillée sur elle-même. Sans auditoire imaginaire pour recueillir ses confidences, elle sombre dans la folie et le désespoir [...]. Plus il avance dans son périple de pays en pays et de femme en femme, plus Héberto croit voir partout l'héroïne éponyme de Hermina. Ses souvenirs s'emmêlent, ses propos aussi. À force de solitude, d'une trop longue rétention forcée d'une parole qui ne demandait qu'à sortir et à provoquer le monde, sa vie "sans horizon" se ferme sur une totale confusion entre fiction et réalité[6].

Le protagoniste décrit le langage comme une extension de son organe sexuel qui suscite de l'admiration, de l'adoration. De surcroît, sa parole réveille la sexualité des autres comme si l'harmonie des genres littéraires pouvait entraîner une orgie dionysiaque :

---

6   Heluin, Anaïs, *Littérature et désir dans le monde afro-caribéen – Un match amoureux*, Paris, Acoria, 2014, p. 203–204.

« Encore cette boule qui lui remonte des tripes. Il cherche dans sa poche un mouchoir jetable et le porte à sa bouche, il crache, il crache et se mouche, la salle est plongée dans un grand silence. Mira, à côté de lui, est heureuse, elle rit, elle se sent mouillée et elle sait que c'est lui qui l'a pénétrée avec son verbe. Les conférenciers semblent arrosés par une eau glacée et ont une mine défaite. Il leur sourit et jubile, il est persuadé d'avoir asséné le plus mortel des coups, au point qu'il pense à Pasteur qui disait avoir, par sa découverte, porté à la théorie de la génération spontanée un coup duquel elle ne se relèverait plus jamais. Alors grisé par cette victoire, il sent le déluge sous son pantalon. Ah, l'éjaculation, encore l'éjaculation ! Comme c'est beau, l'éjaculation ! Il rêve qu'il entre en Mira déposer deux graines pour assurer le futur » (p. 192).

Ici, l'acte amoureux, décrit de manière volontairement dégradante, est couvert par le champ lexical du liquide et de l'humidité de l'éjaculation. La femme, Mira, qui veut dire en espagnol « regarde », par son seul nom invite à ce que le monde ait les yeux braqués sur elle. Et tout geste qu'elle fait, tout acte qu'elle accomplit appelle cette attention. Point focal du désir comme des fantasmes, elle attire Héherto et suscite en lui diverses sensations la sacralisant presque. De ce point de vue, l'acte sexuel avec elle est figuratif d'une bataille entre la vie et la mort. Mais les pulsions de vie n'existent pas. Éros et Thanatos, c'est un mythe puéril. Il n'existe que des pulsions sexuelles qui, en leur fond, sont toujours de mort, même si, en surface, elles servent la vie et la reproduction (donc la mort). Les allusions au passé et à Hermina tout au long du roman sont liées à l'idée de mort, non de manière littérale, mais pollinisations subliminales. Elles allégorisent la mort de la littérature par sa transsubstantiation en déchet humain :

« Héberto Prada ramassa les pages éparpillées : Hermina, ton slip et ton soutien-gorge au bord dentelé sentent la vanille du coquillage de ta mère nue dans la chambre » (p. 212).

Ce sont l'apostrophe et le discours direct libre de la pensée du personnage qui rendent ce passage particulièrement vivant. Le contenu de la parenthèse est plus important que le fil narratif suspendu au-dessus du passé. Le présent de l'indicatif fournit l'information capitale. Le personnage fait un *hold-up* sur la narration : c'est lui qui devient détenteur, capteur de l'attention du lecteur, et non le narrateur du récit. L'auteur dévalue la narration au profit de l'immédiateté du ressenti du personnage. Un afflux de souvenirs sensuels surexcite la perception, l'odorat en particulier. « La vanille du coquillage », *in praesentia,* fixe le moment et donne chair à l'acte, tandis qu'*in absentia* « le coquillage de ta mère » sollicite la mémoire d'un temps indéterminé mais dont l'épaisseur sensuelle recouvre le présent des sens, la vue et l'odorat concourant ici à exprimer l'emballement. Le grossier et le sublime se coudoient. Le corps est exprimé par le poétique. Les sens se confient au souvenir. Le trouble des sens engendre l'éparpillement, la raison se perd entre désirer Hermina et s'accoupler avec sa mère. Fantasme ou réalité, l'esprit flotte entre deux rivages de la passion sensuelle. Et les passages relatant la rencontre amoureuse évoquent l'objet du désir comme volatile, et le désir lui-même comme ambigu quant à son objet.

Dans cet entre-deux du *désir-déraison*, l'humour a un effet destructeur. Il y a annihilation du modèle patriarcal contemporain et échafaudage d'un monde idéal à partir de l'acte sexuel qui sublime le féminin du temps des origines. Chaque acte amoureux, et particulièrement le dernier, correspond à une hybridation entre obscurité et lumière, entre la vie postmoderne et la vie mythique. Les personnages du roman, dans leur quête de l'être aimé sont souvent représentés comme des morts-vivants. Telles les figures grotesques que Victor Hugo esquisse dans la *Préface de Cromwell*. De leurs corps jaillit la lumière, celle de la jeunesse. Cette lueur est en même temps un phare qui éclaire la littérature érudite. Elle en annonce le renouveau.

Ironie, humour et métalittérature

Hermina a pour fondement la parole d'un narrateur intradiégétique qui se promène dans l'univers littéraire de la Caraïbe dont il dresse le portrait ironique tout en étant, à son corps défendant, victime de sa propre dérision. L'habileté de l'auteur consiste à nous faire tourner dans ce cercle vicieux de l'esprit cherché à se détacher de la littérature, de la dire sans en être totalement englouti. Car, en se moquant du monde, l'écrivain ne fait pas autre chose que de se moquer de lui-même. En attaquant la littérature, le narrateur finit par en recevoir des coups. On n'a pas affaire en la matière à l'évasion, ni à l'enfermement dans une tour d'ivoire : il s'agit au contraire d'invasion.

Dans *Hermina* l'ironie sert à se démarquer de la réalité. Il y a cependant différentes distances. L'ironie de Sami Tchak a une dynamique d'approximation, au contraire de l'ironie de l'éloignement, voire de l'élévation. Prenons pour exemple le passage dans lequel le protagoniste s'exprime devant un large public dans le cadre d'une conférence sur l'esclavage. Ce personnage et narrateur intradiégétique discourt en tant que porte-parole de la littérature, en tant qu'intellectuel et écrivain. Sa parole, délibérative, est digne de celle d'un politicien qui cherche à faire honneur au peuple en employant un vocabulaire distingué. Mais ce discours est dévoyé, étant donné que le narrateur compare sa pensée à un orgasme. L'ironie consiste ici à relativiser son propre discours en se distançant du ton noble par l'introduction de références intimes. Ce faisant, il exprime des sentiments et une pensée non réductibles aux discours politique ou scientifique. Il y a distinction entre intimité et réalité extérieure. L'approximation ironique est un mécanisme pour se tenir à distance des autres, et se recueillir dans l'intimité. Le discours littéraire est ravalé à la platitude de l'orgasme sexuel. Sami Tchak s'exprime à ce moment-là cantonné dans le champ lexical relevant de l'aspect dégradant de l'acte sexuel. L'acte animal se rebiffe contre l'acte de civilisation. Ce moment ironique révèle aussi un portrait critique de l'écrivain s'autoglorifiant en même temps qu'il s'autodétruit dans l'intimité. L'approximation en devient un acte de clarification de cette grande contradiction de l'écrivain contemporain. Sami Tchak le montre tel qu'il peut être dans sa vanité. Ici, tout se termine par des applaudissements et le personnage ne prend plus la parole en public. Il ne devient pas un représentant permanent de la littérature. Il est juste quelqu'un qui passe, un philosophe sans rapport avec le réel, un simple promeneur solitaire, automarginalisé, incapable de surmonter ses contradictions profondes. La structure narrative du roman consiste en une focalisation sur le protagoniste qui erre et qui dans son errance rencontre d'autres personnages qui ne sont ni des adjuvants ni des opposants, mais des passants, comme lui. S'il leur arrive d'être adjuvants ou opposants, ce n'est que pour assurer la vie matérielle de l'écrivain, mais non pour suggérer une quelconque réponse à la crise de la littérature. Au contraire, ce promeneur solitaire dévoile un paysage littéraire : ici, un espace limité, non mondialisé. Il ne fournit pas de réponses, mais pose des questions. Il expose ses doutes, incarnés dans des discours théoriques. Il ne met pas en scène la crise de la littérature de manière globale. L'ironie tient lieu de fondement d'une littérature contemporaine. Elle met à nu les problèmes sans chercher à les résoudre de manière intradiégétique. Ce type de littérature postmoderne mâtine la paralittérature de haute littérature, et ne sans prend pas au sérieux la réalité intradiégétique.

Héberto Prada parcourt la haute littérature au fur et à mesure qu'il accomplit ses incessantes conquêtes amoureuses. Il sauve la littérature par le récit de ses aventures érotiques. L'essence de la littérature chez Sami

Tchak n'est pas la civilisation. Bien au contraire, les échanges barbares entre personnages de son roman font partie du *dialogisme* dans la vie des couples.

Système des couples : exorciser la crise littéraire

Dans *Hermina*, la maturation de la jeune lycéenne Hermina s'accomplit parallèlement à celle du protagoniste, l'intellectuel Héberto Prada, médiateur d'une littérature qui s'autodétruit. Y aurait-il entre Hermina et Héberto un rapport purement pédagogique d'élève à maître et *vice-versa* ? Toujours est-il que dans leurs interactions en tant que « personnages » une dialectique est repérable, dont Jacques Rancière nous livre la clé dans *Le spectateur émancipé*[7] :

> Le rôle dévolu au maître y est de supprimer la distance entre son savoir et l'ignorance de l'ignorant. Ses leçons et les exercices qu'il donne ont pour fin de réduire progressivement le gouffre qui les sépare. Malheureusement il ne peut réduire l'écart qu'à la condition de le recréer sans cesse.

Les premières pages du récit ne sont pas avares de péripéties dans lesquelles le « maître » Héberto séduit l' « élève » Hermina. L'ignorance d'Hermina par rapport à son savoir est le moteur de l'action. Chaque tentative de séduction réinstalle entre la lycéenne et lui une nouvelle distance cognitive. De part et d'autre des volontés, celle d'Héberto de toujours avoir le dessus sur l'objet de son désir, Hermina, d'autre part celle d'Hermina cherchant à combler la béance de savoir qui la tient à distance d'Héberto, le désir fait son œuvre afin de juguler le manque. Héberto a quelque chose qu'Hermina n'a pas. Le maître apprend à son élève comment savoir ce qu'elle ne sait pas qu'elle ignore, tout en faisant de l'objet du savoir un objet de désir. À cette fin il procède avec une rigoureuse tactique de séduction. Qui finit par se révéler inefficace. Comme dans *Dom Juan* de Molière, Héberto se retrouve victime de son propre succès.

Car le savoir que détient Hermina sans le savoir est infiniment plus riche. S'il y a un élément perturbateur dans le roman, c'est bien celui-ci : la tentative infructueuse d'Héberto de définir Hermina. Celle-ci représente la littérature, la littérature populaire, parce qu'à chaque fois qu'elle intervient, le roman se transforme en récit érotique. Presque

---

[7]　Rancière, Jacques, *Le Spectateur émancipé*, Paris, La Fabrique, 2008, p. 34.

pornographique, parce qu'elle est la muse qu'Héberto cherche tout au long du roman afin de se forger des pensées littéraires. De ce point de vue le récit peut être défini comme une déclaration d'amour de la littérature érotique à la littérature érudite.

Le devenir d'Hermina est à la fois d'être séduite par Héberto et de passer de la lecture à l'écriture. Plus elle lira, meilleure écrivaine elle sera. Héberto qui lui apprend à écrire a pour seule méthode la séduction. La leçon finale d'Hermina, au moment où Héberto lui fait part de l'opinion qu'il a de son texte, coïncide avec l'acte amoureux. Dénuder Hermina est la manière de l'écrivain de célébrer son initiation à l'univers de l'écriture. Hermina s'habille avec la parure du savoir à fur et à mesure qu'elle se déshabille. Le premier mouvement contraste ainsi avec les endroits où Héberto donne ses leçons : toujours à l'air libre, comme à la fin du roman. La consécration d'Hermina en tant qu'écrivaine passe par l'écriture du roman *Hermina*. Le narrateur est ambigu, il est omniscient et en même temps présent dans le récit en tant que fantôme. Si Hermina, représentante de la littérature populaire, est l'auteure d'*Hermina*, cette œuvre est la preuve qu'elle a dépassé son maître. Elle le connaît bien mieux que lui-même ne se connaît. Elle le décrit comme un écrivain cherchant désespérément à répondre à la crise de la fin de la littérature. Elle sait désormais ce qu'Héberto ignore, ce qui lui confère une position surplomb dans l'espace comme dans le temps : puisqu'elle survit et peut raconter son itinéraire, alors qu'Héberto meurt.

Dans *Hermina* la littérature universelle est sauvée par la vulgarité et l'obscénité de son héroïne. Mieux, l'absence de réponse fait d'elle une muse désintéressée qui dirige l'écriture du roman. Elle n'est pas une auteure, mais une voix qui narre. Métaphore de l'amour, elle est dépositaire désintéressée d'un don qu'Héberto n'a pas : pouvoir répondre à la crise de la littérature. La formule de Jacques Lacan, « donner ce qu'on n'a pas à quelqu'un qui n'en veut pas », s'illustre dans sa trajectoire amoureuse.

Par l'emploi d'expressions de la rue, et par des descriptions pornographiques, tous procédés propres à la paralittérature où mots orduriers et expressions inconvenantes trouvent leur terrain de prédilection, Sami Tchak s'inscrit dans une lignée et dans une pratique : celles du « mauvais genre » à visée réformatrice.

Nous retenons tout spécialement de l'écrivain togolais l'aspect ambivalent de ses incongruités. Le paradoxe veut que, tout en la rabaissant, elles rehaussent la littérature. Par la magie de cette ambivalence, insanités et jurons contribuent à créer une atmosphère de liberté à la tonalité comique. Des vagabonds y sacralisent la littérature comme des pèlerins le feraient de leur religion. Les personnages de cet écrivain sont des précaires des bas-fonds des villes, frayant avec des truands sur les visages desquels se lèvent le soleil de la luxure et la menace du crime. Ici, la disparition de la fragile frontière entre pauvreté et délinquance relève de l'esthétique du rabaissement, trait marquant du réalisme grotesque tel que décrit par Mikhaïl Bakhtine.

Ainsi, avec Sami Tchak, l'humour et l'érotisme retrouvent-ils une onction sacrée, et la littérature, la mystique en son cœur. La mystique comme forme de violence, tel que la pratiquent les mystiques négatifs qui nient la Trinité. Selon cette perspective, Dieu est le néant absolu, de l'étymologie latine « *ne-ens* »/« néant », le « non-étant », car Dieu, l'Être absolu, ne s'incarne dans aucun « *étant* » particulier. Aussi, ce que visent les mystiques négatifs, est-il la rencontre avec l'Être absolu, puisque « *absolutus* » renvoie à la quête haletante de l'*être* « détaché de tout ». Comme ces mystiques négatifs, Sami Tchak pratique en littérature le sacrilège en vue d'horizons toujours plus reculés et confinant à des formes idéales de dévoilement de notre être intime.

Bibliographie

Adjoumani, Mia Élise, « Affirmer son identité par la différenciation : Place des fêtes de Sami Tchak », Pitesti, Studii si Cercetari Filologice : Seria Limbi Romanice, n° 10, 2011.

Alem, Kangni, « Hermina, de Sami Tchak : philosophie dans le foutoir », Les Pilles, Africultures, n° 2, 2003.

Amdegnato, Ozouf Sénamin, « L'Afrique à rebours : la décadence dans un corpus de littérature Togolaise », Trom, Nordlit : Tidsskrift i litteratur og kultur, n° 2, 2012.

Artaud, Antonin, *Œuvres*, Paris, Gallimard, 2004.

Attikpoé, Kodjo, *De la transgression comme pratique esthétique dans les romans de Sami Tchak, Montréal*, Université de Montréal, 2011 (thèse).

Bachi, Salim, *Amours et aventures de Sindbad le Marin*, Paris, Gallimard, 2010.

Bakhtine, Makhaïl, *Esthétique et théorie du roman*, traduit par Daria Olivier, Paris, Gallimard, 1987 [1975].

Bakhtine, Makhaïl, *L'Œuvre de François Rabelais et la culture populaire au Moyen Âge et sous la Renaissance*, traduit par Andrée Robel, Paris, Gallimard, 1970, [1965].

Bakhtine, Makhaïl, *La Poétique de Dostoïevski*, traduit par Julia Kristeva, Paris, Seuil, 1998 [1929].

Barthes, Roland, *Mythologies*, Paris, Seuil, coll. Points, *1957.*

Barthes, Roland, *Poétique du récit*, Paris, Seuil, « Points Essais », 1977.

Bataille, Georges, *La Littérature et le Mal*, Paris, Gallimard, « Folio Essais », 2007 [1957].

Baudrillard, Jean, *De la séduction*, Paris, Gallimard, 1988 [1979].

Bergson, Henri, *Le rire*, Paris, Quadrige, 2010.

Borges, Jorge Luis, *Obras completas,* Barcelona, Emecé, 1989.

Borges, Jorge Luis, *Œuvres complètes Tome I et II*, traductions par Jean-Pierre Bernès, Roger Caillois, Claude Esteban... [et al.], Paris, Pléiade, 2010.

Borges, Luis, **Casares**, Bioy, *Obras completas en colaboración*, Madrid, Alianza, 1981.

Breton, André, *Anthologie de l'humour noir*, Paris, Jean-Jacques Pauvert, 1966 [1940].

Cervantès, Miguel, *El ingenioso hidalgo Don Quijote de la Mancha*, Barcelona, Plutón, 2010 [1615].

Cervantès, Miguel, *L'Ingénieux Hidalgo Don Quichotte de la Manche*, traduit par Aline Schulman, Paris, Seuil, 1997.

Dumoulie, Camille, *Don Juan ou l'héroïsme du désir*, Paris, PUF, coll. « Écriture », 1993.

Fondanèche, Daniel, *Paralittératures*, Paris, Vuibert, 2005.

Girard, René, *Mensonge romantique et vérité romanesque*, Paris, Pluriel, 2011 [1961].

Girard, René, *La Violence et le sacré*, Paris, Fayard, 2011 [1972].

Girard, René, *Le Bouc émissaire*, Paris, Grasset, « Le Livre de Poche », 2009 [1982].

Heluin, Anaïs, *Littérature et désir dans le monde afro-caribéen – Un match amoureux*, Paris, Acoria, 2014.

Jeannelle, Jean-Louis, *Fictions d'histoire littéraire*, Rennes, Presses universitaires de Rennes, « La Licorne », 2009.

Marx, William, *L'Adieu à la littérature*, Paris, Minuit, 2005.

Marx, William, *La Haine de la littérature*, Paris, Minuit, 2015.

M'ella, Oscar Megne, *Esthétique et Théorie de l'Obscène dans la modernité littéraire négro-africaine : les cas de Places des fêtes et de Hermina de Sami Tchak*, Paris, Paris 3, 2014 (thèse).

Moisan, Clément, *L'Histoire littéraire*, Paris, Presses Universitaires de France, 1990.

Moraes, Eliane Robert, *O Corpo impossível*, São Paulo, Iluminuras, 2012.

Nancy, Jean-Luc, **Lacoue-Labarthe**, Philippe, *L'Absolu littéraire : théorie du romantisme allemand*, Paris, Seuil, 1990.

Ndombi Loumbangoye, Pacelly, Ornella, *Écriture du corps et mythe personnel de l'écrivain : Approche psychocritique de Place des fêtes, Hermina et La fête de*

Paravy, Florence, « Écrivains africains en quête d'un tiers monde », Silène, 2011.

Paz, Octavio, *Corriente alterna*, Mexique, Siglo-Veintiuno Editores, 1967.

Rabelais, François, *Œuvres complètes*, édition revue et complétée par Lucien Scheler, Paris, Gallimard, 1955.

Raimond, Michel, *La Crise du roman : des lendemains du naturalisme aux années vingt*, Paris, José Corti, 1966.

Rancière, Jacques, *La Parole muette. Essai sur les contradictions de la littérature*, Paris, Hachette, 1998.

Rancière, Jacques, *Le Spectateur émancipé*, Paris, La Fabrique, 2008.

Rohou, Jean, *L'Histoire littéraire : objets et méthodes*, Paris, Nathan, 1996.

Satra, Baguissoga, *Les audaces érotiques dans l'écriture de Sami Tchak*, Paris, L'Harmattan, 2011.

Simedoh, Vincent, « Sami Tchak, *Hermina* : L'intertextualité ou une réflexion sur l'art romanesque », *Éthiopiques*, n° 75, 2005.

Tadié, Jean-Yves, *La Critique littéraire au XX*^e *siècle*, Paris, Belfond, 1987.

Tchak, Sami, *Hermina*, Paris, Gallimard, « Continents noirs », 2003.

Tchak, Sami, *Filles de Mexico*, Paris, Mercure de France, 2008.

Tchak, Sami, *Place des Fêtes*, Paris, Gallimard, 2001.

Vaillant, Alain, *L'Histoire littéraire*, Paris, Armand Colin, 2010.

Vargas Llosa, Mario, *La Civilisation du spectacle*, Paris, Gallimard, 2015.

LA FÊTE DES MASQUES À BABYLONE – LA MASCARADE LITTÉRAIRE DANS UN ROMAN DE SAMI TCHAK[1]

THORSTEN SCHÜLLER

(in memoriam)

« C'était peut-être sa façon de nous dire de ne pas nous fier aux apparences »[2]. Ces propos d'un des personnages du roman *La fête des masques* de Sami Tchak résument le contenu et l'esthétique du texte. Le roman traite des secrets, des perversions et des insécurités sexuelles que les personnages cachent derrière des pseudonymes ou qu'ils subliment en jouant leurs rôles sociaux. Dans le roman, derrière chaque apparence publique se cache une vérité intime ; une vérité qui est parfois douloureuse ou, au moins, problématique. Le titre du roman est donc révélateur : tous les personnages portent des masques, tout en faisant métaphoriquement la fête, une fête mensongère.

Par ailleurs, *La fête des masques* est un ouvrage foisonnant de références intertextuelles, créant ainsi un désordre babylonien. À l'instar d'un chanteur de *Hip-hop*, Sami Tchak se sert de la technique du « *sampling* » littéraire pour créer un produit artistique certes très court (un roman de 104 pages), mais si riche d'entrelacements textuels que le lecteur en est désolidarisé de ses repères classiques.

D'accessoires, les masques y sont hissés au rang d'outils œuvrant à la fois à l'édification du sens comme à la complexification de l'esthétique narrative. L'auteur, qui écrit sous pseudonyme, son vrai nom étant

---

[1] Je dois cette idée à Teresa Cordero Villar.

[2] Tchak, Sami, *La fête des masques*, Paris, Gallimard, 2004, p. 97.

Sadamba Tcha-Koura, présente ainsi au lecteur une pléthore d'énigmes à résoudre et l'amène à se demander si l'indétermination des lieux et des personnages ne devrait pas être, toujours, consubstantielle à toute œuvre littéraire, ou encore si les écrivains ne sont pas tous des illusionnistes aux messages eux aussi toujours obliques.

La présente étude se propose de pister quelques traces intertextuelles et influences esthétiques à l'aide du concept de « scénographie », c'est-à-dire de mise en scène des lieux dans le texte[3]. Nous nous interrogeons sur la signification des références dans *La fête des masques* (comme dans d'autres romans de l'œuvre de Tchak), et dans cette logique, tentons de répondre à ces questions : « Qui parle, qui raconte l'histoire ? Dans quels lieux les actions se déroulent-elles ? Quels auteurs sont-ils cités et d'où proviennent-ils ? ». Plus largement, il s'agit de voir si les lieux où se déroulent les actions ne sont pas, en réalité, des artéfacts cachant l'origine de l'auteur, et de nous interroger sur les raisons pour lesquelles Sami Tchak fait parler, à la manière d'un montreur de marionnettes, d'autres auteurs pour transmettre son message.

À cet égard, un détour par la littérature française du XIXe siècle pourrait sembler, à première vue, paradoxal. Or, à y regarder de près, on constate que le jeu des masques est déjà présent dans la littérature de cette période, et que Sami Tchak use, dans son roman, de ces références.

Références des masques de la littérature du XIXe siècle (Flaubert et Rachlide)

Madame Bovary de Gustave Faubert, publié en 1857, marque, avec des stratégies littéraires que nous allons retrouver dans *La fête des masques,* le début de la littérature moderne en France. Dans ce roman, « classique », l'esthétique du masque est bien présente. Une femme malheureuse, aujourd'hui on dirait dépressive, vit dans un environnement provincial avec un mari ennuyeux et essaie de jouer, ou plutôt de trouver son rôle dans la société.

La prise de conscience d'Emma Bovary de sa frustration sentimentale a lieu lors d'une fête dans un château où elle danse avec un vicomte élégant et bien plus séduisant et entreprenant que son mari. À cette « fête

---

[3] Sur ce concept, cf. Maingueneau, Dominique, *Le contexte de l'œuvre littéraire*, Paris, Dunod, 1993, p. 29 seq.

flaubertienne des masques », les invités se mettent en scène, dansent et se retrouvent dans un monde parallèle dans lequel chacun est « déguisé » à sa façon. Au milieu des danseurs qui prennent part au spectacle, Emma, tout à son aise, joue le rôle d'une femme du monde, cependant son mari, Charles, se tient timidement en retrait des danseurs, mal à l'aise dans des vêtements qu'il n'a pas l'habitude de porter. On pourrait dire, à l'étroit dans son déguisement et hors du ton la fête. Suite à cette première « sortie », Emma, quant à elle, se laisse aller à la mascarade, cherche et trouve des amants, transgressant ainsi les conventions bourgeoises pour jouer un autre rôle, porter un autre masque, vivre une autre vie. Parmi ses amants, Léon, qualifié de « plus mou qu'une femme »[4]. Il joue ainsi un rôle différent de celui attendu de lui. Or, de manière similaire, l'un des protagonistes de *La fête des masques* est aussi décrit comme un homme « mou »[5]. Ces indices nous permettent d'établir un lien avec Flaubert, subtilement tissé dans ce roman franco-togolais.

La « mollesse » des hommes est signe d'un « *gender trouble* » qu'on trouve dans les deux romans, *Madame Bovary* et *La fête des masques*. Emma s'irrite de la « féminité » de son amant Léon, dont la masculinité est en quelque sorte masquée par la douceur extrême de ses manières. À moins que la féminité de Léon ne soit feinte, la question des *gender studies* est ici, tout comme dans le roman de Sami Tchak, très présente, fondée sur le jeu des masques. De surcroît, les thématiques flaubertiennes de l'humour ou de l'impassibilité se retrouvent aussi dans le roman de Sami Tchak. La phrase laconique, « Carlos venait de tuer Alberta »[6], sans autres commentaires, est comparable dans sa sécheresse informative à la brièveté saisissante d'un équivalent chez Flaubert : « Quand on partit de Tostes, au mois de mars, Mme Bovary était enceinte »[7]. Un événement aussi crucial est décrit comme s'il s'agissait d'une banalité quotidienne.

On trouve aussi l'influence d'une autre auteure de la littérature française dans le roman de Sami Tchak. À la fin du XIXe siècle, Marguerite Eymery, dite Rachlide (1860–1953) marque d'une empreinte iconoclaste le discours littéraire en France. Le thème du « *gender trouble* » est commun entre ses romans et ceux de Sami Tchak. On trouve en effet

---

[4]   Flaubert, Gustave, *Madame Bovary*, Paris, Gallimard, 1972 [1857], p. 361.

[5]   Tchak, Sami, *La fête des masques*, Paris, Gallimard, 2004, p. 28.

[6]   Tchak, Sami, *La fête des masques*, Paris, Gallimard, 2004, p. 27.

[7]   Flaubert, Gustave, *Madame Bovary*, Paris, Gallimard, 1972 [1857], p. 107.

chez elle, dans *Monsieur Vénus*, un personnage, Raoule, qui nous permet de comparer les ouvrages, des deux auteurs. Raúl dans *La fête des masques* évoque la figure de Raoule dans *Monsieur Vénus* de Rachlide. Une affinité élective les réunit, comme elle apparente les deux auteurs, Rachlide, aussi bien dans *Monsieur Vénus* que dans *Madame Adonis*, remettant en question les identités sexuelles en créant des personnages de travestis ou de transsexuels. Ainsi, Raoule fait-elle la connaissance d'un jeune fleuriste, un peu grossier, qu'elle décide de transformer en femme. Elle le déguise avec des vêtements féminins et essaie d'en faire un transsexuel. Elle-même se masque, et grâce à des traits masculins, incarne un homme, mais fort efféminé :

> Raoule allait, venait, ordonnait, agissait en homme qui n'en est pas à sa première intrigue, bien qu'il en soit à son premier amour. Elle forçait Jacques à se rouler dans son bonheur passif comme une perle dans sa nacre. Plus il oubliait son sexe, plus elle multipliait autour de lui les occasions de se féminiser, et, pour ne pas trop effrayer le mâle qu'elle désirait étouffer en lui, elle traitait d'abord de plaisanterie, quitte à la lui faire ensuite accepter sérieusement, une idée avilissante[8].

Dans *La fête des masques,* le lecteur retrouve le motif du déguisement et du travestissement de l'homme en femme :

> Notre mère et Carla avaient mis plus de quatre heures à me transformer : me fixer de façon à ce qu'elle résiste à toute secousse une belle perruque et me maquiller de manière à renforcer ou à créer sur mes traits féminins que, me voyant dans le miroir, je reçus un choc, puis une frustration [...][9].

Le jeu de domination et de soumission, associé à des rôles sexuels différents et à la performance des sexes, est un motif également présent dans *La fête des masques.* Ces caractéristiques intertextuelles participent de l'esthétique du « *sampling* » littéraire, laquelle de manière importante, atteste la modernité de la littérature africaine.

Lieux masqués dans la littérature de Sami Tchak

En effet, Sami Tchak est l'exemple brillant d'un auteur africain tentant de masquer les traces africaines dans ses textes, et de ce fait

---

[8] Rachlide, *Monsieur Vénus,* Paris, 1998 [1884], p. 108.
[9] Tchak, Sami, *La fête des masques*, Paris, Gallimard, 2004, p. 49.

même négociant avec succès sa place et son rôle dans le champ littéraire francophone[10]. Il échappe ainsi aux étiquettes scénographiques simplificatrices, masqué derrière ses personnages, lesquels ont pour temps et espace l'esprit tourbillonnant d'un créateur repu de lectures, rompu à toutes les techniques du collage, et prestidigitateur de la scénographie.

Jusqu'ici, l'action de la plupart de ses romans se situe hors d'Afrique : à Paris, comme dans *Place des fêtes*[11], mais surtout en Amérique latine en général, au Mexique parfois plus précisément, ou en Haïti, en Colombie, etc.[12] L'auteur, d'origine togolaise, vit, avec son épouse guadeloupéenne, à Paris, et séjourne souvent aux Antilles. Que déduire d'un premier roman édité à Lomé, *Femme infidèle*[13] traitant des réalités togolaises, et un deuxième, *Place des fêtes,* qui thématise le destin des immigrés africains à Paris, puis l'orientation de l'œuvre vers l'Amérique du Sud ? On peut interpréter cette mise en scène de lieux extra-africains comme une tentative de réfuter les *a priori* injonctifs exigeant d'un auteur africain qu'il écrive sinon sur son pays du moins sur le continent. En situant ses romans dans des espaces latino-américains, Sami Tchak administre la preuve que la dichotomie culturelle postcoloniale entre la France et ses anciennes colonies n'est pas une fatalité.

Narrer des histoires se passant à Mexico ou à Bogotá équivaut à déjouer les attentes d'un lectorat, et, probablement, celles aussi du marché du livre. Avec des scènes pornographiques il désarçonne le lecteur africain accoutumé au monde idyllique des Camara Laye et à la poésie des Paul Lomami-Tchibamba ou Amadou Hampâté Bâ. Mais avec les mêmes audaces dans les portraits désabusés de l'espèce humaine il conquiert un nouveau public. Mieux, il se défait symboliquement, à la manière d'un créateur cosmopolite, d'une galaxie « France-Afrique » où

---

[10] Halen, Pierre, « Le "Système littéraire francophone" : Quelques réflexions complémentaires », in (D'Hulst Lieven, Moura, Jean-Marc, Édit.), *Les Études littéraires francophones – État des lieux.* Lille, UL3, 2003, p. 25–38 ; Halen, Pierre, « Notes pour une topologie institutionnelle du système littéraire francophone », in Diop, Papa Samba-Lüsebrink, Hans-Jürgen, Édit., *Littératures et sociétés africaines. Mélanges offerts à János Riesz*, Tübingen, Narr, 2001, p. 55–67.

[11] Tchak, Sami, *Place des fêtes*, Paris, Gallimard 2001.

[12] Tchak, Sami, *Hermina*. Paris, Gallimard 2004 ; Sami Tchak, Sami, *La fête des masques*. Paris : Gallimard 2004 ; Sami Tchak, *Le paradis des chiots*, Paris, Mercure de France 2006 ; Tchak, Sami, *Filles de Mexico*. Paris, Mercure de France, 2008.

[13] Tcha-Koura, Sadamba, *Femme infidèle*, Lomé, N.E.A., 1988.

la relation postcoloniale « France-Togo » figure un sous-continent encore de sujétion.

Comme le font des auteurs européens comme Jean-Marie Gustave Le Clézio ou Éric Orsenna, il s'extrait d'un carcan, et pour mieux se faire entendre, invite son auditoire à le suivre hors de la chaumière des redites et des idées reçues. Dans le cas d'un auteur franco-africain, la démarche est à saluer non pas comme une rébellion, mais comme découlant d'un fond talentueux. On notera aussi que dans les romans de Sami Tchak les Africains voyagent entre les continents, constatent et vivent des situations, heureuses ou malheureuses, mais ne sont plus réduits à l'essence de leur condition de pauvres immigrés où les cantonnent les clichés.

On peut interpréter cette scénographie mondiale comme une tentative de représenter l'époque actuelle marquée par la mondialisation et la migration. Mais qui sait si les descriptions des villes latino-américaines dans ses romans ne sont pas en réalité des instantanés de Lomé ? Le roman *Al Capone le Malien*[14], dont l'action se déroule en Afrique, et dont la couverture figure le torse d'un Noir bardé de colliers de perles bigarrées, ne serait-il pas ainsi présenté à un marché du livre qui, autrement, ne l'aurait pas bien accueilli ? Après les espaces exogènes, Sami Tchak n'aurait-il pas, avec *Al Capone le Malien*, signé son retour définitif au bercail africain ?

Dans *La fête des masques*, le cadre de l'action est désigné comme : « Ce Qui Nous Sert de Pays »[15] (sic). Sur le plan scénographique, il s'agit d'un lissage extrême de la géographie. Dans ce pays sans nom, on paye avec des dollars, et deux des personnages qu'y promène l'écrivain s'appellent Carlos ou Antonio. On s'y enivre à la taverne *La Estrella*. En outre, le romancier remet en question le concept de « nations », qu'il associe à un désordre babylonien :

> Nations, ces coins si vides de pensées fortes et essentielles, mais qui bruissent constamment des irritantes jacasseries de philosophes et de lettrés à peine capables de lire *Tintin*. Nations, des ensembles tard venus au monde, trop jeunes, mais déjà poussifs, qui n'offrent plus que le spectacle dégoûtant de colères remplaçant la pensée, où les abus et crimes indiscutables de leurs princes et de leur cour excusent trop facilement les incompétences, les

---

[14]   Tchak, Sami, *Al Capone le Malien*. Paris, Mercure de France 2011.
[15]   Tchak, Sami, *La fête des masques*, Paris, Gallimard, 2004, p. 58.

appétits, les erreurs et les crimes de leurs adversaires politiques et les croyances idiotes de leurs peuples[16].

Dans cette logique, les noms des nations sont aussi des chimères, des appellations artificielles germées des grimoires des géographes ou des hommes politiques, et dont se drapent les nations pour masquer leurs parties intimes. Ce n'est donc pas le nom d'une nation qui fonde l'être et la valeur d'un individu, c'est l'enseignement et l'expérience personnelle qui le bâtissent. Cette orientation de la philosophie née de l'œuvre de Sami Tchak invite à saluer en cet auteur une volonté inflexible d'échapper aux catégorisations et assignations sur les plans esthétique et institutionnel. Le nom d'un pays n'a de valeur dans sa scénographie que fantasmagorique. Dans cette optique, le motif babylonien peut être considéré comme l'une des clés de lecture de l'œuvre.

Babylone comme motif dans *La fête des masques*

Un désordre babylonien règne dans le roman, non dépourvu d'intérêt pour qui cherche à cartographier les sources où s'abreuve le texte tchakien. Une quête en vue du dévoilement des hypotextes, conduit d'abord vers ces lignes d'une chanson de Catherine Lara formant un leitmotiv dans son texte et pouvant également apparaître comme une allusion à la scène de valse dans *Madame Bovary* : « Babylone, c'est la fête au château / On va enfin changer de peau / Les masques sont de trop / Ils n'auront pas le dernier mot »[17].

Le toponyme Babylone est fortement connoté dans le sens de la démesure et du défi : les hommes se mesurent à Dieu, et celui-ci les ravale à leur condition d'êtres mortels en diversifiant leurs langues afin qu'ils ne se comprennent plus naturellement. C'est bien à cette dimension symbolique que renvoient et le texte de Sami Tchak et la chanson de Catherine Lara. Or, en interprétant Babylone comme une fête, les deux auteurs confèrent une signification différente au mythe. Dans une telle logique de re-sémantisation, la punition et le désordre se réévaluent comme valeurs positives, le mythe biblique se dévêtant de sa gangue

---

[16] Tchak, Sami, *La fête des masques*, Paris, Gallimard, 2004, p. 72.

[17] Tchak, Sami, *La fête des masques*, Paris, Gallimard, 2004, p. 23 (suivi de plusieurs reprises).

coercitive, pour s'ouvrir à un sens plus œcuménique où de la diversité naît la richesse du monde.

Catherine Lara est aussi un pseudonyme. Le vrai nom de l'artiste étant Catherine Bodet. Elle aussi porte donc un masque, mais ses préférences sexuelles ne sont plus un secret pour personne. Elle a déclaré être lesbienne et a même consacré une chanson à cet aspect de sa vie, faisant ainsi tomber le masque du pseudonyme. Ce qui nous conduit à une autre sorte d'énigmes ou de simulations dans le roman de Sami Tchak : la sexualité masquée ou refoulée.

Le (dés)ordre sexuel dans *La fête des masques*

Lorsque Sami Tchak convoque dans son œuvre des auteurs, ceux-ci sont très souvent liés à l'homosexualité. Il cite par exemple Marguerite Yourcenar, dont il révèle en même temps son propre programme philosophique et son idée des *gender studies* : « L'homme, la femme, ce ne sont pas des choses si antagonistes »[18]. Yourcenar, dont le nom est d'ailleurs un pseudonyme, est la première femme élue à l'Académie française. Elle incarne donc un potentiel symbolique en ce qui concerne le rôle et la place impartis en société aux sexes. Son vrai nom, Marguerite Antoinette Jeanne Marie Ghislaine Cleenewerck de Crayencour, souligne déjà, à lui seul, une identité complexe. Née à Bruxelles, morte aux États-Unis, académicienne, comment peut-on catégoriser Marguerite Yourcenar ? L'une de ses œuvres les plus importantes porte sur l'empereur romain Hadrien, connu aussi pour son homosexualité. Se référant à Yourcenar, Sami Tchak normalise le désordre à travers l'image d'une femme lesbienne, intronisée à l'Académie française comme domaine masculin de tradition, et dont la biobibliographie graphie est ponctuée de réflexions sur l'homosexualité et la bisexualité.

En outre, dans l'œuvre de Sami Tchak, les allusions à Thomas Mann et André Gide ont bien sûr elles aussi une valeur symbolique. Gide traite dans ses textes, notamment dans son roman le plus connu, *Les Faux-Monnayeurs*, de l'homosexualité. L'allusion à *La mort à Venise* de Thomas Mann est aussi révélatrice. Le protagoniste de la nouvelle, Gustav von Aschenbach, découvre une homosexualité cachée en tombant amoureux d'un garçon de quatorze ans. Ici se mêlent homosexualité et pédophilie,

---

[18]   Tchak, Sami, *La fête des masques*, Paris, Gallimard, 2004, p. 50.

deux pratiques que le protagoniste de la nouvelle de Thomas Mann dissimule derrière le masque d'un écrivain bourgeois. C'est dire que dans *La fête des masques*, comme dans les autres romans de Sami Tchak, la transgression des tabous a libre cours, incarnée qu'elle est par endroits dans ce roman-ci par la nécrophilie pratiquée en cachette, bien sûr.

Identités masquées : pseudonymes et références à la culture populaire

La fête des masques est un roman des pseudonymes. On y trouve non seulement des allusions à des auteurs canonisés qui ont signé leurs œuvres sous pseudonymes, comme Guillaume Apollinaire dont le vrai nom est Guillaume Albert Vladimir Alexandre de Kostrowitzky (p. 46), mais aussi des références aux « alias » issus de la culture populaire. Il y est entre autres fait mention d'Alan O'Dowd, alias Boy George, de Kenneth Dwight, alias Elton John, et de Georgios Kyriakos Panayiotou, alias George Michael. Les chanteurs cités jouent un rôle hautement symbolique dans le roman : tous les trois sont des homosexuels et ne le cachent pas, mais tous les trois portent aussi un pseudonyme. Les cas de Boy George et d'Elton John sont particulièrement intéressants. Boy George, connu comme le chanteur du groupe *Culture Club*, mais aussi pour sa carrière solo, se maquille et se présente en public bizarrement accoutré. Elton John est également connu pour son « *look* » extravagant : grosses lunettes, vêtements aux couleurs éclatantes, et cheveux artificiels. Il s'agit bien sûr, dans ces trois cas, d'une posture[19]. Ces artistes maquillés et déguisés, portant de faux noms, ne correspondent pas à des personnes réelles. Ils se mettent en scène et portent des masques, considérant la vie comme un spectacle où ils se produisent en concert dans une fête permanente aux sons et lumières intenses. Le simple fait de mentionner ces trois chanteurs est donc hautement significatif des inclinations littéraires de Sami Tchak. Et ces noms suffiraient à eux seuls à illustrer le titre du roman. Un autre artiste est mentionné dans ce texte, le chansonnier français Charles Trenet. Celui-ci ne cache pas son identité derrière un

---

[19]   Cf. Meizoz, Jérôme, *Postures littéraires. Mises en scène moderne de l'auteur*. Genève : Slatkine 2007 ; Meizoz, Jérôme, « "Postures" d'auteur et poétique », in *Vox poetica* [en ligne], mis en ligne le 4 septembre 2004. URL : http://www.vox-poetica. org/t/meizoz.html (19 novembre 2016).

pseudonyme, Charles Trenet est son vrai nom, qui toute sa vie a assumé son homosexualité.

On note encore que dans une perspective scénographique Sami Tchak utilise des références non africaines provenant de la culture populaire, et qui jouent, par l'usage de pseudonymes et par sa mise en scène, avec le concept d'identité. Ce n'est donc pas le lieu d'origine des auteurs, artistes, ou personnages de romans qui est important pour le projet littéraire de l'écrivain togolais, mais les masques qu'ils portent : tout le monde est en quelque sorte masqué.

Questions en guise de conclusion

Sami Tchak est un pseudonyme, le vrai nom de l'auteur étant Sadamba Tcha-Koura, celui sous lequel il publie son tout premier roman, *Femme infidèle* (1988). De cette mise en scène onomastique découlent plusieurs questions. L'identité de l'auteur est-elle importante pour la compréhension de son œuvre ? Explique-t-elle son esthétique littéraire et ses références culturelles ? L'écrivain que nous lisons, Sami Tchak, qui se réfère à la littérature mondiale, est la fiction de Sadamba Tcha-Koura grimé en un cosmopolite dont le socle réel est l'Afrique en macrostructure et le Togo en microcosme culturel. Sami Tchak, dans cette configuration herméneutique, est mu par un élan centrifuge, lorsque, en sens contraire du courant, Sadamba Tcha-Koura fait retentir en sourdine dans l'œuvre, loin des « palais romains »[20], la voix grave du Togo ancestral. Là où Sami Tchak écrit sur Bogotá, Sadamba Tcha-Koura voit ou entre-aperçoit Lomé. Un accent aigu sur les voyelles finales des deux cités les lie, lissant les limites géographiques dans une scénographie romanesque grandiose, où seule l'imagination sert de truchement au fil souple des innutritions, du nattage des textes et des auteurs d'une part, d'autre part à la trame des périodes et des nations. Ici, les toponymes sont des masques, et les personnages ont vocation à jouer de manière emblématique à des jeux sociaux défiant l'ordre patriarcal d'un monde devenu trop vieux. Dans

---

[20] Allusion au poème de du Bellay (1522–1560), « Heureux qui comme Ulysse a fait un beau voyage », et à ce passage :

« Quand reverrai-je, hélas, de mon petit village / Fumer la cheminée, et en quelle saison / Reverrai-je le clos de ma pauvre maison, / Qui m'est une province, et beaucoup davantage ? // Plus me plaît le séjour qu'ont bâti mes aïeux, / Que des palais romains le front audacieux, / Plus que le marbre dur me plaît l'ardoise fine ».

une scène d'amour, par exemple, on note de façon fort significative les assignations du vouvoiement et du tutoiement selon les sexes : l'homme tutoie la femme, qui elle vouvoie l'homme. Une telle confrontation intime peut se lire comme la représentation « normale » d'une réalité sociale à interroger dans sa légitimité. Ce qui incline à l'idée que les contraintes sociales doivent elles aussi être considérées comme un masque dont il faut se défaire pour un salutaire corps-à-corps avec soi-même. Car ces croyances et pratiques sont lestées d'un poids symbolique castrateur.

Un autre leitmotiv dans *La fête des masques* est le dos. Sur la photographie d'un des protagonistes ce n'est que le dos qui est représenté, qui le représente. Or, la photographie étant communément perçue comme une représentation fidèle de la réalité, cette vue de dos, donc fragmentaire, suggère que l'identité d'une personne reste toujours vague, toujours mal aisée à déterminer, parce que parcellaire dans ce qu'il nous est possible d'en saisir. Fort de cette leçon apprise de l'œuvre du romancier togolais, nous posons au terme de notre parcours cette question : « Qui est en somme Sami Tchak, nous tourne-t-il le dos, ou nous regarde-t-il en face ? ».

Bibliographie

Apollinaire, Guillaume, *Alcools*, Paris, Mercure de France, 1913.

Bâ, Amadou Hampâté, *Amkoulel l'enfant peul* (mémoires), Arles, Actes Sud, 1991.

Du Bellay, Joachim, *Les Regrets*, Paris, Imprimerie Fédéric Morel, 1558.

Camara, Laye (1953), *L'Enfant noir*, Paris, France loisirs, 1976.

Flaubert, Gustave, *Madame Bovary*, Paris, Gallimard, 1972 [1857].

Gide, André, Les Faux-Monneyeurs, Paris, NRF, 1925.

Halen, Pierre, « Le "Système littéraire francophone" : Quelques réflexions complémentaires », in (D'Hulst Lieven, Moura, Jean-Marc, Édit.), *Les Études littéraires francophones – État des lieux*. Lille, UL3, 2003, p. 25–38 ; Halen, Pierre, « Notes pour une topologie institutionnelle du système littéraire francophone », *in* Diop, Papa Samba-Lüsebrink, Hans-Jürgen, Édit., *Littératures et sociétés africaines. Mélanges offerts à János Riesz*, Tübingen, Narr, 2001, p. 55–67.

Le Clézio, Jean-Marie Gustave, Onitsha, Paris, Gallimard, 1991.

Lomami-Tchibamba, Paul, Ngando (1948), Paris, P.A., 1982.

Maingueneau, Dominique, *Le contexte de l'œuvre littéraire*, Paris, Dunod, 1993.

Mann, Thomas, *Der Tod in Venedig / La mort à Venise*, 1913.

Meizoz, Jérôme, *Postures littéraires. Mises en scène moderne de l'auteur.* Genève : Slatkine 2007.

Orsenna, Éric, *Voyage au pays du coton*, Paris, Fayard, 2006.

Rachlide, *Monsieur Vénus*, Paris, Félix Brossier, 1889.

Tchak, Sami, *Place des fêtes*, Paris, Gallimard 2001.

Tchak, Sami, *Hermina*. Paris, Gallimard, 2003.

Tchak, Sami, *La fête des masques*. Paris : Gallimard 2004.

Tchak, Sami, *Le paradis des chiots,* Paris, Mercure de France 2006.

Tchak, Sami, *Filles de Mexico*. Paris, Mercure de France, 2008.

Tchak, Sami, *Al Capone le Malien*, Paris, Mercure de France, 2011.

Tcha-Koura, Sadamba, *Femme infidèle,* Lomé, N.E.A., 1988.

Yourcenar, Marguerite, *Mémoires d'Hadrien*, Paris, Plon, 1951.

N.B. : Article remis en mai 2017.

FILLES DE MEXICO : AUTO-THÉORISATION OU RÉFLEXION POSTCOLONIALE : UN ROMAN EXPÉRIMENTAL

VINCENT SIMEDOH

Dans les romans de Sami Tchak[1] s'inscrit de façon analytique la condition du sujet postcolonial plongé dans une modernité déterminée par la gestion d'une série de legs qui ont noms assimilation, ambivalence, identité, ou écriture. D'autre part, cette œuvre ouvre à des imaginaires, forge des mythes, et est peuplée de fantasmes, ceux de l'être postcolonial en perpétuelles situations de (re)création de soi. Voilà pourquoi l'approche de cette féerie romanesque doit être plurielle tant au niveau des voix qui deviennent polyphoniques que de l'espace qui se disloque au fur et à mesure des publications. À l'immobilisme, ces romans opposent une remise en *situation* constante des êtres et des lieux. De même qu'à une vue universelle et unilatérale, ils confrontent des individualités dans la pluralité de leurs visions du monde. L'œuvre se révèle ainsi être une perpétuelle recherche du sens de la vie. Il y est question « de la perfection toujours croissante de l'avenir, ouverte à l'horizon et non plus l'image idéale d'un passé parfait, mais révolu qui fournit l'aune à laquelle il convient de juger la valeur historique du présent et de mesurer ses prétentions à la modernité »[2]. C'est une tension du présent vers l'avenir et une célébration de la beauté individuelle, tantôt sublime, tantôt grotesque, mais toujours lourde de questionnements, qui se manifestent progressivement dans cette

---

[1] *Femme infidèle* (1988), *Place des Fêtes* (2001), Hermina (2003), *La Fête des masques* (2004), *Le Paradis des chiots* (2006), *Filles de Mexico* (2008), *Al Capone le Malien* (2011), *L'Ethnologue et le sage* (2013).

[2] Jauss, H. R., *Pour une esthétique de la réception*, Paris, Gallimard, 1978, p. 198.

écriture. Si le premier roman, *Femme infidèle*, puis *L'Ethnologue et le sage* se situent au Togo, les titres intermédiaires se déploient dans des espaces différents. *Place des Fêtes*, (2010) se situe en France, *Hemina* entre Cuba, les États-Unis et un ailleurs indéterminé. *Filles de Mexico* et *Le Paradis des chiots* se jouent entièrement en Amérique latine, ici représentée comme un espace tiers, un *out of place* où s'exerce l'expérience d'être-au-monde. L'œuvre entre ainsi dans la perspective d'Achille Mbembe qui pose, dans *Qu'est-ce que la pensée postcoloniale ?*, une importante question, celle de la réinvention du sujet postcolonial, et surtout « de ce qui a le plus subi de dommages : le corps ». Fortement influencé par F. Fanon, A. Mbembe reprend toute la problématique traitée dans *Peau noire, masques blancs*, où l'auteur formule cette prière : « ô mon corps, fais de moi toujours un homme qui interroge »[3].

Cette interrogation prend corps dans Filles de Mexico sous différentes formes. Tout comme Bleu Blanc rouge, Et Dieu seul sait comment je dors et Black Bazar d'Alain Mabanckou, ou encore Celles qui attendent, Le Ventre de l'Atlantique, Impossible de grandir de Fatou Diome, Le Méridional d'Henri Lopes, Les Pieds sales d'Awoumey, Nous, enfants de la tradition d'Effa, ou Tels des astres éteints de L. Miano, Filles de Mexico se classe dans la catégorie des romans du « déplacement (…), de l'errance, de la déterritorialisation »[4], du out of place. Ici, il s'agit d'un double out of place. En effet, dans Filles de Mexico, les personnages principaux sont d'extractions sociales, de provenances nationales et de cultures diverses : il y a des Indiens, des descendants de colons européens, un Français, un Franco-Togolais. Quels que soient leur statut, leur histoire passée ou contemporaine, ils sont, dans l'espace du roman, d'une manière ou d'une autre déplacés. C'est le cas de Djibril Nawo qui vivant habituellement à Paris, mais qui, dans l'espace latino-américain, subit un double out of place, tout comme Rastignac, du nom du héros balzacien.

---

[3]   Mbembe, A, « Qu'est-ce que la pensée postcoloniale ? », *Esprit*, Décembre 2006, p. 124.

[4]   Combe, Dominique, « Théorie postcoloniale, philologie et humanisme. Situation d'Edward Saïd », *Littérature*, n° 154, 2009, p. 120.

Être : double, analogie, comparaison

Selon Bonta et Protévi, la représentation est « la duplication ou le traçage sous forme d'images mentales des choses qui composent le monde [...]. La représentation opère au niveau des produits effectifs dont elle traduit les propriétés tout en agençant selon les principes d'identité d'analogie, d'opposition et de ressemblances »[5]. C'est ainsi que dans *Filles de Mexico* l'espace réel est transmué en espace fictif où ont cours des analogies. Tepito, ce vaste quartier marginal de Mexico décrit dans le roman, est à bien des aspects comparable à des lieux réels dans Mexico :

> « On trouve beaucoup de choses à Tepito, vaste bazar installé en pleine rue sous des tentes multicolores, au nord du centre historique de Mexico : des rythmes cubains et du hard rock, des poussettes d'enfants et de la lingerie coquine, des tortillas et des anabolisants, des montres et des ventilateurs. Mais surtout des montagnes de CD et de DVD pirates, des armes et de la drogue ». J'avais l'impression qu'on me décrivait un pan du quotidien de Lomé, la capitale de mon pays. [...] Loin de chez moi, mais comme me préparant à me replonger dans les ambiances de chez moi ! Pourtant, je savais que les grandes similitudes cachent en réalité des différences profondes. Je n'allais pas à Tepito pour me retrouver, mais pour me perdre. Je voyage pour me perdre. [...] Je voyage pour perdre pied, pour basculer » »[6].

Dans cet espace fictif aux ressemblances troublantes avec de réels recoins de la ville, Djibril est un objet de curiosité, voire d'expériences :

> « Un jour alors que nous nous baladions, Dino mon ami colombien et moi, dans le quartier dit de la Zona Rosa, nous vîmes, sorties d'un cabaret, trois Mexicaines hilares, de la même taille comme issues d'une production en série. Elles avaient des petits hauts qui laissaient à découvert leurs épaules, leur dos et la moitié de leurs seins. Dès qu'elles me virent, moi, elles me déboulèrent dessus, l'une me prenant par la taille, l'autre par le bras alors que la troisième, sans vergogne, vérifiait des deux mains mes œuvres vives »[7].

Le personnage précise : « Ce qui avait excité le trio des courtes trimardeuses, c'était bien évidemment la couleur de ma peau [...] Elles

---

[5]   Bonta, Mark and Protevi, John, *Deleuze and Geophilosophy*, Edinburgh University Press, 2004, 135

[6]   Tchak, S., *op. cit.*, p. 51.

[7]   *Op. cit.*, p. 11.

voulaient juste me voir nu »[8]. Le regard porté sur Djibril est ambivalent : il est de curiosité et de désir :

> Alors que je marchais maintenant avec Toni, que beaucoup de personnes, femmes, hommes, vieux, jeunes, enfants, me regardaient, me montraient du doigt, faisaient des commentaires sur moi, me désignaient à haute voix par Negro, Negrito, certains allant jusqu'à me tendre, amusés par leur propre plaisanterie, une longue banane, un homme me disant carrément de venir sauter sa guenon. [...] J'étais dans un tel état d'excitation que les rires qui fusaient de partout et les doigts dressés vers moi, même les doigts crasseux d'un fou qui venaient de pisser devant tout le monde ne m'atteignaient plus[9].

L'hilarité que l'on provoque parmi la gent marginalisée est une première expérience dans la confrontation de soi avec l'Autre. L'Autre devient un étranger perçu avec tous les préjugés inscrits par l'impérialisme dans la vision du monde, même de groupes humains laissés pour compte du développement économique. Cette expérience de l'altérité se poursuit dans le roman lorsque le personnage de Djibril Nawo, que l'on vient de voir confronté à ses dépens à une catégorie sociale défavorisée, rencontre le personnage de Deliz, écrivain et documentaliste : « En plaçant la causerie sur le plan sexuel, Deliz avait neutralisé toute distance entre nous »[10]. Les deux personnages ont le même rang social, pratiquent le même art qu'est l'écriture : « En plaçant la causerie sur le plan sexuel, Deliz avait neutralisé toute distance entre nous »[11]. La rencontre des personnages de Djibril et Deliz va révéler cependant deux conceptions, deux formes de présence au monde façonnées par l'histoire coloniale. À la question de Djibril :

> « Ah, vous êtes française, quel bonheur de rencontrer une sœur de langue en plein Mexico ! Deliz rétorque : « Française, moi ? ». Quelle horreur ! [...] Je suis colombienne, mais j'ai fait une partie de mes études à Paris où j'ai vécu pendant quatre ans. [...] Moi, être française, quelle horreur ! »[12].

La coprésence de deux sujets postcoloniaux fait ressortir qu'ils sont marqués indirectement par une histoire de domination. Chacun d'eux, dans le présent de la rencontre réagit par rapport à un legs historique. Djibril a du mal à se présenter, mieux encore à se définir sans s'identifier

---

[8]   *Op. cit.*, p. 12.
[9]   *Op. cit.*, p. 64.
[10] *Op. cit.*, p. 40.
[11] *Op. cit.*, p. 40.
[12] S. Tchak, *Filles de Mexico, op. cit*, p. 33–34.

à la France : « Togolais, vivant à Paris »[13]. Il a besoin de s'affirmer, adossé à une ancienne puissance coloniale. Ce qui lui confère une double culture et un double héritage franco-togolais. Incapable de dire « je » sans référence à l'Autre, fût-il le colon, il est saisi par une impossibilité de se poser comme sujet pensant par soi-même sans autorité tutélaire.

À cette ambivalence de Djibril, Deliz répond par une acceptation de soi et une immersion dans son espace de valeurs refuges ayant aversion toute forme d'identification à l'héritage colonial.

Colombienne, elle est, Colombienne elle est fière d'être. Colombienne d'aujourd'hui, non aliénée par quelque passé colonial que ce soit. Elle est un être postcolonial n'ayant plus à se définir par rapport à une quelconque puissance du passé.

Notons aussi la rencontre entre Djibril et Rastignac, Français d'origine vivant à Bogota. Elle est du type franco-togolais, voire franco-français tout court. À la question de Rastignac : « Vous venez d'où ? », Djibril répond « De Paris. » Rastignac reprend : « Bon, d'accord, mais vous venez réellement d'où ? ». Paris, répond de nouveau Djibril. « Non, monsieur, vous êtes originaire de quel pays d'Afrique ? »[14]. Ce moment du livre, où s'affirme la volonté d'incarnation dans un espace et une histoire non reconnus par l'interlocuteur pensant à partir d'un espace tiers, soulève la question de Bhabha de l'origine du regard et de l'espace d'où s'exprime le locuteur. La complexité du rapport à l'Autre dans ce qu'il pense être croise les regards. L'expérience se poursuit pour devenir de plus en plus fine lorsque les personnages ont la même couleur de peau.

Du même et du différent. La digenèse, néo-négritude et chaos-monde

Dans *Le Traite du Tout-Monde*, Glissant observe que : « Les contradictions des Amériques, les convulsions du Tout-Monde sont pour nous indémêlables tant que nous n'avons pas résolu dans nos imaginaires la querelle de l'atavique et du composite, de l'identité racine unique et de l'identité relation »[15].

---

[13]   S. Tchak, *op. cit*, p. 35.

[14]   *Op. cit*, p. 109.

[15]   Glissant, Édouard, *op. cit.*, p. 38.

Cette remarque à propos de l'espace américain pris dans un tourbillon de forces identitaires contradictoires s'applique tout naturellement à *Filles de Mexico* dont le projet est de cataloguer sans les juger les possibilités de présence au monde. Le roman est de ce point de vue un écrit expérimental où Djibril Nawo fait, le lecteur avec lui, la découverte d'un monde, et, à partir de ce moment, déclenche une avalanche de questions liées au « qui suis-je en tant que Noir ? ». Le personnage de Nelo répond :

> Je me présente : Nelo Vives, né le 31 décembre 1944, oui, je parais plus jeune, mais j'ai déjà soixante-deux ans, je suis poète et militant politique noir, je consacre chaque seconde de ma vie à la lutte pour la cause de la Race, je le fais sans le moindre calcul, je ne suis payé par personne, mon salaire c'est chaque petite avancée des droits de la Race. Tout le monde me connaît dans ce pays, les Noirs, les Blancs, les Indiens, les sang-mêlé, les libres de toutes les couleurs, tout le monde me connaît[16].

Devant cette déclamation de Nelo Vives, Noir colombien descendant d'esclaves, qui vit à Bogota, le personnage de Djibril Nawo reste sans voix, puis réagit avec la neutralité d'un chercheur. La rencontre se déroule alors comme ce que Claude Lévi-Strauss note au sujet de l'ethnologue confronté à sa propre recherche :

> Il n'a que ce moi, dont il dispose encore, pour lui permettre de survivre et de faire sa recherche ; mais un moi physiquement et moralement meurtri par […], l'inconfort, le heurt des habitudes acquises, le surgissement de préjugés dont il n'avait pas le soupçon, et qui se découvre lui-même, dans cette conjoncture étrange, perclus et estropié par tous les cahots d'une histoire personnelle responsable au départ de sa vocation, mais qui, de plus, affectera désormais son cours. Dans l'expérience ethnographique, par conséquent, l'observateur se saisit comme son propre instrument d'observation ; de toute évidence, il lui faut apprendre à se connaître, à obtenir d'un soi, qui se révèle comme autre au moi qui l'utilise, une évaluation qui deviendra partie intégrante de l'observation d'autres soi[17].

Nelo Vives et Djibril se font face, et cette rencontre expérimentale révèle deux formes de présences au monde. Nelo Vives considère comme signe de solidarité élémentaire la couleur de la peau, cependant que pour le « chercheur » est assis devant un Autre que lui-même, qui, par le fait de la digenèse, n'est pas lui-même. Les histoires personnelles ne sont pas

---

[16]   Tchak, S., *op. cit.*, p. 117.

[17]   Lévi-Strauss, C., *Anthropologie structurale deux*. Paris, Plon, 1973, p. 48.

similaires, les trajectoires de vie non plus. Ce que Nelo Vives considère comme une évidence se révèle un point d'interrogation pour Djibril Nawo. La radicalité de Nelo Vives l'amène à prôner une néo-négritude pour la défense de la « la Race ». Selon lui, toute réconciliation avec les dominateurs d'hier est impossible. En sa qualité de défenseur de la cause noire en Colombie, et par extension dans le monde, toute personne de couleur noire, qu'elle soit originaire d'Afrique ou des Amériques, est considérée comme un frère, surtout si cette personne endure des souffrances liées à sa couleur de peau. On perçoit dans cette attitude des échos de *The Black Atlantic Modernity and Double-Consciousness* (1995) de Gilroy ou encore dans *Postcolonial Melancholia* (2006) du même auteur. Ce qui explique le fait que Nelo au cours de la rencontre entre les deux hommes demande à sa fille d'embrasser Djibril qu'elle doit considérer comme un oncle : « Rosa, embrasse ton tío, vite ! La petite sauta dans les bras de son nouveau tonton »[18]. Cette disponibilité à accueillir à bras ouverts toute personne de race noire, ressortit à la volonté du « postcolonisé » qu'est Nelo de de dire « je » en se reconnaissant dans une subjectivité irréductible, détachée du passé esclavagiste de la Plantation qui annihilait toute prétention d'existence pour soi. Le Noir de la Plantation qu'est Nelo se forge un *je pensant* qui s'exprime au nom de tous ceux qui lui ressemblent par la couleur de la peau.

La figure de Nelo Vives fait ressortir un autre aspect de l'esclavage et ravive tout le réquisitoire contre cette injustice, mais aussi contre la colonisation et les inégalités sociales d'aujourd'hui, toutes caractéristiques de la digenèse dont parle Édouard Glissant. Conscient de cette fêlure, Nelo Vives, poète, entreprend la mise en place d'une Néo-négritude. Par ailleurs, la défense de la race peut aussi être perçue comme une façon de se rebiffer contre la fatalité, et de déjouer tous les déterminismes dictés par les inégalités raciales et sociales. C'est ainsi que s'interprète le geste d'Hector qui, à la surprise générale, décide autrement du destin de prostituée à *La Priscina*, un « bordel »[19], que le musicien Hugo avait prédit à Rosita. Nelo réagit à cette surprise de manière fort éloquente :

C'est vraiment pour Rosita que tu es revenu, sérieux ? demanda Nelo en s'approchant d'Hector. Son avenir te préoccupe, sérieux ? Il se mit à pleurer. Sa femme et sa fille s'approchèrent de lui. Ne pleure pas. Mais je pleure de

---

[18] *Op. cit.*, p. 116.
[19] *Op. cit.*, p. 122.

bonheur et de rage mêlés, je pleure de tout en fait, je pleure pour vous et pour moi. Mais cela me touche qu'il soit venu pour la petite Ro... Soudain, la porte rouge s'ouvrit. La petite Rosita surgit dans le salon [...]. Tío, Hector est là pour toi. Tío est là pour faire mentir Hugo, tu ne finiras jamais à La Piscina, ma douce[20].

On note ici tout le paradoxe attaché au geste d'Hector, un Blanc, descendant du dominateur d'hier et héritier de sa suprématie. Car c'est de l'esclavagiste d'hier que viennent le salut de Nelo et la garantie de l'avenir de sa descendance, Nelo qui ne savait plus à quel saint se vouer autant dans son projet de Néo-Négritude que pour ce qui est de la survie de sa progéniture.

Mon enfant, Rosita, en fait c'est moi qui suis allé chercher le monsieur. C'est pour ton bien. Un jour, tu m'avais dit que tu voudrais monter dans un avion. Je n'ai pas oublié ton rêve, Rosa. Voilà ! Le monsieur a un avion, il veut te faire monter dans son avion. Vous irez dans le ciel. Demain matin, le monsieur va te ramener, tu me raconteras. Allez, tu vas partir avec le monsieur. Si mon cœur n'avait pas été un problème dans ma poitrine, je serais allé avec toi, mais mon cœur est malade, Rosita. Je peux partir avec le monsieur ? Oui, tu peux, oui, tu peux. Alors, elle sauta dans les bras d'Hector. Waouh ! On montera dans l'avion ? Waouh ! Pas Winnie, c'est une chienne, moi, moi, moi seule, moi seule, n'est-ce pas que c'est moi seule que tu prends, hein ? N'est-ce pas que c'est moi seule que tu prends[21] ?

Enfin, le fait que Rosita surgisse d'une porte « rouge » n'est pas le fait du hasard. Le rouge, couleur ambivalente, est perçu comme étant la couleur de la révolution, principalement en Amérique latine. Aussi, Rosita, diminutif de Rose, ne fait-elle pas référence à Rosa Park des années cinquante aux États-Unis ? Elle incarne, par conséquent une révolution mise en marche, qui se caractérise par le refus de la fatalité. Le *double out of place* devient propice à l'enracinement et à l'avènement d'une nouvelle genèse. Mais cette vente ramène au point de départ qu'est l'achat de Rosi ou Rosita par un Blanc dont on ne sait pas ce qu'il fera de la petite fille. La scène joue ou rejoue des moments de l'esclavage ou de la colonisation. Ce moment de l'achat ne concerne pas seulement la fille Rosa. En fait, au départ, il s'agissait d'une proposition d'Hector d'acheter l'Indienne Catalina, femme de Nelo. La composition atypique de la famille vole en éclats au cours de la réalisation de ce projet :

---

[20] *Op. cit.*, p. 170.
[21] *Op. cit.*, p. 170.

N'avance pas, chienne, ou je te liquide ! tonna Winnie. De toutes les façons, un nettoyage racial s'impose ici, chère maman ! Tu vois bien, non ? Il n'y a que toi et ton homme [Hector] qui fassiez tache, sinon nous sommes entre nous. La Race ! Cette nuit est nègre, elle nous appartient, vous n'avez pas votre place ici. Ramasse tes gosses et fous le camp avec ton nouveau maître.

Il s'instaure ici une épuration. Nelo procède à l'exclusion de sa femme qu'il a sauvée pourtant d'une forme d'esclavage. Cette contradiction illustre notre monde aujourd'hui qui s'oppose ou se méfie, observe ou reproduit les méthodes du passé dans la quête de la pureté, alors que tout évolue dans le sens contraire. Cette réaction de Nelo cristallise tous ces antagonismes :

> Il [Nelo] marcha vers sa fille qui gardait toujours la tête baissée. Winnie, je suis malade, mon cœur ne tient plus, Winnie, je suis impuissant. Elle leva enfin les yeux vers son père. Winnie, tu as toujours su que tu es ma seule enfant fidèle à la pureté des extérieures de La Race. Tu n'as pas subi l'impureté issue des mélanges de sang, l'Indienne [sa mère] n'a rien laissé dans tes veines. Winnie, n'abandonne pas ton père, s'il te plaît, n'abandonne pas le poète. Il veut que je me soumette. Winnie, pourquoi vais-je me soumettre, moi à qui mon maître Manuel Zapata Olivella a transmis le sens de la dignité, de la fierté, l'orgueil de la peau bafouée ? Winnie, ma fierté, Winnie, je n'ai plus de force, mais toi, tu as de l'énergie inépuisable des grands fleuves et des grands fauves du Congo, Winnie, lève le poing, lève le poing pour moi, s'il te plaît, lève le poing, Nelo, ton père, le poète que peut-être la nuit écoutera avec ses mille oreilles d'étoiles[22].

La scène plonge dans le chaos-monde, dans le magma informe des origines, dans cette confusion où l'on continue par ailleurs de rêver de pureté, d'origine, de racines. Glissant l'évoque :

> Les contradictions des Amériques, les convulsions du Tout-Monde sont pour nous indémêlables tant que nous n'avons pas résolu dans nos imaginaires la querelle de l'atavique et du composite de l'identité racine unique et de l'identité relation[23].

La remontée dans le passé et l'expérience du présent édifient un monde où les personnages cherchent des alliés de circonstance et procèdent à des exclusions. La scène présente différents acteurs dont le Maître d'hier et le Nègre naguère esclave, devenus alliés pour sacrifier l'Indien symbolisé

---

[22]   *Op. cit.*, p. 160–161.

[23]   Glissant, É., *op. cit.*, p. 38.

par Cataline, qui se révolte : « Plongée dans le lac de son histoire, de leur histoire, volée par les Blancs et par les Nègres. Eldorado ne sera jamais noir se dit-elle »[24]. Ici s'ébauche ce que Glissant définit comme la *créolisation,* qui « est la mise en contact de plusieurs cultures ou au moins de plusieurs éléments de cultures distinctes dans un endroit du monde, avec pour résultat une donnée nouvelle, totalement imprévisible par rapport à la somme ou à la simple synthèse de ces éléments »[25]. En cette lutte entre trois identités, s'immiscent la duplicité et la hargne des marges qui ne sont que l'expression d'un chaos-monde en gestation, où plus personne ne veut savoir ce qui se passe. Comme si le questionnement perpétuel était impossible, qui pourrait mener à la folie.

L'auto-théorisation ou réflexion postcoloniale : un roman expérimental

En plaçant ses personnages dans un *double out of place* pour la plupart d'entre eux, Sami Tchak pose en premier lieu la question de la marginalité en rapport avec elle-même, une marginalité qui s'entend au sens postcolonial du terme : comme la marque d'anciens colonisés, d'anciens peuples ayant subi la domination du monde occidental ou d'autres civilisations impériales. Le débat n'est alors plus avec l'Autre, dominateur d'hier, mais entre ceux à qui on a imposé une vie dans les marges, et pour qui on a tracé un devenir leur échappant totalement. Le réel et surtout la vie « des grands blessés » de l'Histoire, font du roman leur réceptacle aux parois infiniment réfléchissants. Le travail poétique (Roudaut) médiatise le glissement du réel au fictif où l'imaginaire de l'écrivain reconfigure les vies, réinvente les lieux, dans un jeu d'écriture qui accueille la comparaison ou l'analogie. L'*ipséité* (Ricœur) y a libre cours, qui fait de certains personnages des doubles de l'auteur, ou de l'auteur le maître absolu de la narration, sans affect particulier, comme s'il allongeait tous ses héros sur son divan de psychanalyste.

Djibril, qui s'exprime avec un « je » au début du roman, est relayé à la fin du récit par un « il » hanté tout d'abord par l'image de Dino, l'homosexuel avec qui il s'est lié d'amitié. C'est ensuite Deliz, qui, tel un fantôme, l'obsède, l'accusant de l'avoir abandonnée pour la

---

[24] *Op. cit.*, p. 163.
[25] Glissant, É., *op. cit.*, p. 37.

« race ». Ces deux hantises s'analysent comme la présence pesante de deux personnages dans son subconscient, spectres dont l'humanité ne lui est pas indifférente. Les questions qu'il se pose à leur égard restent sans réponse, et l'autoanalyse constante s'inscrit dans la perspective d'une fondation de soi par gommage. La liberté d'invention du romancier fait le reste, qui conçoit le roman comme un agglomérat de mondes, et le désordre des origines et des revendications identitaires comme un monde où lui seul est maître de ses personnages et de leurs dérives. Un jeu de fictionnalisation de soi s'instaure, où le *moi* échappe à l'emprise de la réalité, la langue mettant en regard le réel et la fantaisie, l'objectivité et la subjectivité, le vrai et le faux, le laid et le beau. Ce halo d'effets, de tours et de détours, est ce que Roland Barthes appelle l'« autonymie », qu'Antoine Compagnon explicite comme étant « [...] la condition d'une modernité qui ne reconnaît plus d'extériorité par rapport à son art, plus de code ni de sujet, et qui doit donc se donner elle-même ses règles, modèles et critères. L'œuvre de Sami Tchak fournit son propre mode d'emploi, sa manière est l'enchâssement, ou encore l'autocritique et l'autoréférentialité [...] »[26].

Bibliographie

Awoumey, Edem, *Les pieds sales*, Paris, Seuil, 2009.

Bhabha, Homi, *Nation and Narration*, London, Routledge, 1990.

Bhabha, Homi, *The Location of Culture* (2004), trad. par Françoise Bouillot, *Les lieux de la culture, Une théorie postcoloniale*, Paris, Payot, 2007.

Barthes, Roland, « L'écriture de l'événement », in *Communications*, Année 1968, 12, p. 108–112.

Bonta, Mark et **Protevi**, John, *Deleuze and Geophilosophy*, Edinburgh University Press, 2004.

Compagnon, Antoine., *Les Cinq paradoxes de la modernité*, Paris, Seuil, 1990.

Combe, Dominique, « Théorie postcoloniale, philologie et humanisme. Situation d'Edward Saïd », *Littérature*, n° 154, 2009, p. 120.

Diome, Fatou, *Le ventre de l'Atlantique*, Paris, A. Carrière, 2003.

Diome, Fatou, *Impossible à grandir*, Paris, Flammarion, 2013.

---

[26] Compagnon, Antoine, *Les Cinq paradoxes de la modernité*, Paris, Seuil, 1990, p. 36.

Effa, Gaston-Paul, *Nous, enfants de la tradition*, Paris, A. Carrière, 2008.

Gilroy, Paul, *The Black Atlantic, Modernity and Double Consciousness*, Harvard University Press, 1993.

Gilroy, Paul, *Postcolonial Melancholia*, Columbia University Press, 2005.

Glissant, É., *Traité du Tout-Monde. Poétique IV*, Paris, Gallimard, 1997.

Jauss, H. R., *Pour une esthétique de la réception*, Paris, Gallimard, 1978.

Lévi-Strauss, C., *Anthropologie structurale deux*. Paris, Plon, 1973.

Lopes, Henri, *Le Méridional*, Paris, Gallimard, 2015.

Mabanckou, Alain, *Bleu Blanc Rouge*, Paris, P.A., 1998.

Mabanckou, Alain, *Et Dieu seul sait comment je dors*, Paris, P.A., 2005.

Mabanckou, Alain, *Black Bazar*, Paris, Seuil, 2005.

Mbembe, Achille, « Qu'est-ce que la pensée postcoloniale ? », *Esprit*, Décembre 2006, p. 124.

Miano, Léonora, *Tels des astres*, Paris, Plon, 2007.

Ricœur, Paul, *Temps et récit, La configuration du temps dans le récit de fiction*, Paris, Seuil, 1984.

Roudaut, Jean, *Ce qui nous revient, relais critique*, Paris, Gallimard, 1978.

Roudaut, Jean, *Autoportrait de l'auteur en passant*, Paris, Éditions Fario, Coll. Théodore Balmoral, 2017.

Tchak, Sami, *Place des fêtes* (roman), Paris, Gallimard, 2000.

Tchak, Sami, *Hermina* (roman), Paris, Gallimard, 2003.

Tchak, Sami, *La Fête des masques* (roman), Paris, Gallimard, 2004.

Tchak, Sami, *Le Paradis des chiots* (roman), Paris, Mercure de France, 2006.

Tchak, Sami, *Filles de Mexico* (roman), Paris, Mercure de France, 2008.

Tchak, Sami, *Al Capone le Malien* (roman), Paris, Mercure de France, 2011.

Tchak, Sami, *L'ethnologue et le sage* (roman), Libreville, ODEM, 2013.

LECTURE D'UNE PAGE DE *LA FÊTE DES MASQUES* : LE POUVOIR PASSÉ À LA LOUPE

Rachel Stucky

Sami Tchak est un auteur aussi controversé que célébré. Ces romans lui ont fait la réputation « d'écrivain hors normes » ou « politiquement incorrect »[1]. Et si on pense proverbialement que la plume est plus puissante que l'épée, son œuvre en donne la preuve. Son penchant pour une écriture crue relève d'une part d'une approche de sociologue, d'autre part d'un goût littéraire marqué par l'art du récit oral.

Le présent texte propose une analyse d'un extrait-clé de *La fête des masques* (2004) qui permet d'étudier de quelle façon l'auteur met en exergue divers aspects de l'abus de pouvoir afin de les démasquer comme une constante anthropologique :

> De cette visite, je ne te dirai rien, Antonio. Rien des deux heures que Carla passa en tête à tête avec Le Suprême, rien de l'attitude servile du ministre à notre égard, rien de l'empressement des militaires de la garde à nous être agréables, rien de l'agitation de tout ce monde. Et surtout rien de mon tête-à-tête avec Le Suprême. Je ressens encore sur mes joues la douce chaleur de ses mains ridées et tremblantes.
>
> Je ne te dirai rien, Antonio : « Le chef d'une nation, populaire ou contesté, ne peut avoir qu'une éphémère satisfaction. Sinon, son lot quotidien, ce sont les déceptions. »
>
> Je ne te dirai rien, doux enfant, rien du tout : « J'aurais tout donné pour avoir ce que tu as et que j'ai déjà perdu : la jeunesse. »

---

[1] Ndombi L., 2016 : 14.

Je ne te dirai rien : « Le capitaine m'a dit que tu es sublime dans ta robe d'adolescente. La prochaine fois, tu la porteras pour moi, hein, Antinoüs, pour moi ! »

Je ne te dirai rien : « Tu reviendras seul, Antinoüs, mon enfant. »

Je ne te dirai strictement rien, Antonio : « Ils sont impatients de me voir partir, moi, je ne suis pas pressé de les voir arriver : voilà ce qui nous oppose. Mais mon siège est suffisamment large pour toi et moi. »

Je ne te dirai absolument rien, Toni : « Il faut que tu le saches : ce n'est pas de mourir que j'ai peur, mais d'échouer couché à leurs pieds. »

Tu m'écoutes, Antonio ?

Père et Mère étaient issus de ce peuple que partout l'on enserre dans la handicapante tunique de victimes des mauvais gestionnaires des nations. Et longtemps, ils avaient poussé, végété dans la boue du peuple. Nous étions nés dans leur boue, avions grandi dans cette boue.

(Sami Tchak, La fête des masques, Paris, Gallimard, 2004, p. 79–80).

Lever du rideau

Le roman *La fête des masques* met en scène deux grands thèmes de la littérature, l'amour et la mort, et leurs corollaires, la sexualité et la violence. Le corps, sur lequel s'appliquent ces thèmes, est au centre du récit. De là, Sami Tchak brosse un tableau à la fois réaliste et rebutant de la vie intime d'un des protagonistes, Carlos. Personnage androgyne à la sexualité déroutante, il vit avec son père, sa mère et sa sœur Carla, dans un pays aux contours imprécis, mais que l'on peut situer en Amérique latine. L'intrigue est tout est aussi simple que terrifiante : Carlos passe la journée chez Alberta, une femme de condition modeste, rencontrée la veille sur la plage. Celle-ci n'a vécu que des histoires décevantes avec les hommes, mais pense avoir trouvé en Carlos l'époux idéal. Malgré tout, la rencontre se révèle dramatique : après l'acte sexuel et suite à un malentendu, Carlos assassine sauvagement Alberta, comme pour se prouver à lui-même qu'il est un homme. Antonio, le fils d'Alberta, rentre à la maison et, témoin de la situation, déclare à Carlos qu'il doit mourir à son tour.

Le lecteur découvre dès lors, par l'intermédiaire d'Antonio, les motifs du crime. Ils s'enracinent dans la vie de Carlos, faite de violences et d'humiliations, et même de perversités commises par son père. Le tournant décisif et, d'une certaine façon, libérateur, est le moment où Carla, invitée à une réception du Président du pays (le Suprême), grime son frère en jeune fille pour l'accompagner. Carlos devient ainsi la séduisante Rosa. Par la suite, une relation homosexuelle potentielle se développe entre Carlos et le Capitaine, militaire qui, lors de cette soirée, avait jeté son dévolu sur la « jeune fille » gracieuse. Carlos s'appellera désormais, dans son nouveau rôle, Antinoüs, nom emprunté à l'amant de l'empereur romain Hadrien et sur lequel le Capitaine a rédigé une thèse de Doctorat. Enfin, Carlos, devenu Antinoüs, éveille aussi la convoitise du Suprême, homme travaillé par les mêmes tendances homo-érotiques que celles de son subordonné. Un soir, il se retrouve tête-à-tête avec lui. Dans l'extrait choisi, Carlos raconte à Antonio, son futur assassin, cette visite chez le Suprême.

En coulisses

Faisant preuve d'une grande liberté et créativité, Sami Tchak adopte pour *La fête des masques* une structure narrative complexe, à la fois originale et captivante. Très vite, le lecteur est envoûté par une phrase récurrente « Tu m'écoutes, Antonio ? », rappelant le contexte oral du récit rétrospectif fait de sa vie, et conférant au texte un rythme discontinu. Cette discontinuité du récit est accentuée par le dédoublement des narrateurs ainsi que par la variété des focalisations. Enfin, pour ajouter à la complexité de la construction du récit, l'auteur se livre à un véritable jeu sur les prénoms des personnages, très proches, presque interchangeables. Ainsi se fait-il jour une forte ressemblance entre les prénoms d'Antonio et d'Antinoüs, mais aussi une similarité entre ceux de Carla et Carlos, ce dernier n'étant que la version masculine du premier, et indiquant de cette manière le désir du jeune Carlos de s'identifier à sa sœur, de vivre comme elle pour devenir aussi puissant qu'elle. En partant de l'idée qu'un parallèle est recherché entre les prénoms, ceci reflétant une disposition psychologique spécifique des personnages, il reste encore à démontrer l'interconnexion entre Antonio et Antinoüs. La discontinuité, à tous les niveaux du récit, est captivante pour le lecteur dès les premières pages. À la fois observateur et confident, celui-ci est à l'écoute, attentif aux confessions perturbantes de Carlos.

La fête des masques

. Une expérience perturbante (lignes 1–5)

En introduisant une nouvelle anaphore « Je ne te dirai rien, Antonio », l'auteur brise brusquement le rythme habituel du récit qui était marqué par l'anaphore « Tu m'écoutes, Antonio ? » témoignant d'une intimité entre les deux personnages. Cette nouvelle anaphore annonce un point pivot, un revirement dans le rapport entre Carlos et Antonio. Et comme si cela ne suffisait pas, il épaissit le suspense en se servant d'une deuxième anaphore (« rien de… »), accentuée d'une légère gradation (« rien », « rien » et « et surtout rien »). Or, bien que l'importance de cette histoire-clé soit en quelque sorte soulignée à travers ces moyens stylistiques, le lecteur va-t-il en connaître les détails ? Est-il mis au courant de ce qui s'est passé entre Carlos et le Suprême lors de cette soirée à l'hôtel-palais ? La prétérition fait illusion et le narrateur préfère celer les détails de cette rencontre, alors qu'auparavant l'assassinat d'Alberta ou les actes de violence commis par le père de Carlos avaient été narrés de manière minutieuse.

Pourtant, ce premier passage reflète parfaitement l'agitation du jeune garçon Carlos face au Suprême. Celui-ci est présenté comme un homme à la fois puissant et ambigu, dont « la douce chaleur des mains ridées et tremblantes » a laissé une empreinte durable sur Carlos qui, confus, éprouve des sensations de tendresse mais en même temps de dégoût.

. Le tête-à-tête avec le Suprême (lignes 6–17)

Le souci de ne rien dire est soigneusement maintenu dans le passage du tête-à-tête, qui se dédouble de dialogues où les narrateurs s'entrelacent et se multiplient. Il y a d'une part Carlos qui s'adresse à Antonio, d'autre part la voix du Suprême dont les paroles sont rapportées à l'enfant Antinoüs qui était naguère Carlos. Cet entretien polyphonique évolue de façon paradoxale. Ainsi, une autre gradation reprise par l'anaphore « Je ne te dirais rien » (« Je ne te dirai strictement rien », « Je ne te dirai absolument rien ») figure la progression du rapprochement physique et intime entre Carlos et le Suprême. Plus les deux personnes se lient (compliment, invitation, partage du siège), plus le locuteur souhaite se taire au point de créer le cadre parfait pour la mise en scène d'un tabou. On a ici affaire à une possible rencontre homosexuelle entre deux personnages fortement opposés. Ils se distinguent à la fois par leurs conditions humaines, l'âge et l'apparence (« mains ridées et tremblantes » vs. « sublime », « jeunesse », « enfant », « adolescente ») et par leurs conditions sociales. L'un, tout-puissant, incarne le « chef d'une nation », tandis que l'autre, efféminé, est issu de « la boue ». Néanmoins, il existe un lieu secret, « suffisamment large » pour que les différences inconciliables puissent y être effacées. Ainsi, le « siège » du Suprême, métaphore du trône, et symbole du pouvoir politique, devient-il un refuge codifié pour l'union homo-érotique entre deux hommes, dont l'un est ici mineur. Par conséquent, ce tête-à-tête fait allusion à un tabou et ceci à deux niveaux. D'une part, il reflète une expérience révélatrice de la personnalité du jeune Carlos. Pour lui, désorienté par son propre malaise sexuel, le sujet de l'homo-érotisme reste un tabou à vie. D'autre part, l'on peut rattacher la réflexion au niveau individuel, par son ambivalence, au niveau politique où les rencontres homo-érotiques, voire pédophiles, secrets jalousement gardés, semblent occuper une place importante dans les plaisirs quotidiens des leaders du pays.

. Portrait d'un pays de dictature (lignes 18-22)

En réintroduisant l'anaphore « Tu m'écoutes, Antonio ? », la troisième partie de l'extrait met un terme à la parenthèse délicate du tête-à-tête entre Carlos et le Suprême, et introduit un long monologue sur une communauté évoluant dans un pays de dictature, dont les contours sont volontairement floutés. Carlos en tant qu'adulte y réfléchit sur le passé et l'origine de sa famille, mais surtout sur les conditions de vie au quotidien du peuple. La critique, en un langage imagé et puissant, dénonce le manque de liberté dont souffrent des populations qui ont « poussé, végété dans la boue » et ne cessent de gémir sous leur « handicapante tunique de victimes ».

Que donc sont devenus les hommes politiques et les militaires présents à la réception du Suprême et qui avaient adopté une « attitude servile », pour être agréables « à Carla dont la beauté ouvrait toutes portes du privilège ? ». En effet, le portrait du *leadership* est écorché, même fortement ébranlé. Le narrateur révèle une image fidèle de l'élite politique. Dans un style pamphlétaire, il l'accuse de se servir du peuple, d'exploiter ce dernier, impuissant devant sa position dominante. Ce faisant, le regard ébloui du jeune Carlos, transfiguré lors d'un premier bain de foule en Rosa, est remplacé ici par une voix d'adulte, forte. L'innocence silencieuse de l'enfant est subvertie en critique virulente d'un homme dont les yeux se sont dessillés au cours de la vie.

Le rideau tombe

On constate que le thème liant les trois parties du passage est relatif aux différents types de rapports de force, non seulement entre les classes sociales, mais aussi entre les sexes. Leur dénominateur commun est, invariablement, une relation de pouvoir entre des acteurs d'inégales natures. D'un côté, on assiste à la relation entre un homme politique et un mineur et de l'autre, on fait face à la relation entre deux classes sociales d'un pays politiquement déchiré. Ainsi Sami Tchak entremêle-t-il des relations qui se situent au niveau des individus et d'autres tissés au niveau du système politique. La domination sexuelle et la domination politique s'amalgament. On pourrait aussi noter qu'il démonte les mécanismes de l'abus de pouvoir en général, avec comme arrière-pensée que les rôles des acteurs puissent être interchangeables.

Cette idée est explicitée par une phrase-clé de cet extrait, qui rappelle la similarité recherchée entre les noms Antonio et Antinoüs : « Je ne te dirai absolument rien, Toni : "Il faut que tu le saches : ce n'est pas de mourir que j'ai peur, mais d'échouer couché à leurs pieds." ». Selon toute vraisemblance, Carlos s'adresse ici à Antonio qu'il appelle de manière inattendue « Toni », diminutif indiquant l'infériorité d'Antonio ravalé à son rang de mineur. De ce fait, le narrateur, donc Carlos, s'installe à la place du Suprême. Les rôles s'inversent et les voix se démultiplient : Carlos devient le Suprême, et Antonio, Carlos-Rosa-Antinoüs. Dans ce contexte, on peut même comprendre cette phrase comme une allusion au désir sexuel de Carlos pour Antonio. Par conséquent, la redistribution des rôles suggère que la relation entre le Suprême et Antinoüs est de même nature que celle existant entre Carlos et Antonio : elle est fondée sur l'équilibre des pouvoirs, tellement fragile, qu'il vire très facilement à l'abus de pouvoir. Les deux personnages, Carlos et le Suprême, partagent le même souci : se faire respecter par les autres : « Ce n'est pas de mourir que j'ai peur, mais d'échouer couché à leurs pieds ». Chacun des deux personnages pourrait avoir prononcé cette phrase. Tous deux cherchent l'approbation des autres, tous deux ont la même soif de pouvoir. Pour y arriver, le Suprême n'hésite pas à sacrifier la vie du peuple et celle de ses adversaires. De son côté, Carlos n'a pas hésité à tuer une femme pour se venger d'humiliations remontant à son enfance. Finalement, à bien lire et comprendre Sami Tchak, l'abus de pouvoir est une composante essentielle du comportement humain. Il est, universellement, une constante anthropologique.

L'absence de jugement

La Fête des masques suscite de l'inquiétude, voire de l'angoisse chez le lecteur, sensations provoquées par le style particulier de l'auteur. D'une plume aiguisée, trempée dans l'encre des bas-fonds de l'humanité et décrivant la condition humaine sans concessions, il analyse le monde des outrances et des vilenies entre hommes, entre femmes, entre hommes et femmes, pères et enfants, sœurs et frères, mais aussi entre les différentes couches sociales. Aussi, pour lui, aucune occasion n'est-elle perdue de mettre en scène les tabous : pédophilie, nécrophilie, inceste, etc.

Quel est le message transmis à travers cette exhibition de la démesure dans les mœurs, et de l'abus de pouvoir dans les relations humaines ? Vise-t-il à être compris comme un jugement moral ? Qui prononce « J'accuse » ? Plus l'écrivain dévide l'écheveau des dérives et obsessions pathologiques, plus il est inutile de chercher à saisir de façon irrévocable son intime conviction et sa foi. Il ne condamne pas, et ne stigmatise personne. Il ne signale même pas les limites entre le Bien et le Mal. En revanche, il décrit l'être humain avec une précision stupéfiante, en choisissant d'en recueillir la matière intime pour matériau de sa fiction. Pour lui, la réalité humaine doit être comprise à travers les comportements, et non à travers des catégories formelles comme le statut socioprofessionnel, l'appartenance sexuelle, etc.[2] Ainsi n'est-il plus question de réprouver les actes des personnages. L'auteur s'oriente plutôt vers l'amont des comportements, leurs motifs. Le Suprême parle d'une « éphémère satisfaction » qui lui paraît légitime face à son « lot quotidien ». Carlos nous est présenté comme un homme souffrant d'un complexe d'infériorité et d'une crise de masculinité ayant pour source son enfance, ce qui l'amène finalement à tuer Alberta qui – en quelque sorte – remplace Carla. L'auteur ne juge pas. Il expose des faits, et suggère leurs probables explications.

Dans *La fête des masques*, il portraiture les métamorphoses permanentes de ses personnages, le plus souvent à travers un corps hypersexualisé. De ce point de vue, toute réalité procède d'un univers instable et redoutable

---

[2]   Barry, 2009 : p. 68.

où tout est possible, le meilleur comme le pire. L'auteur présente la vie comme une perpétuelle « fête de masques » où chacun, à son passage sur scène, joue avec son identité. C'est là que Sami Tchak brise les tabous les uns après les autres et fait tomber les masques. Dans sa fonction d'écrivain et d'essayiste, il ose sonder l'être humain dans ses profondeurs les plus ténébreuses et, de ces fonds secrets, le révéler dans sa nudité la plus intégrale. C'est ce regard, aussi tranchant qu'un scalpel, et d'autant plus désarmant qu'il plonge dans la chair vive des élans sexuels et de la vie, qui fait de cet écrivain togolais certes un observateur pessimiste de la condition humaine, mais un auteur inoubliable.

Bibliographie

Anyinefa, Koffi : http://togolitteraire.haverford.edu/LE_TOGO_LIT TERAIRE/TCHAK,_S._(5).html.

Fattore, Daniel (Blog) de Daniel Fattore : *La fête des masques*, de l'amour et de la mort, http://fattorius.over-blog.com/article-la-fete-des-masques-de-l-amour-et-de-la-mort-39686962.html.

Mouralis, Bernard, « Discours du roman et discours social dans l'œuvre de Sami Tchak » : dans Barry, A. O., *Pour une sémiotique du discours littéraire postcolonial d'Afrique francophone*, L'Harmattan, Paris 2009, p. 57–75.

Ndombi, Loumbangoye, O. P., *Écriture du corps et mythe personnel de l'écrivain. Approche psychocritique de Place des Fêtes, Hermina et La fête des masques de Sami Tchak* (Introduction), 2016. https://tel.archives-ouvertes. fr/tel-01261061/document.

ATELIERS

A. UNIVERSITÉ DE BÂLE

Entretien avec ISABELLE CHARIATTE FELS

L'écrivain face à son œuvre – entretien avec Sami Tchak

Réalisé par Isabelle Chariatte (Maître d'enseignement à l'université de Bâle) le 27 avril 2016 lors d'une lecture publique donnée par Sami Tchak aux Basler Afrika Bibliographien (transcription par Natahlie Gloor, Nadège Kittel et Aurélie Fanta Yotégé).

Sami Tchak : Je n'ai pas l'habitude de lire mes propres livres devant un public. Je lis les livres des autres mais les miens… Ce n'est pas dans mes habitudes. Je me dis qu'il y a tellement de livres à lire, alors pourquoi perdre son temps à lire les siens… Le passage que je vais lire est tiré de *La couleur de l'écrivain* et est une présentation disons complète de ma personne.

Résumé d'un extrait de *La couleur de l'écrivain* (p. 17–19) : Sami Tchak raconte son histoire et ce dès les premiers jours de sa vie. Au huitième jour de sa vie, il a été baptisé par son oncle paternel, l'imam Issa Tcha-Koura qui lui donna le prénom d'Aboubakar. Son nom fut officialisé par trois stridences, puis trois scarifications sur les joues et sur le front. Étant né avec une tache et des cheveux blancs derrière la tête, sa famille tira rapidement la conclusion qu'il était la réincarnation de son oncle Sadamba, mort jeune. Dans son petit village natal, le patronyme Tcha-Koura renvoie à un territoire précis, à une vaste concession et une histoire que l'on pouvait raconter sur plusieurs générations. Aîné d'une fratrie très nombreuse, il est aussi l'héritier et le gardien de ce patronyme. Pourtant, après avoir signé de ce nom-ci ses deux premiers livres et vécu en France depuis 15 ans, il se fabriqua une identité de plume pour devenir Sami Tchak ; chose en soi banale, mais absolument pas aux yeux de son père pour lequel il avait commis un crime. C'est en 2000 qu'il l'apprit, s'étant rendu à Sokodé afin de voir son fils présenter ses œuvres à la télévision.

Il fut impatient de voir son fils, jusqu'à ce qu'il entende annoncer de la bouche du journaliste son fils… Sami Tchak ! Il le vécut très mal, lui rappelant alors que son oncle avait lui-même choisi ce prénom dans le Coran, que ce prénom, c'est donc celui de son grand frère qui est revenu en lui, mort sans avoir eu le temps de porter des cheveux blancs et qui l'a envoyé sur terre pour les porter à sa place. Pour son père, il avait jeté à la poubelle son identité pour devenir « Sami Tchak », nom qui ne signifie rien, ni pour lui-même, ni pour son père, encore moins pour leur village, sa « seule terre de vérité ». Le jeune écrivain avait jeté son nom à la poubelle et donc jeté sa vérité pour s'habiller de mensonges.

Isabelle Chariatte : Quelles ont été les étapes les plus importantes du parcours de Sadamba Tcha-Koura à Sami Tchak ?

Sami Tchak : Disons que, comme je le dis toujours, je ne suis pas juste l'aîné d'une famille, j'étais l'héritier de la forge de mon père. Mon père était forgeron ce qui compte beaucoup pour mon ethnie, pour ma société, pour notre culture. Peut-être que ce que mon père n'a pas compris, c'est qu'il y a eu un désir à un moment pour moi de me remettre au monde. Ce n'est pas de jeter ou de rejeter mes origines, ma culture, ma société, mais de me défaire du poids d'une histoire que je ne portais plus. J'étais l'incarnation de son frère, mais je n'y croyais plus tellement, et ce n'est pas de ma faute. J'y ai cru quand même jusqu'à l'âge de 26–27 ans. Il y a un passage dans *L'ethnologue et le sage* où l'imam dit à l'ethnologue que les Blancs cherchent et veulent toujours dire toute la vérité, et de cette manière tuent la beauté de la nuit. Moi, depuis mon enfance, j'ai toujours cru que j'étais la réincarnation de mon oncle. Le premier médecin que j'ai rencontré à Paris, en tant qu'étudiant, m'a demandé : « C'est quoi, ça ? » (en pointant du doigt une partie blanche de mes cheveux), ce à quoi je lui ai répondu que j'étais né avec. « Même votre peau ici est aussi blanche que les cheveux. Vous l'avez échappé belle, car c'est de l'albinisme partiel. Vous avez failli être albinos. Il n'est pas impossible que vous transmettiez de tels gènes à vos enfants. » Je n'ai pas rapporté à mon père ces propos qui auraient provoqué un séisme beaucoup plus grand que mon pseudonyme. Ce jour-là, ce médecin avait tué tout ce que je portais en moi : la croyance que j'étais la réincarnation de quelqu'un que je n'avais pas connu. Je me rendais compte que j'avais failli être albinos. Et comme je connais le destin terrible des albinos, je me suis dit que ce médecin aurait mieux fait de garder pour lui sa vérité et me laisser la mienne, celle qui me faisait croire que j'étais la réincarnation de quelqu'un. Depuis ce jour-là, je sais que je ne suis plus réellement

Sadamba. Et c'est aussi cela qui m'a donné la possibilité de renaître à ma manière. Sami Tchak est une façon pas très éloignée de porter mon nom, mais de le modifier à ma manière, puisque Tchak est l'abréviation de Tcha-Koura, je ne m'en suis donc pas tout à fait éloigné. C'est Sadamba, qui comporte l'idée que j'étais la réincarnation de quelqu'un, que j'ai laissé de côté. J'ai gardé le « s » du début pour devenir Sami.

Isabelle Chariatte : L'écrivain Sami Tchak que vous êtes devenu a par la suite été couronné du « Grand Prix littéraire de l'Afrique Noire » pour le roman *La fête des masques* (2004). Ce qui est particulièrement intéressant dans ce roman, c'est qu'en tant qu'écrivain africain, si l'on peut utiliser cette catégorie, vous le situez, comme une grande partie de vos romans, en Amérique latine. Vous mettez en scène sans gêne les grands tabous de la société, vous décrivez avec précision la violence dans les rapports humains et vous dénoncez le dysfonctionnement de la politique et des gouvernements.

Sami Tchak : *La fête des masques* a une dimension politique. Il se situe au cœur du trouble de l'identité sexuelle d'un personnage, le fils d'une famille pauvre qui a fini par développer une sorte de complexe à l'égard de sa sœur dont la beauté attire les plus puissants de son pays et qui fait de tous ses ministres ce qu'elle veut. Par son corps, elle a réussi à intégrer ce que l'État avait de plus puissant. Lui, que son père considérait comme un homme raté, a fini par faire sienne une identité qui était celle de sa grande sœur. Il va à un moment passer de ce trouble à une réalité qui le conduira à quelque chose de sacré, un meurtre. Je ne donne pas tous les détails, mais ce meurtre est essentiel dans le roman, car il va révéler son trouble identitaire à partir d'un malentendu : le héros croyait entendre encore son père qui lui niait sa qualité d'homme. Alors, non seulement il commet un meurtre, mais il fera la rencontre décisive de sa vie, c'est-à-dire la rencontre avec le fils de celle qu'il a tuée. Ce fils qu'il avait déjà rencontré par hasard et à qui il avait donné cent dollars américains. La tragédie veut que lorsque le fils revient, il trouve le héros avec sa mère qu'il a tuée et auprès de laquelle il est resté. Il lui dit tout naturellement, avec toute l'affection qu'il peut avoir pour l'assassin de sa mère, qu'il est obligé de le tuer et lui demande très gentiment de l'attendre là puisque, avec les cent dollars qu'il lui avait donnés, il ira acheter la machette qui lui permettra de le tuer. La tragédie dans ce roman, c'est que ce personnage l'attend et c'est au moment où l'on va parler réellement de la mort que l'on va voir un amour pratiquement sacré entre deux personnages.

Dans ce roman, l'un des aspects les plus importants pour moi est le peuple. J'avoue que j'ai un petit problème avec ce que l'on appelle le *peuple*. Le romantisme à l'égard du peuple m'a toujours un peu surpris. On a plus ou moins l'impression que quand on est pauvre, on est porteur de vertus particulières. Cela m'a toujours surpris. Le peuple est le lieu de tous les défauts, de tous les vices possibles, comme l'élite est le lieu de tous les défauts et de toutes les vertus possibles. À un autre moment du roman, on assiste à la progression d'une famille, de rien du tout vers une arrogance que ceux qui sont nés héritiers n'ont pas nécessairement. S'il y a quelque chose de plus arrogant dans la société, c'est bien celle des parvenus. Ici, c'est l'histoire de parvenus que l'on raconte, comment des gens que l'on dit « du peuple » peuvent accéder grâce à des moyens détournés à une position de privilège et se montrer plus odieux qu'on ne le pense possible quand on dit *peuple* avec un certain romantisme.

Résumé d'un extrait de *La fête des masques* (p. 79–81) **:** Carlos décrit rétrospectivement à Antonio, le fils d'Alberta, une soirée passée en compagnie du Suprême, le président d'un pays qui n'est pas nommé et de ses rapports qu'il a eus avec lui. Son discours témoigne de l'ascension du parvenu, ses mots étant ceux d'une personne née dans la pauvreté qui a réussi, en utilisant sa sœur, à se hisser vers le haut. Il raconte qu'ils sont nés et ont grandi dans la boue du peuple. Leur père était juste un homme du peuple qui enviait les autres et appelait la colère de Dieu contre ceux qui abusaient de leur pouvoir. Ce père avait l'âme d'un révolutionnaire impuissant, avec sa pauvreté comme vertu ; il a même réussi à convaincre certains à se battre pour un monde plus juste. Mais le personnage ne s'intéresse pas à ce genre d'idées, il est fasciné par le fait que sa sœur les a tirés de cette situation, du bas de l'échelle vers des hauteurs vertigineuses. Ce nouveau statut, qui lui permet de côtoyer son Excellence, des ambassadeurs et des consuls, le pousse à jeter sur son environnement un regard hautain.

Isabelle Chariatte : À travers l'ascension de ce parvenu, vous critiquez, en recourant à des termes très violents, l'abus de pouvoir exercé par le gouvernement et l'injustice de la situation sociale. L'abus de pouvoir et la transgression se situent-ils à tous les niveaux de la société ? Ou pourrait-on dire que les vices des classes supérieures se répercutent sur celles qui sont inférieures ? La classe sociale supérieure sera-t-elle exemplaire – ou justement pas – pour les autres couches de la société ?

Sami Tchak : Je ne pense même pas que ce soit l'abus de pouvoir de la classe dominante qui se répercute sur toute la société. Je considère plutôt l'abus de pouvoir comme une possibilité inhérente à tout humain. Prenez n'importe quel échelon de pouvoir. À tout moment, l'abus de pouvoir est une tentation ; et il devient même très souvent une réalité. Que ce soit dans les établissements scolaires, chez les techniciens de surface ou au niveau d'une entreprise, partout il y a cette même tentation d'abuser du pouvoir qui vient de l'illusion que cet abus ne nous coûte rien. Quand il y a un pouvoir suprême qui en abuse de façon ouverte, la tentation devient beaucoup plus grande chez le peuple, dans la mesure où l'exemple est donné par le haut. Chaque personne qui accède à quelque chose qui la rapproche du haut a plus ou moins le comportement du haut. Les personnes dont je parle, qui sont parties de rien du tout et qui parviennent à ces privilèges grâce à la prostitution de la fille aînée de la famille, ont quand même à un moment des comportements beaucoup plus révoltants que ceux du pouvoir. L'abus de pouvoir a quelque chose de relativement abstrait, mais quand les parvenus abusent du pouvoir, cela se fait dans des choses très concrètes. Plus tard dans le texte, par exemple, on trouve un passage emblématique de l'abus de pouvoir. Raoul, ce père pauvre qui accède aux privilèges de l'État grâce à la prostitution de sa fille, est devenu un grand monsieur ; il a une voiture, est devenu le *suprême* de son quartier et un jour, il écrase la chienne de sa voisine en rentrant chez lui. Alors, il appelle sa voisine pour qu'elle vienne laver les roues de sa voiture que sa chienne écrasée a salies. C'est cette sorte de vulgarité que l'on retrouve dans l'abus de pouvoir des parvenus. Les classes dominantes, elles, abusent visiblement avec une certaine élégance.

Isabelle Chariatte : Les thèmes abordés dans vos romans situés en Amérique latine peuvent être transposés à d'autres contextes, d'autres pays ou continents. Avec le roman *Al Capone le Malien*, nous accompagnons de la Guinée au Mali le journaliste français René qui veut faire un reportage sur le Sosso-bala, un balafon plusieurs fois centenaires. Son périple et ses rencontres permettent d'aborder le thème de l'escroquerie des *feymen* dans l'actualité la plus récente, mais aussi de retracer l'histoire précoloniale, des Indépendances et postcoloniale de la Guinée.

Sami Tchak : Un des personnages principaux d'*Al Capone le Malien* est Namane Kouyaté, le *dyeli* – le maître de la parole. Je préfère le terme *dyeli* à celui de « griot » que je trouve péjoratif, *dyeli* est beaucoup plus beau. Namane est diplomate, historien et aussi le gardien du balafon sacré, le Sosso-bala, fabriqué au début du XIIIᵉ siècle dans le Royaume de Sosso. Depuis environ huit cents ans, le balafon est toujours là et fonctionnel, si bien que l'UNESCO l'a classé comme patrimoine immatériel de l'humanité. On peut encore aller le voir aujourd'hui, et surtout écouter les notes qu'il peut égrainer. Namane Kouyaté donc, qui n'est plus vivant, mais qui a réellement existé, s'en occupait. Dans le roman, il va accompagner le jeune journaliste à Niagossola où est gardé le Sosso-bala, il se présente à lui donc comme gardien d'une longue tradition, mais aussi comme citoyen engagé pour son pays, la Guinée.

Résumé de l'extrait d'*Al Capone le Malien* (p. 21–24) : Namane explique à René la raison pour laquelle il se bat pour la reconnaissance mondiale de leurs vieilles traditions, comme celle du Sosso-bala. La raison est liée à son devoir de citoyen et à la foi qu'il a en son propre pays. Malgré l'histoire tourmentée de son pays, il a soutenu le régime. Sans cela, il n'aurait jamais possédé les choses qu'il a aujourd'hui. Pourtant, d'après lui, il n'est pas tombé trop bas, bien que les occasions aient été présentes. Il aurait soutenu même le plus ridicule des régimes parce qu'il croit profondément en son devoir de citoyen. Namane dit être convaincu que même sous les pires dictateurs, il faut continuer à soutenir son pays. Bien que conscient des horreurs du régime, il est intimement convaincu que la fuite n'est pas la solution, et que son devoir en tant que Guinéen qui aime son pays est d'y rester et de le servir.

Isabelle Chariatte : Dans ce passage, l'Histoire de la Guinée après son indépendance est retracée dans ses grandes étapes. Mais, le dysfonctionnement du gouvernement est dénoncé par des métaphores violentes. La parole de Namane témoigne à la fois d'une critique de la société et d'une vision engagée. Il s'engage pour son pays tout en le critiquant. S'agit-il ici uniquement de la voix du personnage Namane ou est-ce celle de l'écrivain qui transparaît ? Que dire de la fonction de l'écrivain par rapport à la critique du dysfonctionnement de la politique ?

Sami Tchak : J'ai toujours eu un problème – que je n'ai toujours pas résolu – avec beaucoup d'écrivains africains qui prennent cette posture de l'être parfait, de critique, d'observateur extérieur qui ne doit jamais se mêler de politique, puisqu'il est contre le système. J'ai une admiration pour un autre coin du monde, l'Amérique latine, où beaucoup d'écrivains ont trempé dans ce que les systèmes avaient ou ont de plus horrible. Ces systèmes ont été plus violents que ce qu'on connaît sur le continent. L'Argentine, le Chili, le Mexique ont vécu une énorme violence. Cela n'a pas empêché ces pays de donner des écrivains hommes politiques. On peut citer la première femme qui a remporté le prix Nobel dans cette partie du monde, la Chilienne Gabriela Mistral. Elle était diplomate. Pablo Neruda aussi, même s'il est devenu critique après. Miguel Ángel

Asturias était diplomate et a eu son prix Nobel lorsqu'il était à Paris à l'ambassade du Guatemala. Octavio Paz a été diplomate jusqu'à sa retraite, au Mexique. Carlos Fuentes, lui aussi, a été diplomate jusqu'à sa retraite. Le dernier prix Nobel de ce coin du monde a été battu, ce qui est quand même une honte, au second tour des présidentielles du Pérou, par l'obscure Fujimori dont la fille aurait failli devenir présidente récemment.

Ce que Namane montre, c'est qu'à un moment, dans la construction des pays ou des nations qui sont aussi jeunes, notre devoir a plus d'importance que notre âme. Il faut bien que certains se salissent les mains et vendent leur âme pour que des nations aussi jeunes puissent se construire. Nulle part on a construit des nations dans la justice, sans abus, avec ce qu'on appelle la démocratie. La démocratie ne permet de construire aucune nation. On construit des nations dans le sang, dans l'injustice, dans les abus. C'est parce que quelques personnes, quelques familles ont conservé, monopolisé des biens et mis le peuple au service d'un idéal qui ne les regardait même pas, qu'on a pu aujourd'hui avoir des nations qu'on admire et qui sont devenues comme des modèles et dont certains symboles nous font du bien – nous les filmons – sans plus nous demander ce qu'ils ont coûté au peuple. Je prends un exemple de notre France : le château de Versailles. On ne se demande plus combien de milliers de personnes sont mortes pour le construire. Mais s'il n'y avait pas eu des gens pour faire mourir du peuple des milliers de personnes pour qu'on construise le château de Versailles, la France n'aurait pas eu ses symboles qui lui auraient permis de se construire comme nation.

Ce que Namane dit est ma profonde conviction. Si j'avais vécu au Togo, je n'aurais pas nécessairement hésité à intégrer un gouvernement, avec l'idée que de toutes nos turpitudes naîtraient peut-être un jour une nation qui nous aurait oubliés. Pour moi, comme je le dis beaucoup plus clairement dans *La Fête des Masques*, les symboles qui représentent nos nations sont beaucoup plus importants que nos petites vies. Il y a des milliards de gens qui meurent et on n'en a pas nécessairement conscience. Des gens meurent tous les jours, mais ce qui va peut-être rester et qui fera la fierté, ce sont les symboles autour desquels ils construisent leur identité collective. Namane est convaincu qu'on doit servir une nation même quand elle est injuste, même quand il y a des abus comme en Guinée. Namane aurait même servi Dadis Camara, qui était une vraie caricature. J'ai la profonde conviction qu'il faudrait sortir de l'idée d'être simple observateur et critique. On peut aussi se frotter à cette réalité, en espérant que cela serve à quelque chose, peut-être pas dans l'immédiat, mais plus tard.

Isabelle Chariatte : À leur façon très particulière, les *feymen* s'engagent pour leur pays, bien qu'ils soient de grands escrocs au niveau national et international. S'ils servent leur pays par une grande générosité, ils financent par exemple l'équipe de football nationale pour les championnats du monde, ce sont aussi des escrocs mêlés à toutes sortes de trafics de drogues, d'uranium, de prostitution. Comment comprendre ce phénomène ?

Sami Tchak : Le feyman Al Capone est un jeune Camerounais qui a fait des études de philosophie et qui, comme on le voit dans la suite du texte, a même la possibilité d'aller faire des études aux États-Unis avec une bourse. Cela fait que, pour quelqu'un qui a fait des études de philosophie et qui est très rationnel, aller faire des études de philosophie quand on est dans un pays où des escrocs ont réussi et sont devenus des êtres aussi respectés et respectables, ce serait une perte de temps. Donc, très intelligent et philosophe à sa manière, il va choisir le meilleur chemin, c'est-à-dire entrer dans le monde de la feymania.

Résumé de l'extrait d'*Al Capone le Malien* (p. 187–190) *:* Al Capone raconte au journaliste français René sa naissance en tant que feyman. À l'âge de 23 ans, un diplôme de philosophie en poche, il avait l'intention d'aller étudier aux États-Unis grâce à une bourse dont il avait bénéficié. Pourtant, comme la majorité des jeunes Camerounais, il était, lui aussi, fasciné par Donatien Koagne, le « grand Maître » parmi les feymen, dont il allait faire la connaissance. Il avait en effet pris la décision de devenir l'un de ses disciples, ayant compris que ses diplômes ne lui serviraient à rien et qu'il ferait mieux d'utiliser son intelligence et sa lucidité pour devenir un feyman à son tour, ce qui lui permettrait d'avoir une vie prospère. Il décrit Donatien, l'attirance et la fascination qu'il exerce sur les gens qui le suivent ainsi que les manières extravagantes qu'il déploie. Tous les moyens sont bons pour montrer son argent et son influence. Al Capone le considère comme un dieu et ne voit pas en lui l'escroc. Il compare sa vie à un mythe qui inspire les jeunes, étant pour eux un véritable modèle. Aux yeux d'Al Capone, Donatien est d'une exubérance inégalée, loin de toute banalité et incomparable aux autres feymen, ce que même les journalistes les plus talentueux n'ont pas réussi à comprendre.

Isabelle Chariatte : Ce passage présente l'entrée du protagoniste dans le monde de la feymania. Celle-ci prend l'allure d'une initiation accompagnée d'une dimension quasi religieuse. La fascination pour ce phénomène est exprimée très clairement à travers le vécu du personnage d'Al Capone. Toutefois, le roman rapporte également des voix plus objectives et critiques, notamment de journalistes ou de la politologue Dominique Malaquais, citée à plusieurs reprises. Cela mène à une représentation ambigüe des feymen qui, d'une part, fascinent et d'autre part, sont dénoncés comme escrocs.

Sami Tchak : Je pense que Donatien Koagne, tout particulièrement, a attiré les jeunes grâce à sa réussite. Quand on voit revenir chez lui, avec un Falcon 50 privé, un homme dont tout le monde connaît les origines modestes, il y a de quoi être fasciné. Ce n'est pas l'escroquerie en elle-même qui est fascinante, mais la réussite qu'elle lui a garantie. Il est vrai qu'avant lui, il y avait des escrocs au Cameroun, mais on n'a pas vu une réussite aussi éclatante que la sienne. À partir du moment où les jeunes ont vu cet homme comme modèle et où il passait à la télévision pour offrir à l'équipe nationale de football du Cameroun cent millions de francs CFA pour sa participation au mondial aux États-Unis, beaucoup de jeunes ont vu en lui leur maître. La fascination pour les escrocs est un phénomène universel. Ce n'est pas nouveau, cela s'est passé avec le vrai Al Capone aux États-Unis qui a attiré beaucoup de personnes. On peut parler de Pablo Escobar en Colombie, ou de Naples où l'on voit beaucoup de jeunes sur leur moto, attirés par la Camorra. L'escroquerie, quand elle atteint un certain niveau, devient une religion, elle est sacrée. Elle a ses dieux, ses rites, ses maîtres, comme dans toute société plus ou moins fermée. Elle fascine par son caractère international mais aussi par la dimension politique qu'elle prend sur le plan national. Les jeunes au Cameroun ont vu, ils sont témoins de la façon dont l'État camerounais protégeait cet escroc, dont il était devenu un intouchable. Je le dis dans le roman, quiconque osait toucher à Donatien Koagne, pour quelque raison que ce soit, connaissait une punition immédiate. Un commissaire s'est fait limoger, tout simplement parce qu'il l'avait mis en garde à vue à la suite d'une affaire sombre qu'il voulait élucider. Il avait touché à un dieu que même l'État vénérait. Il en a été puni. Les jeunes sont aussi fascinés par ce pouvoir qu'il avait acquis, le pouvoir qui fait qu'il était devenu à lui seul l'égal de l'État, ou bien le dieu que l'État lui-même vénérait. Quand on est jeune au Cameroun et qu'on voit cet homme parti de rien qui s'autoproclame roi du Cameroun – alors que le Cameroun n'est pas un royaume, et que Nelson Mandela élu président l'invite comme roi du Cameroun pour qu'il se retrouve à sa droite, il y a de quoi fasciner les jeunes. Ce n'est pas avec un diplôme en philosophie, économie ou agronomie qu'on arriverait à ce rayonnement mondial, et surtout à entrer dans la lumière de Nelson Mandela. Donatien a quand même acquis, grâce à quelques symboles, l'image d'un dieu parce que sa réussite n'était pas limitée au Cameroun. Elle était devenue, aux yeux de beaucoup de jeunes, une réussite mondiale. Comme Al Capone le dit, l'exubérance de Donatien fascinait.

Isabelle Chariatte : Cette fascination est par ailleurs accompagnée de magie ou de pouvoirs magiques mis en scène, comme vous le retracez à plusieurs moments du roman.

Résumé de l'extrait tiré d'*Al Capone le Malien* (p. 194) *:* Al Capone raconte une soirée passée aux côtés de Donatien Koagne et décrit le tour de magie que ce dernier avait effectué dans un restaurant chic. Il brûla un billet de mille francs et souffla sur les cendres pour faire apparaître une multitude de billets de cent dollars neufs qui tombèrent sur la table. Il fit ensuite disparaître le tout en criant « Stop ! » et en tapant dessus.

Isabelle Chariatte : Il y a également un autre tour de magie dans le livre…

Sami Tchak : Oui, comme le pigeon blanc qui sort de la bouche d'Al Capone. Je pense que dans toute religion, il faut des miracles. On demande aux morts de se lever pour marcher, on fait des tours. Certains miracles sont authentiques, d'autres sont fabriqués de toutes pièces, mais toute religion a besoin de miracles pour que les croyants voient par eux-mêmes. On est dans une dimension – disons – suprahumaine. Et les feymen avaient réellement intégré cette dimension-là. Ils recouraient à la magie pour s'enrichir. Leurs tours étaient très bien rodés. Si vous êtes riche, par exemple, ils vous diront : « Vous nous donnez 500'000 euros et nous, on multiplie votre argent par deux et vous aurez par magie un million. » Comment se fait-il que des gens aient donné de l'argent à ceux qui avaient la capacité de multiplier de l'argent, mais qui ne multipliaient pas pour eux-mêmes ? C'est tout simplement parce qu'il y avait une dimension magique. Ils ont trouvé une astuce très simple : ils utilisaient un liquide chimique qui avait la capacité de faire fondre du carbone. Ils enroulaient des billets de banque dans ce papier carbone et les mettaient dans des seaux. Ensuite, ils demandaient à la personne de bien observer le phénomène : ces carbones allaient se transformer en argent. Donc, le carbone est dans le seau, la victime, ou l'heureux élu, ne voit pas qu'ils ont ajouté un certain liquide et au bout d'un moment, le carbone a fondu et on récupère uniquement des billets de banque. « Ces gens sont forts. Ils ont réussi à transformer du carbone en argent. » C'est sûr que même si vous êtes égoïstes, chacun a des amis. « J'ai donné 500 000 et je reçois 1 million ». Il y a des amis riches à qui on va alors dire : « Ces gens-là sont forts parce que pour moi, ils l'ont fait, chez moi, ça a marché, je vous l'assure. Et quand je suis allé à la banque, les billets étaient authentiques. Tu devrais les appeler. » Le problème c'est que puisque pour 500'000 ça a marché, d'autres vont donner 1 million, deux millions, et pas seulement les dictateurs africains, car c'est très facile de les escroquer eux. Même moi, j'aurais fait ça. Mais le meilleur coup de Donatien Koagne, c'était un homme d'affaires japonais qui a été assez intelligent pour lui donner 5 millions de dollars. Quand même ! Parce qu'il lui a promis de les lui transformer en 20 millions. Le problème c'est qu'il ne les a jamais transformés ! Le Japonais, c'est bien pour cela que je dis qu'il est intelligent, ne va pas aller se plaindre, parce que cela prouverait qu'il a été cupide au point de donner de l'argent à un escroc camerounais pour qu'on le lui multiplie. Ceci fait quand même un peu honte et il n'a rien dit. Ce sont les journalistes qui ont découvert cette histoire du Japonais. Il y a eu beaucoup de victimes sur le continent africain, en France, jusqu'au Japon et même quelques généreux Yéménites ont, eux aussi, été victimes de ce tour de magie qui marche pour les uns, et échoue pour les autres. Les feymen ont fait leur fortune grâce à ce qu'ils appelaient eux de la magie.

Isabelle Chariatte : Dans ce monde fait de magie, d'escroquerie et de luxe, vous entremêlez d'autres sujets polémiques, très éloignés de ceux-ci. Dans un passage vos personnages digressent la définition de la littérature africaine.

Résumé d'un extrait *d'Al Capone le Malien* (p. 160–162) : Namane critique la littérature africaine qu'il considère incapable à rendre la complexité et la féérie du quotidien africain. Les écrivains africains se vendent le plus souvent aux critiques blancs et ne parviennent ainsi pas à donner un ancrage culturel et une âme à leurs écrits. Un écrivain authentique écrit dans la langue de son peuple et entre en communion avec lui. Cela n'est pas possible dans une langue d'emprunt, comme c'est le cas pour la majorité des écrivains africains. La profondeur et la beauté de la littérature naissent seulement de l'âme d'une culture qui s'exprime dans la langue. L'écriture est ainsi une étape décisive dans l'humanité et si l'oralité est le propre de l'homme, elle est devenue actuellement un grand handicap.

Isabelle Chariatte : Ce passage relève l'ambiguïté du statut de la littérature africaine par rapport aux autres littératures. Les langues d'emprunt de cette littérature, comme le français, l'anglais ou le portugais, empêcheraient la naissance d'une littérature exprimant l'âme de l'Afrique. Entendons-nous ici la vision de Namane ? Ou entendons-nous la voix de l'écrivain qui transparaît à travers un personnage ?

Sami Tchak : Il s'agit ici d'une vision que je reprends dans *La couleur de l'écrivain*. Je suis convaincu que nous sommes dans une situation presque unique dans l'histoire de la littérature du monde. Un continent entier a comme littérature la plus visible celle écrite dans d'autres langues, dans des langues d'emprunt. Même si elles sont arrivées en Afrique par l'Histoire, ce sont des langues d'emprunt. Mais chaque fois qu'on soulève ce problème, des exemples seront cités : Conrad a écrit en anglais, c'était un Polonais. On va citer Emil Cioran, un Roumain. Bon ! La question n'est pas que des Roumains puissent aussi écrire en français. Puis, la proximité culturelle entre la Roumanie et la France n'est pas une illusion. Elle est vraie. Il y a une Histoire entre ces pays, au moins culturelle. On va aussi citer Beckett, mais notre situation d'écrivains africains n'a rien à voir avec Beckett qui écrit en français.

Nos littératures les plus visibles sont en français, en portugais, en espagnol et en anglais. Cela ne signifie pas qu'il n'y a personne qui écrive dans nos langues. Bien que dans certains pays, on puisse trouver des poètes ou des romanciers qui écrivent dans leur langue, cela ne compte pour presque personne. Nous sommes non seulement dans la situation d'écrire dans la langue du colonisateur, mais aussi presque, je ne vais pas être trop catégorique sur ce point, les seuls dont l'approbation au niveau de nos œuvres se passe à l'extérieur. On considère cela comme normal. Nous avons une dépendance tragique de Paris. Nous sommes publiés à Paris, pour ceux d'entre nous qui sommes les plus visibles, nous sommes lus à Paris. Ce sont les journaux parisiens qui nous choisissent ou ne nous choisissent pas. À aucun moment, on ne peut considérer cette situation idéale pour un écrivain. Comme je le dis, contrairement à ce que les gens croient parfois, on va entendre : nul n'est prophète chez lui. Dans le domaine de la littérature, on est d'abord prophète chez soi et accessoirement prophète ailleurs.

Dans *La couleur de l'écrivain* où je reprends ce développement, je cite Modiano qui n'était alors pas encore prix Nobel. J'ai cité Modiano pour une bonne raison. Il n'est pas si connu hors de France. Mais en France, par contre, il est l'écrivain que tout le monde attend. On commente sa façon de parler, sa façon de chercher sa phrase suspendue en l'air. C'est parce que Modiano est en communion avec son peuple. Même si on ne parlait pas tant que cela de lui hors de France. Je dis la France lui suffit pour son éternité provisoire. On ne sait jamais combien de temps cela va durer...

Nous, écrivains africains, n'avons pas cette réalité-là, cette authenticité-là. Quand nous écrivons, nous ne sommes pas dans un dialogue avec notre peuple. Cela ne signifie pas nécessairement qu'on soit lu par des millions de gens dans notre langue et dans notre pays. La communion d'un peuple se fait par exemple avec la façon dont les personnes qui ne nous ont pas lus s'identifient à nous, parce que nous avons représenté quelque chose pour eux. C'est ce qui s'est passé, par exemple, pour Tolstoï, quand ce vieux choisit d'aller mourir dans une gare par la neige. Les paysans qui affluent par milliers pour venir voir le corps de Tolstoï n'étaient pas ses lecteurs. Ils sont venus, parce que Tolstoï représentait quelque chose. C'est cette vérité-là, qui nous semble inaccessible peut-être même quand nous sommes plongés dans notre réalité. Le fait d'écrire dans une autre langue nous coupe d'une certaine manière d'une partie authentique de cette réalité. S'il n'y avait que quelques-uns d'entre nous qui écrivaient dans les langues occidentales, ce ne serait pas un problème. Mais que toutes nos littératures se fassent ou ne soient visibles que dans ces langues-là, c'est un problème. Et ce problème-là, je sais qu'il ne sera pas nécessairement résolu d'aussitôt. C'est sûr. Nos littératures seront toujours dans une sorte de relation verticale où les centres de promotion nous considèrent – sans le dire ouvertement – comme mineurs. Parce que nous ne sommes pas dans un contexte authentique de production esthétique, ni dans un contexte authentique autonome de diffusion de nos imaginaires.

Nous restons des hôtes mineurs aux yeux des autres qui nous le disent parfois ouvertement. Je le rappelle dans *La couleur de l'écrivain* quand une femme française me dit, lors du Salon du livre à Sablon, qu'elle entend que les écrivains africains vont révolutionner la littérature française. Mais quel auteur africain révolutionnera la littérature française ? Elle pense que les meilleurs hôtes de cette littérature-là, c'est l'Europe qui les a fournis. Elle a quand même l'honnêteté de dire qu'en fait, elle n'a jamais lu un seul auteur africain, mais qu'elle n'a pas besoin de les lire pour le savoir. Elle le sait et voilà. Et j'ai aussi cité quelqu'un, paix à son âme, qui est mort. C'est l'écrivain Jorif qui parlait de sa démarche : aller chercher l'ancien français, là où il se trouve dans le dictionnaire, chez les Québécois ou les auteurs de la créolité. On ne lui a rien demandé, une fois qu'il a dit cela, il aurait pu se taire. Parmi les présents, il y avait Alain Mabanckou, récemment au collège de France, mais qui était alors un écrivain pas plus connu que ceux qui étaient là, Henri Lopes et moi-même. On ne lui a vraiment rien demandé et il dit : « Dans ma démarche, je ne sais pas ce que les écrivains africains peuvent m'apporter, dans la mesure où, puisque j'ai fait un travail sur la langue, je ne vois pas ce que je peux trouver dans ce que les écrivains africains écrivent. » Dans *La couleur de l'écrivain*, je cite son style. C'est vrai que quand un écrivain écrit comme cela, je ne vois pas ce qu'un écrivain africain peut lui apporter. C'est vrai, mais à un moment, on sent cette agression, puisqu'on ne lui a vraiment rien demandé. Pourquoi estime-t-il nécessaire après avoir expliqué sa démarche de nous dire que nous ne lui apportons rien. Mais, le pire n'était pas là. Le pire c'est qu'après nous avoir dit cela, quand le débat était fini, au moment où chacun a repris sa place derrière sa pile de livres, on voit Jorif, très gentil, qui nous a dédicacé à chacun deux de ses titres. C'est-à-dire « lisez-moi et vous comprendrez. » Il nous a imposé la lecture de ses livres. Il n'a eu besoin d'acheter le livre d'aucun d'entre nous. Nous voyons donc que même un écrivain français de quatrième zone a cette conviction que par rapport à un écrivain africain, il est peut-être Dante ou Homère. Là se situe le problème. Les gens nous relèguent dans l'Histoire qui nous a faits et se confondent avec la nation qui nous a dominés pour penser que de toute façon, ils sont au-dessus de nous. Nous pouvons nous mettre en colère, mais nous ne quitterons pas cette relation de dépendance. En tant qu'écrivains, surtout francophones, pour le moment, nous vivons à Paris ou nous sommes morts.

Dans les universités, il y a néanmoins de plus en plus de départements d'études francophones. Il m'est arrivé d'assister à des soutenances de thèse sur mes écrits. L'apparition des études francophones est un phénomène qui est venu en France des universités d'Amérique du Nord, des États-Unis et du Canada, où ces littératures sont très étudiées. À un moment, il y a un retour en France. Donc, les universités s'intéressent de plus en plus à ces littératures, mais pas nécessairement le public. C'est la grande différence. Même dans les villes où les départements de littératures africaines existent, ce n'est pas aussi simple de trouver les livres et les auteurs africains dans les librairies. Parce que le public, le grand public, n'est pas nécessairement au courant ni intéressé par ces littératures-là. Il y a une dimension très parisienne de notre destin. C'est-à-dire nous avons une chance d'exister dans les autres villes de France, si Paris nous a choisis. Parfois, nous avons même une petite chance d'exister dans nos propres pays. C'est une réalité. Les universités font de plus en plus leur travail, ce qui n'a pas toujours été le cas. Il y a encore quelques années, on pouvait compter les universités comme Cergy, qui avait un département d'études francophones. Maintenant, un peu partout, à Besançon, Limoges, Bordeaux, il y a des départements de littératures africaines. Le problème est que si cela reste confiné dans les universités, on ne peut pas nécessairement dire que ces littératures ont une existence dans le pays de leur production et de leur diffusion. C'est vraiment là le problème.

Isabelle Chariatte : Le temps nous oblige à nous arrêter sur ce constat, mais nous souhaitons que le temps travaille à une ouverture et un intérêt pour la littérature africaine. Je vous remercie très chaleureusement, Sami Tchak, pour cet entretien enrichissant sur des sujets fondamentaux à la condition humaine, mais aussi particulier à la littérature africaine.

Sami Tchack : Je vous remercie d'avoir eu la patience et la gentillesse de m'écouter. Il y a un ami Boniface Mongo-Mboussa qui est un des personnages de *La couleur de l'écrivain* qui reprend toujours cette phrase, quand il estime avoir été un peu long et il termine tout ce qu'il a dit par ces mots : « Si celui qui parle n'est pas fatigué, qu'il ait pitié de ceux qui l'écoutent ! »

B. UNIVERSITÉ PARIS-EST CRÉTEIL

« QUESTIONS À SAMI TCHAK »

Séminaire de littératures francophones

(26 Avril 2017)

Doc. : Doctorant.e(s)

S.T. : Sami Tchak

L'entretien est transcrit par Aboubacri N'Gaïdé et les questions sont posées par Alexandra Acatrinei, Rosemonde Assanvo-Kadjo, Aboubacri N'Gaïdé et Madjid Tighidet.

Doc. : Bonjour Sami Tchak. Plusieurs de vos textes sont traduits. *Hermina* l'est-il ?

S.T. : Non, pas encore, à ma connaissance. Il y a eu des tentatives de traduction, mais le problème qui s'est posé c'est que si on veut traduire ce texte, il faut recourir à beaucoup de textes italiens pour ne pas traduire des textes déjà traduits, pour ne pas traduire à partir du français. Il faudrait retrouver tous les auteurs italiens pour prendre leurs citations au lieu de traduire ce que moi-même j'ai pris de citations en français. Donc, cela ferait beaucoup de travail. Pour le moment, il n'est pas traduit. Cela viendra, je sais qu'il y a un projet de traduction en espagnol, en italien et en allemand chez mes éditeurs habituels.

Doc. : Dans *Hermina*, l'imaginaire libertin est triomphant, tout y passe : masturbation, viol, inceste, masochisme, perversions sexuelles. Mais aussi souffrance physique pour atteindre le plaisir au prix de flagellations. Heberto Prada, le personnage principal, un peu philosophe, très rêveur, est aussi très timide sur le plan sexuel. Pourquoi votre littérature revêt-elle autant d'aspects sexuels ?

S.T. : Disons-le, c'est vrai, le motif sexuel y est frappant. Mais quand on prend le fait sexuel dans sa signification première, il est confondu avec l'acte de création. L'impuissance ou la timidité de l'auteur du livre, celles qui frappent Heberto Prada viennent de là. D'ailleurs, sa sexualité est de l'ordre de l'évocation. Une évocation relative à la perte d'un être. Il parle d'Hermina et tout ce qui est évoqué comme relation sexuelle au sens propre du terme se passe dans sa tête. Or, Hermina ne se trouve pas à ses côtés. À aucun moment, on ne le voit mis en scène avec Hermina quand il est dans son île, il n'en parle que lorsqu'il s'en éloigne. Hermina se confond avec l'île qu'il a perdue, au monde qu'il a perdu. Ici, il est question de la solitude d'un émigré. C'est sur ce plan-là qu'il faut comprendre la psychologie du personnage. Sa double solitude vient du fait que son imaginaire est tout entier focalisé sur la femme fantasmée. *Hermina,* titre du roman qu'il est en train d'écrire, est l'expression d'une double solitude : elle naît non seulement de la perte de son île, mais également, ce qui arrive à tout écrivain, de la conscience de ses limites et du poids de sa culture. Quand on écrit, on pense toujours qu'on va bousculer des montagnes.

Toute personne qui arrive à l'écriture par des chemins classiques, à savoir par de nombreuses lectures, se pose naturellement des questions. : « *Après avoir lu tout ça, qu'est-ce que j'ai à écrire ?* ». C'est la question que se pose Heberto jusqu'à la fin du roman. D'ailleurs, il n'arrive pas à écrire parce qu'il a beaucoup trop lu. Le motif sexuel qui est évoqué n'est pas pour déconstruire la littérature libertine. On n'est pas vraiment dans le registre libertin. Ce qui peut frapper le lecteur que vous êtes, c'est que toutes les scènes qu'on peut considérer comme libertines ou sexuelles, sont prises à des romans que je cite. Le procédé de citation est très clair : on n'est pas dans l'intertextualité que le lecteur doit imaginer. Quand je prends une citation que je colle à mon propre texte, j'ouvre une parenthèse pour citer l'auteur et le titre du texte, montrant ainsi que tout cela a été déjà écrit. C'est dire qu'on n'invente rien. En collant ainsi des passages à d'autres passages, on crée un nouvel univers. Donc c'est dans ce procédé « du-tout- déjà-dit » qu'il faut insérer le personnage d'Heberto Prada. Heberto Prada a sans doute un double, c'est Samuel qui fait des recherches sur la prostitution à Cuba, comme je les ai faites, et qui ambitionne de devenir écrivain.

L'idée sous-jacente du livre a trait à la question de la création : « Comment créer quand on est habité par tant d'autres créations qui ont élevé la littérature à des sommets qu'on pense soi-même ne pas pouvoir atteindre ? ». Un écrivain peut être conscient d'écrire en-deçà des références qu'il engrange. Il peut arriver qu'il écrive en deçà de ses propres exigences. Heberto Prada en est une illustration : tant de questions l'assaillent qu'il en devient par moments stérile. Tout écrivain connaît ces moments de doute. Souvenons-nous de Céline disant à sa femme – actuellement responsable de son héritage littéraire – : « Si j'avais été en mesure d'écrire un seul vers à l'égal de Shakespeare, tout ce que j'ai écrit là pourrait être jeté à la poubelle ». La littérature comporte tant de chefs-d'œuvre que toute personne qui se met en tête d'écrire ressent la pression de cette hiérarchie, et s'interroge sur ses capacités à intégrer cette élite.

Doc. : Revenons encore sur le personnage d'Heberto Prada. N'est-il pas un personnage trop libertin ? Ce qui se passe dans sa tête est beaucoup plus de l'ordre des fantasmes, que de celui de relations sexuelles avec d'autres femmes ? Ne représente-t-il pas l'intellectuel en général ?

S.T. : On n'est pas obligé d'être un intellectuel pour vivre ce que vit Heberto. D'ailleurs, dans son cas, il est difficile de parler de libertinage, car on ne le voit pas vivre. Tout son problème est là. En effet, il s'est tellement réfugié dans sa tête qu'il est en dehors de la réalité. Un écrivain a beau vouloir transformer le monde dans sa tête, s'il ne se confronte pas aux réalités de la vie, ce sera en vain. Heberto Prada était à un moment un peu trop à la fois dans sa tête et dans les livres, et la vie concrète, il n'arrive pas à se coller à elle. Trop en retrait dans sa tête, Herberto Prada en a perdu le sens pratique. On le voit quand il est avec Ingrid Himler ou avec Mira. À aucun moment il n'a réussi à se coller au réel. Même en présence d'un interlocuteur, on se rend compte qu'il lui parle comme s'il s'agissait d'Hermina. Or, Hermina est restée dans l'île qu'il a quittée. Son incapacité à vivre dans le monde réel est la cause de son échec en écriture. Dans mon livre il est présenté comme un écrivain, mais c'est l'échec de son écriture qui est le sujet du mien. Le libertin a une relation plus concrète avec le réel. Ce qui n'est pas son cas. On peut parler de pur fantasme dans la mesure où il est persuadé de s'entretenir avec un être devenu d'autant plus inaccessible que des milliers de kilomètres et un océan les séparent. Il est frappé de la stérilité d'un écrivain qui ne sait pas se coller au réel et qui n'arrive pas à s'inventer son propre monde. Il est pourtant habité par divers univers, car dans le livre en chantier s'entremêlent des littératures du monde entier déclinées en plus de cent romans.

Doc. : Alors, depuis ma lecture d'*Hermina* j'ai voulu savoir quelle est la raison de cette œuvre ? Quelle en est la source ? À quel moment avez-vous décidé de l'écrire ?

ST. : Un élément très précis m'a inspiré *Hermina*. Ceux qui connaissent Cuba savent qu'il s'agit de cette île, car certaines descriptions ne trompent pas à cet effet. Cuba n'est pas nommé, mais on le reconnaît. Un écrivain est cité dans ce livre, qui est devenu pour moi comme un symbole, c'est José Lezama Lima. L'œuvre la plus connue de cet écrivain, *Paradiso* – qui fait plus de 700 pages –, peut être mise au même niveau que *Cent ans de solitude* de Gabriel García Márquez. Il n'a pas quitté son île (Cuba), mais quand on lit son roman on entre dans toutes les cultures du monde. J'ai lu *Paradiso* pendant mon séjour à la Havane. Cet univers-là m'a fasciné. Ce fut le point de départ d'*Hermina*. Voilà pourquoi cette œuvre parle de Cuba, *Paradiso* de José Lezama Lima en étant la source.

Doc. : Au cours de l'écriture de cette œuvre, comment avez-vous conçu l'insertion de collages et de citations ? Est-ce un dispositif expérimental, ou bien une méthode éprouvée ?

S.T. : Pour chaque livre, je mets en œuvre un dispositif propre. D'un livre à l'autre, et cela doit sauter aux yeux du lecteur, je n'utilise jamais la même langue. Je n'instaure pas la même atmosphère. Je ne suis pas identifiable à un seul procédé. Pour *Hermina,* j'ai préparé des fiches pendant plusieurs mois. Les livres retenus devaient correspondre à mon illusion métaphysique. Je m'explique. S'il y avait une possibilité pour un être humain – et j'en suis un – de dire, après sa mort, ce qu'il aimerait faire, je dirais que j'aimerais continuer à lire. Et ce que je lirais, ce sont les livres que je cite, je les transporterais. Et la meilleure manière de les transporter est de les emmagasiner dans ma tête. Plutôt que pour un mort de trimballer dans son cercueil tous les livres qui lui parlent. Je suis parti de cette idée-là.

J'ai mis ces livres de côté, j'en ai choisi des passages à citer. J'ai fait une tonne de fiches. Sur ces fiches j'ai inscrit des numéros. Ce procédé m'a rappelé ma façon de travailler lorsque j'étais étudiant et travaillais à ma thèse. De façon méthodique je me suis servi du contenu de toutes ces fiches. Mais ce n'est que pour ce livre-là que j'ai travaillé ainsi. Ce travail de citations et de collages n'a été repris dans aucun de mes autres livres.

Doc. : Ce qui m'a frappé dans les premières pages que j'ai lues d'*Hermina*, c'est la *plurivocalité*, notamment dans la scène d'ouverture, lorsqu'Herberto Prada se rend chez les parents d'Hermina. Celle-ci va à l'école, laissant son père seul avec leur hôte. À ce niveau du texte, on ne sait plus qui parle, car, en même temps que le papa tient un discours sur la situation du pays, Herberto Prada fantasme sur Hermina. Ce procédé m'a beaucoup plu, car il sollicite davantage l'attention du lecteur qui doit distinguer les voix les unes des autres.

S.T. : C'est euphorique. C'est ce que je disais. Heberto n'arrive pas à entrer en relation avec des êtres de chair sans se retirer dans sa tête.

C'est vrai qu'au moment où les parents lui parlent, il est en train de s'imaginer Hermina au volant de sa voiture. Il se représente même, dans une file de voitures, l'accident qui lui a coûté la vie. Ce dédoublement est caractéristique de sa présence au monde. D'ailleurs, la situation se complique un moment : lorsqu'on sort du roman en train de s'écrire pour entrer dans le roman d'Heberto. En ce moment-là, ce n'est plus le roman qu'on est en train d'écrire qu'on lit, mais les pages déjà écrites par Heberto. Là sont insérés au moins trois chapitres d'un roman intitulé *Hermina*. L'on ne sait donc pas exactement à quel moment il s'agit de l'action dans le roman en cours, ou de l'action dans le hors-texte. Et les citations ne font que renforcer ce flou dans les sensations, cette impression de réel nimbé d'irréel. J'ai voulu, un moment, gommer les citations et effacer les guillemets. L'aurais-je fait, que fort peu de gens auraient été en mesure de restituer tous ces passages à leurs vrais auteurs. Je n'en doute pas, cette démarche complique la lecture du texte. D'ailleurs, de tous mes textes, de l'avis de mes lecteurs, c'est celui-là qui se lit le plus difficilement, bien plus difficilement par exemple que *La Fête des masques* ou *Le Paris des chiots*.

Doc. : Ce procédé, je pense qu'on le retrouve aussi chez Koffi Kwahulé dans Babyface où à la fin on ne sait plus si on est dans le livre de *Babyface* personnage du roman, ou *Babyface* de Koffi Kwahulé l'auteur de la fiction.

S.T. : Ça, c'est incontestablement l'effet de l'*intertextualité* et des influences réciproques nées du dynamisme d'une littérature francophone subsaharienne en train de se faire. Avant d'écrire *Babyface*, Koffi Kwahulé a lu *Hermina*, et m'en a parlé. C'est un auteur qui me lit, et qui me cite, comme c'est le cas dans son roman *Le Nouvel An chinois*. Votre remarque est donc juste : l'influence d'*Hermina* sur *Babyface* est bien réelle.

Doc. : J'ai donc procédé à l'envers en ayant lu *Babyface* avant *Hermina*. Mais pour revenir au *Hermina*, j'ai constaté que vous y parlez beaucoup de « précaires branchés ». Existent-ils dans la vie réelle ?

S.T. : Dans la vie réelle, les écrivains sont des « précaires branchés » dans la mesure où, matériellement, ils vivent en grande majorité dans la précarité. Beaucoup de journalistes sont des « précaires branchés ». Ils se meuvent dans le grand monde, mais en réalité leurs salaires ne leur permettent pas de vivre aussi à l'aise que les membres de l'élite qu'ils côtoient à l'occasion de cérémonies officielles ou privées dont ils doivent rendre compte. Beaucoup de journalistes ont le statut d'intermittents du spectacle. Donc il y a une activité qui permet aux gens de se retrouver dans ce que l'on pourrait appeler le « beau monde », alors que leur situation personnelle n'est pas aussi enviable que cela. Beaucoup, les acteurs, les musiciens, les artistes, les peintres, les photographes professionnels, sont en réalité des « précaires branchés ». Ce ne sont pas des situations nouvelles, surtout dans le domaine de la culture et de la création.

Doc. : À la page 63, Samuel cite une « société de chauve-souris », je cite : « Je les appelais moi, la société des chauves-souris pour la bonne raison que la chauve-souris est un animal bien curieux ».

S.T. : La société de chauve-souris. Oui, je me souviens. Oui, c'est ma façon de lire et de me moquer de la prétention, parce qu'il y a dans ce milieu-là (celui de la création et de la culture) beaucoup de prétention. On remarque une prétention démesurée chez certaines gens qui donnent l'impression d'avoir inventé la boussole, et qui semblent communiquer chaque matin avec le soleil. Cette forme de fatuité se rencontre chez les écrivains. L'écrivain qui pense ainsi, a-t-il lu les autres ? A-t-il lu les grandes œuvres ? Sait-il ce qui s'est fait avant lui, voire de son vivant, autour de lui ? S'il se croit le centre de l'univers, c'est qu'il est comme la chauve-souris. Comme la chauve-souris, il est haut perché, la tête orientée vers le bas, et voit tout en dessous de lui. De cette manière, il n'est pas loin de croire qu'il est au centre de l'univers, s'il ne pense pas simplement en être le centre. C'est de cette vanité extrême, non consciente de son ridicule, et si commune dans le milieu des écrivains et des artistes, que je me moque. L'*ego* y est surdimensionné. Je le sais d'autant plus que, pendant longtemps, j'ai pris part à cette comédie. Avec le recul, j'en mesure aujourd'hui l'immense ridicule.

Doc. : C'est ce qui est remarquable dans la littérature africaine, la grande faculté d'animalisation dans l'écriture, l'ampleur de la métaphorisation…

S.T. : Je ne sais pas si nous avons inventé cela.

Doc. : On peut noter le phénomène chez Alain Mabanckou qui se sert du porc-épic. Lorsqu'on crée en s'appuyant sur un animal et son histoire, se renseigne-t-on auparavant sur l'espèce ? Un travail de documentation est-il nécessaire ?

S.T. : Cela dépend des auteurs. Chez Alain Mabanckou, c'est vrai, un porc-épic est mis en scène, mais cet usage s'inscrit dans des croyances. Des croyances où les êtres humains ont un double animal. C'est vrai qu'il fait parler le porc-épic comme il aurait pu faire parler un arbre. Un écrivain qui procède de cette manière s'inscrit aussi dans une tradition littéraire plus ancienne. Prenez les *Nouvelles de Pétersbourg* de Nicolas Gogol. Vous avez là un magnifique texte où les personnages principaux sont une chienne et un chien qui s'écrivent de très belles lettres d'amour et se racontent les travers de leurs propriétaires. L'animalisation et l'anthropomorphisme dans la littérature sont par conséquent un procédé très ancien, dont nous sommes de modestes héritiers.

Quand on lit Amos Tutuola, dans *L'Ivrogne dans la brousse*, tout le monde parle, les animaux, les arbres, même la danse danse. Il dit « danse » et la danse se met à parler et entre en scène. À partir du moment où on a lu un tout petit peu, on sait que l'on n'invente rien. La vraie question de l'écrivain ce n'est peut-être pas d'arriver et d'inventer du neuf, c'est plutôt de voir, dans tout ce qui a déjà été fait, comment trouver une voie qui donne l'impression qu'il est en train d'inventer. Après Marie Darrieussecq, avec *Truisme*, où une femme se métamorphose en truie, *Mémoires de porc-épic* se range dans la tradition de l'allégorie. Ces procédés, récurrents, font que nous n'inventons rien. La tradition était déjà là.

Doc. : Comme vous le dites, ce n'est pas l'invention en soi mais l'usage et la singularisation des procédés qui caractérisent l'écrivain africain. Cela est frappant si on pense à *Temps de chien* de Patrice Nganang, qui en a peut-être inspiré d'autres. Je pense aussi à *La divine chanson* de Waberi. Cette option des écrivains à changer de perspective, en substituant au regard humain l'instinct animal, ne constitue-t-elle pas une clé de lecture de la littérature africaine contemporaine ?

S.T. : Tous ces textes, *Temps de chien, La divine chanson, Mémoires de porc-épic*, auraient pu être pu être racontés par une table, une chaise, que cela n'aurait pas changé grand-chose à l'idée qu'on serait même en deçà de ce qui a été déjà fait. Mais, à force d'user, d'abuser du procédé, on court le risque d'en faire une démarche superficielle.

Doc. : Et si l'on abordait la question des écrivains post-coloniaux, dont vous êtes. En lisant *La Couleur de l'écrivain*, l'une de vos phrases a suscité en moi une interrogation. À la page 80, vous dites que les écrivains post-coloniaux sont, je cite, « marginalisés entre deux non-existences : cloués aux marges de la société d'accueil, ils s'effacent aussi progressivement de la mémoire de leur propre société au profit de ceux qui s'y étaient déjà fait une place ». Quand j'ai lu cela, je me suis demandé quel est l'avenir des écrivains post-coloniaux en Afrique. Il y a aussi l'anecdote que vous avez relatée concernant l'un de vos séjours au Togo. J'avais lu la même histoire dans *Et si Dieu me demande, dites-Lui que je dors* de Bessora : du genre, on arrive, on se dit écrivain revenu dans son pays, sur sa terre natale, celle des origines, et c'est la désillusion. Vous, en tant qu'écrivain post-colonial, quel est votre sentiment de ce point de vue ?

S.T. : L'avenir des écrivains post-coloniaux, c'est l'avenir le moins brillant possible. C'est-à-dire que ce sont des écrivains qui au mieux pourraient être célèbres ailleurs, accessoirement chez eux. Pourquoi accessoirement ? Parce que, être célèbre, pour certains, cela veut dire passer à la télévision, en France. Ce serait cela la célébrité. Les gens vous connaissent de nom, et vous ont vus, mais quand vous les rencontrez, ils ont l'honnêteté de vous avouer qu'ils n'ont rien lu de vous. Ils connaissent vos aînés parce qu'ils les ont lus dans leurs programmes scolaires, mais pas vous. Moi, par exemple, pendant mes études, j'ai été nourri des Kourouma, Cheikh Hamidou Kane… Nous avons étudié leurs textes au collège ou au lycée. Tout comme Bernard Dadié dont nous avons lu et étudié *Le pagne noir*. Mais aujourd'hui les écrivains africains « post-coloniaux » ne sont pas systématiquement mis au programme des lycées et collèges, ils sont rarement lus chez eux. Ils n'y existent pratiquement pas. Ils découvrent avec étonnement, lorsqu'ils reviennent chez eux, que dans la mémoire de leurs nations ils ne représentent rien.

La raison en est que les écrivains post-coloniaux s'effacent dans le dialogue des imaginaires entre celui de leur pays d'origine et celui de l'univers médiatique occidental qui les promeut. Ce qu'ils écrivent n'est pas lu chez eux, et n'y parle à personne. Je dis dans *La couleur de l'écrivain* qu'on ne les lit pas là-bas. En Occident, qu'on les lise ou pas, ils n'entrent en communication avec aucune écriture. Ici, en France, un écrivain africain n'entre pas réellement dans l'imaginaire de la culture française. On le lit comme quelqu'un qui a vendu des livres ou qui n'en a pas vendu. On ne discute pas d'un Alain Mabanckou comme on discuterait d'un Michel Houellebecq, puisque ce qu'Alain Mabanckou écrit n'entre pas en résonance patrimoniale avec les fondements linguistiques et culturels de la société française. En effet, un écrivain, et j'insiste sur cette idée, écrit idéalement dans sa langue maternelle et s'adresse idéalement à son peuple d'abord. Et quand on fait le tour de la littérature, que ce soit grâce aux voyages et à la culture personnelle, ce qu'on constate c'est que la grande majorité des écrivains n'ont d'existence et de reconnaissance immédiate que dans leurs propres pays. C'est ensuite qu'ils sont célébrés à l'étranger. Prenons le cas de Modiano, c'est d'abord en France qu'il existe. En France, chacun de ses livres constitue un événement à sa parution. Et le public français attend la sortie du prochain. Cela suffit à la reconnaissance d'un grand écrivain, car la France est une nation suffisamment grande pour, à elle seule, consacrer un écrivain de grande envergure. Qu'on lise ensuite cet écrivain en Italie ou en Allemagne, est un « supplément d'âme » qui lui est accordé.

Quant aux écrivains africains post-coloniaux, ils n'ont de sens ni ici ni chez eux. Ils pensent en avoir, ils n'en ont aucun. Ce n'est pas parce qu'ils passent à la télévision, surtout en Occident, et qu'ils vendent beaucoup de livres, qu'ils sont en adéquation avec la culture et les besoins vitaux et spirituels de leurs nations. Ici, en France, on parle de la façon de s'exprimer de Modiano : l'homme qui commence une phrase, puis négocie avec le vide pour trouver le reste des mots. Et quand on dit à quelqu'un qu'il parle comme Modiano, on comprend ce que cela signifie. On a même donné un sens à l'absence de mots chez Modiano qui commence une phrase et ne sait pas ce qui vient après. Il ne le sait pas, et pourtant il est compris de son auditeur français. Parce qu'il est inscrit dans la mémoire collective d'une nation. Or, c'est la démarche contraire chez l'écrivain africain post-colonial, qui, lui, cherche d'abord à s'inscrire dans la mémoire collective de la France, sans avoir au préalable été accueilli dans celle de son pays. La littérature qu'il produit est, de ce fait, est une littérature dépourvue de sens dans la mesure où il lui manque des bases essentielles : c'est-à-dire une nation, une langue.

J'ai dit dans *La couleur de l'écrivain* qu'en fait nous sommes orphelins de nations littéraires dans la mesure où notre grande aspiration, par la force des choses, c'est d'exister ailleurs. Or on n'a pas besoin de nous ailleurs. Ailleurs, ils ont tellement d'écrivains talentueux que quand on prend nos publications au cœur des sorties, ce n'est qu'une goutte d'eau, négligeable. Donc, aspirer à exister pleinement ailleurs est une incroyable illusion. Il y aurait quelque chose à méditer dans le sens du désespoir, lorsqu'on aspire à exister dans un pays où après avoir donné son livre à des gens, on entend certains vous dire : « Honnêtement, ne t'attends pas à ce que je te fasse un compte rendu dans les jours à venir, parce que moi je n'aime pas lire ». Je pense qu'il faut être d'un optimisme presque béat pour croire qu'un écrivain africain post-colonial a le public de chez-lui pour lui, voire le public français à sa disposition. À cet égard, et bien avant que je ne mette à écrire, un écrivain, William Sassine, formule bien, en un jeu de mots, la réponse qu'il convient de donner à la question que vous me posez au sujet du statut de l'écrivain africain post-colonial : « L'*écrivain* africain est un *écrit-vain* ». Par cette formule, William Sassine a tout résumé.

Doc. : Au-delà de ce constat, quels sont les écrivains qui ont influencé votre écriture ? Avant même d'écrire, quels sont les écrivains qui vous ont marqué ?

S. T. : Avant que je ne me mette à écrire, les écrivains qui m'ont marqué sont des écrivains africains, ceux que j'ai étudiés à l'école : Kourouma, Cheikh Hamidou Kane, Abdoulaye Sadji… Des auteurs dont on n'entend pas nécessairement parler ici : Seydou Badian Kouyaté, Chinua Achebe, Wole Soyinka. Ce sont eux que j'ai lus avant de découvrir la littérature des autres espaces. Ces écrivains m'ont aidé à accéder à la littérature parce qu'il y avait une sorte de connivence entre l'univers et ce que je croyais être ma réalité. Ensuite, c'est vrai, on découvre d'autres horizons, on va puiser à d'autres sources. Ce qui m'a amené à aborder les écrivains de langue portugaise ou espagnole.

Quand j'ai lu quelqu'un comme le Brésilien Joao Guimarães Rosa avec *Diadorim*, son unique roman de 1956, je me suis dit « Ça, c'est quelque chose !… ». Après cette rencontre inoubliable, j'ai lu un grand nombre d'auteurs latino-américains. Ils m'ont tous beaucoup marqué. D'ailleurs on perçoit dans ma démarche d'écrivain cette forte influence, où l'on distingue les traits de García Márquez, d'Augusto Roa Bastos, de Miguel Ángel Asturias. Au-delà de ce fonds latino-américain, j'ai beaucoup aimé lire des écrivains japonais comme Yasunari Kawabata et Yukio Mishima. Ils ont aussi laissé des empreintes dans mon écriture. J'essaie, au milieu de ces influences multiples de me frayer un chemin propre. Parmi toutes ces voix, je tente de faire entendre ma voix singulière.

Doc. : Une fois l'œuvre produite, vous arrive-t-il d'intervenir en aval pour l'expliquer ? Certains retours sur vos textes vous contraignent-ils à les expliquer, à vous expliquer ? Ou bien laissez-vous le lecteur totalement libre de ses interprétations, même lorsque vous pensez que vous avez été mal compris ?

S. T. : Il arrive qu'on me demande mon avis. Si je suis invité dans un débat et qu'on me demande mon avis sur telle ou telle explication donnée à tel ou tel passage d'un de mes livres, je peux être amené à dire « Je n'étais pas conscient d'avoir dit cela », ou « Ce n'est pas ce que je voulais dire ». Parce qu'il arrive que ce que nous avons écrit trahisse un pan secret de notre être profond. Ou le contraire, que nous n'ayons pas pu traduire, bien écrire et transmettre ce que nous voulions dire. Dans *La couleur de l'écrivain*, je consacre un chapitre à cela.

L'écrivain trouve toujours que l'on comprend mal ce qu'il a écrit, et qu'on ne l'analyse pas aussi profondément qu'il l'aurait voulu. C'est un éternel insatisfait. À la limite, il se voudrait à la fois écrivain et critique de son texte. Si on poussait l'envie de se faire comprendre jusqu'à un certain degré d'auto-analyse et d'explication de soi, on ferait comme certains écrivains. L'exemple le plus célèbre est celui de Marguerite Yourcenar, avec *L'œuvre au noir* ou *Mémoires d'Hadrien*. Elle estime, avec raison, que ses œuvres doivent entrer dans la postérité. Et elle prend le temps de les analyser elle-même. La fin de *Mémoires d'Hadrien* consiste en une analyse du texte par Marguerite Yourcenar, qui l'a produit. Et elle procède de la même manière avec *L'œuvre au noir*, où la « critique » du texte occupe plusieurs dizaines de pages. Ce travail d'autocritique est d'une telle profondeur !

Cependant, une chose est claire pour moi : l'œuvre d'un écrivain reste le lieu de tous les possibles et doit se prêter à toutes les interprétations. Si ce que Marguerite Yourcenar a écrit sur *L'œuvre au noir* ou *Mémoires d'Hadrien* avait suffi, son œuvre aurait été pauvre. Elle est riche parce que même les explications de Marguerite Yourcenar, sa créatrice, ne l'ont pas épuisée. On peut encore lui trouver des lectures possibles et d'une grande pertinence.

Qu'un écrivain approuve ou désavoue telle ou telle lecture faite de son œuvre, cela, à mon avis, ne devrait rien changer à la valeur des textes, ceux-ci ayant leur destin propre. Et peuvent être compris de mille façons. L'écrivain a beau dire « Ce n'est pas cela que j'ai voulu dire », cela ne change rien à la liberté de la réception. L'exemple le plus célèbre, à cet égard, est celui de la lecture d'*Anna Karénine* de Léon Tolstoï faite par Fiodor Dostoïesvski, l'une des plus belles qui soient, et l'hommage le plus beau qu'on ait pu rendre à une œuvre et à son auteur. Eh bien ! face à ce magnifique compte rendu, ou cette merveilleuse lecture, Tolstoï a réagi en ces termes : « Ce n'est pas ce que j'ai voulu dire ».

Doc. : Je voudrais maintenant faire porter la discussion sur le roman *Al Capone le Malien*, et plus précisément sur la place qu'y occupe le rêve. Je travaille sur le rêve. Dans ce roman, le narrateur rêve, tout comme le journaliste René qui, par ce biais onirique, s'approprie le mystère et l'aspect mythique de la région qu'il vient de découvrir grâce à Namane Kouyaté. Quelle est la place que vous assignez vous-même au rêve, à l'expérience onirique dans la création littéraire ? Puisez-vous dans vos rêves des idées et du matériel littéraire ?

S. T. : Le rêve est la part de merveilleux qu'on peut introduire dans le réel. Je m'installe volontiers de ce côté-là de la littérature, celui qu'Alejo Carpentier a nommé chez les Latino-américains le « réel merveilleux ». Avec le rêve on entre dans une dimension où les codes étriqués de la raison peuvent être bousculés. En même temps le rêve est peut-être le lieu où des imaginaires peuvent communiquer sans une consciente interconnaissance. Tous les rêves dans *Al Capone le Malien* ne sont pas fortuits. On se rend compte par exemple que René Cherin entre réellement dans le secret des personnages qui l'entourent avant même qu'il ne les rencontre véritablement.

Il voit tout en rêve avant qu'on ne lui révèle les choses et qu'il ne se rende compte que ce qu'il a vu dans le rêve est en fait l'histoire réelle. Je joue beaucoup avec l'idée qu'on peut entrer dans les secrets, les zones ténébreuses d'une personne, grâce au rêve. Et je joue aussi sur le fait que j'ai rencontré des gens, je ne sais si c'est vrai ou faux, qui disent que par leurs rêves ils voient les malheurs qui vont s'abattre sur les autres, à tel point qu'ils préfèrent, pour ne pas les accabler, ne pas révéler le contenu de leurs visions aux personnes concernées.

Doc. : Ce sont des rêves prémonitoires donc ?

S. T. : Pas tellement. Je considère que ce sont des rêves de translucides, car pouvoir lire en rêve le destin des autres est une chose qui me surprend, surtout lorsque c'est systématique. René Cherin est plutôt *possédé* par la réalité des autres. Depuis cette nuit-là où Namane Kouyaté lui a fait entrevoir l'Afrique à travers la danse de son épouse, René Cherin est possédé. Toute son histoire, tous ces rapports avec les autres personnages, sont ceux d'un être possédé. Les histoires des autres l'habitent à tel point qu'avant qu'on ne les lui raconte, il les voit et les vit en rêve. En ce qui me concerne, dans ma propre vie j'accorde très peu d'importance aux rêves. J'en fais, mais le lendemain s'il me fallait raconter l'un d'eux à quelqu'un qui y tiendrait, je serais amené à l'organiser, voire à l'réinventer, tant il s'est présenté de façon décousue. En fait, je ne me souviens pas de mes rêves.

Doc. : Donc, dans *Al Capone le Malien,* où les rêves sont si bien développés, il faut comprendre qu'ils ont été réorganisés, parce que, comme on le sait, la trame du rêve est naturellement marquée par l'incohérence, la fragmentation…

S. T. : C'est vrai. Alors que dans le roman ils sont très construits, en tout cas plus construits que dans leur cours ordinaire. Quand on suit les rêves de René Cherin, on comprend pourquoi il écoute les autres sans rien dire. Sa passivité s'explique par le fait qu'il a déjà tout entrevu. Le problème c'est que cette passivité achève d'en faire un homme passif. Il est possédé au sens littéral du terme, dans la mesure où sa mission en Guinée ou au Mali, il a fini par l'oublier pour n'être plus qu'un jouet placé entre les mains d'Al Capone. Al Capone finit par l'emporter.

Doc. : Il y a des pages, après le cauchemar de René, dans lesquelles lui apparaît une femme égorgée. De la page 180 à la page 183. Ce scénario bizarre, est-ce une hallucination ?

S. T. : Là c'est vraiment une hallucination. Une hallucination où il voit une multitude de choses : une cérémonie nocturne lors de laquelle a lieu un égorgement, puis des personnes égorgées, mais toujours là, la Princesse Sidonie et Binétou Fall ; et lui-même, le lendemain, qui se retrouve, dans sa chambre fermée à double tour, avec Al Capone sur son lit, alors qu'à aucun moment il n'a ouvert à quelqu'un. C'est une sans conteste hallucination. Le problème de l'hallucination, chez René Cherin, c'est qu'elle se poursuit même quand il ne dort plus.

Doc. : Et le rêve final est significatif de la séparation symbolique entre René Cherin et Namane Kouyaté. Il marque en fait une rupture. Moi, je l'ai interprété comme si René avait hésité entre le monde que Namane lui avait offert et celui incarné par Al Capone. Ce rêve final correspond-il à une prise de décision ?

S. T. : Non, pas une décision. À partir du moment où les personnages principaux quittent Niagassola et le balafon sacré, même si dans la deuxième partie Namane Kouyaté va venir faire une apparition à l'hôtel de Mandé, il disparaît. D'ailleurs, beaucoup de lecteurs auraient même voulu qu'il reste héros jusqu'à la fin. Il disparaît. Cependant, contre le monde d'Al Capone, Namane a continué à exister dans les rêves de René Cherin. À la fin, la victoire d'Al Capone est totale. Ce n'est pas René qui décide, c'est plutôt Al Capone qui a vraiment vaincu. Il le dit lui-même, il est le maître du nouvel empire. Le titre du roman vient de là. Al Capone le Malien est revenu, proclamant « Je suis le maître de l'empire, du nouvel empire ». C'est-à-dire qu'à travers René Cherin une lutte s'est engagée entre la vision du monde de Namane Kouyaté et celle d'Al Capone. Une opposition entre l'or et la parole. C'est-à-dire que Namane Kouyaté, le griot, pense transmettre des valeurs pures par sa parole et en les puisant dans ce que le passé lui a légué, alors que c'est lui qu'on appelle le « feyman » au Cameroun. Le « feyman » c'est tout de même le plus célèbre que je cite, Donatien Koagne. Il y a là une réalité assez simple : les jeunes auxquels Namane s'adresse sont plus sensibles aux dires et aux faits du « feyman ». Parce que ce n'est pas tellement l'escroc qu'ils voient. Ils voient l'homme à la limousine, celui qui peut distribuer de l'argent. À cet égard, je parle aussi dans ce texte de Donatien Koagne, qui a réellement existé. Il avait son Falcon 50. Et quand celui-ci tombait en panne quelque part, Serge Dassault faisait envoyer un autre Falcon 50 pour le remplacer, car il n'était pas question que Donatien Koagne prenne un avion de ligne. Une fois, à Nairobi, son Falcon a heurté une antilope sur la piste, et s'est endommagé. Serge Dassault a immédiatement dépêché un autre Falcon de Paris : pour que Donatien Koagne, accompagné de sa sœur, puisse se rendre au Yémen. Et l'on s'imagine aisément, qu'entre la parole d'un griot qui dit « nous fûmes, nous fûmes … », et celle d'un personnage qui possède des limousines et voyage avec son avion privé, quel peut être le choix des jeunes.

Doc. : Pour changer de roman, parlons de *La fête des masques*. J'ai lu ce roman une première fois, et je l'ai trouvé difficile à comprendre. Puis je l'ai relu. Son sens m'est alors apparu plus nettement. Et j'ai une question. L'un de mes camarades dit que vous avez vécu une période de votre vie en Amérique du Sud. Vous êtes-vous inspiré de cette période pour construire les personnages de *La fête des masques* ?

S. T. : Oui. C'est vrai, le pays dans ce roman n'est pas nommé. On le reconnaît cependant. C'est Cuba en partie. Mais il est élargi à d'autres aspects du monde latino-américain, comme la critique a pu le discerner. Et de surcroît une foule de traits culturels et sociaux typiques du Togo, pays d'où je viens, s'y distinguent. Par exemple, la scène de la lagune. La lagune où l'on découvre d'abord un cadavre, puis de nombreux autres, cette scène-là est inspirée de faits survenus au Togo, au cœur de Lomé.

D'autre part, quand dans le roman on dit « Son excellence » à un président, on n'est plus à Cuba où on appelle Fidel Castro « Camarade ». C'est en Afrique qu'on dit à un président « Son excellence », titre réservé à un ambassadeur. Par conséquent, les passages du roman où l'on s'adresse à un président en disant « Son excellence », se situent non pas à Cuba, mais en Afrique. L'on peut en somme retenir que si les noms des personnages sont latino-américains, et certaines réalités bien cubaines, bien d'autres en revanche traduisent des faits et gestes tirés de la vie au Togo.

Doc. : Vous parlez beaucoup du dos dans ce roman. A-t-il un sens spécifique ? Sexuel par exemple ?

S. T. : Oui, le dos à partir d'une photo… oui. C'est lorsqu'il est question du dos que tous les éléments, tous les ingrédients du roman trouvent leur sens symbolique. Progressivement, l'on s'aperçoit que toutes les références littéraires ou musicales ont un rapport avec l'homosexualité. Tous les textes cités sont des textes d'auteurs homosexuels, femmes ou hommes. Toutes les chansons proviennent d'auteurs homosexuels. À partir de ce moment-là, on comprend que le dos introduit une notion d'androgynie, ou une certaine ambivalence. Un dos de femme, comme un dos d'homme. On voit que Carlos lui-même est dans cette ambiguïté, qui va être résolue d'une façon magnifique : par une mort volontaire.

Papa S. Diop : Nous venons de passer trois heures sans interruption avec Sami Tchak. Je lui adresse au nom du séminaire nos vifs remerciements pour les réponses très précises qu'il vient de donner à l'ensemble des questions qui lui ont été posées.

HOMMAGES – TÉMOIGNAGES

SAMI TCHAK RÉCIPIENDAIRE DU DIPLÔME D'EXCELLENCE DE L'UNIVERSITÉ DE LOMÉ

Kangni Alem

Il y a plusieurs manières de présenter un écrivain, la manière *Wikipédia*, scolaire et académique à la fois, ou la manière sociologique, qui combine les faits observables, identifiables avec la sensibilité du rapporteur. Peut-être est-ce la deuxième manière qui convient le mieux pour présenter Sami Tchak, l'homme et l'écrivain que je vais tenter de vous faire découvrir aujourd'hui. Je dis peut-être parce que je parle sous l'autorité d'un écrivain, dont la formation universitaire est justement la sociologie, et j'ai peur, comme c'est son habitude, qu'il contredise facilement mes arguments, comme il lui arrivait déjà, lorsqu'il était étudiant au Département de Philosophie et Sciences Sociales Appliquées (PHISSA) de le faire avec certains de ses professeurs. Peut-être se souvient-il encore de cette phrase d'un de ses formateurs : « Vous pouvez avoir des arguments béton, c'est moi le prof. » ? Je tairai le nom de ce professeur que Sami eut à affronter à l'époque. Sami Tchak est un diable d'homme. D'ailleurs, un de ses amis, qui est aussi un personnage de son premier roman, le surnomme dans la vie réelle « Petit Diable ». Je suppose que pour cet ami, Banlepo, tout comme pour le père de l'écrivain, la diablerie de ce dernier relève de son indépendance d'esprit totale, de ses audaces et ses choix comme écrivain.

Première audace, se donner un nom, naître au monde autrement. Après avoir publié son premier roman *Femme Infidèle* en 1988 et un essai *La prostitution féminine en Afrique Noire* en 1995, il décide de se fabriquer une identité de plume. Son père fut le premier à lui en faire la remarque. Pourquoi TCHA-KOURA Sadamba Aboubacar, né à Bowounda près de la forge de son père, est-il devenu Sami TCHAK ? Pourquoi a-t-il jeté son nom à la poubelle pour s'habiller d'un mensonge ? Vexé, son père lui en tiendra rigueur. « Moi, Salifou Kandjawou Tcha-Koura, se lamente-t-il, j'ai eu un fils… qui s'est perdu dans le vaste monde pour devenir une plante sans racines. » La naissance au monde, la perte du patronyme, l'écrivain lui-même relativise tout cela. Il répondra au père ainsi : « Je comprenais qu'il ne pût saisir l'intérêt d'un pseudonyme, même si lui aussi en avait un (ah oui !) : Métchéri… C'était son nom de forge comme Sami Tchak est mon nom de plume. Il avait juste déduit que j'avais subi une métamorphose spirituelle suffisamment dévastatrice pour que je change d'identité. Il avait oublié que sur mon visage il avait fait graver, le jour de mon baptême, alors que je n'étais qu'un bébé de huit jours, les indélébiles initiales de notre identité, mes scarifications. Elles seules font de moi l'enfant de l'ethnie et du clan. Je les promène partout. »

Deuxième audace : se former à affronter le monde. Dans la biographie de Sami Tchak, un trait de sa personnalité étonne particulièrement : son érudition. Parfois, j'aime faire de lui cette remarque, que j'emprunte au philosophe béninois Paulin Hountondji parlant de son ami congolais le philosophe Valentin Mudimbe. « Valentin, disait Hountondji, a tout lu. Et quand je dis tout, c'est bien tout. » L'érudition de Sami Tchak est du même ordre, on le sent dans ses livres, mais encore plus dans ses raisonnements. L'homme lit tout et il lit tout le temps. Plus exceptionnel encore, il a une mémoire physique de ce qu'il lit, qui remonte peut-être à sa formation de jeune apprenant du Coran. C'est une hypothèse. Ses camarades à l'Université du Bénin racontent même qu'il dormait à peine. Couché à minuit, debout à quatre heures. Pour prier ? Peut-être. Je peux le confirmer. Parfois, perdu dans mes rêveries littéraires, lorsque je cherche au mitan de la nuit un compagnon avec qui partager la religion littérature, il suffit que j'envoie un message par mail à Sami, à 1h, 2h du matin. Surprise, quelques secondes après je reçois un accusé de réception « Lu » et deux autres secondes après la réponse à mes interrogations. Pourquoi donc ne dort-il pas, me suis-je souvent surpris à m'écrier hypocritement. J'ai tenté de comprendre cette passion pour les livres, cette boulimie de savoir. Car je me doutais bien que ce n'est pas à Bowounda qu'il a côtoyé les livres. Un fait a attiré mon attention. Dans la biographie de l'auteur, certaines périodes m'ont semblé creuses. La période où il a été jeune enseignant de lettres par exemple est systématiquement passée sous silence. Oui, je l'ai appris de ses amis, Sami Tchak a été enseignant dans la région des Savanes. Après la classe de Troisième, après le BEPC, le jeune Sadamba a interrompu ses études pour aller enseigner comme instituteur. Et c'est pendant cette période qu'il a préparé son Baccalauréat tout seul, sans l'aide d'aucun maître d'études. Quand Wikipédia écrit à son propos, « Après une licence de philosophie obtenue à l'université de Lomé, capitale de son pays, en 1983, il enseigne dans un lycée pendant trois ans. », Wikipédia ne ment pas. Nous parlons de la période avant l'université. Comme l'enseigne la sociologie de la littérature, les moments les plus importants dans l'histoire littéraire peuvent être ceux qui ne sont pas valorisés, et qui sont la plupart du temps les années de la formation intellectuelle et intime de l'écrivain. Préparer son Bac-Philo tout seul, en gagnant sa vie, loin des salles de classe et des diatribes des enseignants, suppose une force, une discipline et un effort absolu d'apprendre par cœur, de se souvenir de tout pour pouvoir retrouver son chemin dans le vaste dédale du savoir. Ce trait de caractère, ce blason de l'autodidacte lui est resté à jamais collé au corps, jusqu'à la préparation et l'obtention de son Doctorat de Sociologie à l'Université de La Sorbonne Paris VI en 1993.

L'allusion à ce doctorat est un détail presque sans importance. Ce n'est pas le diplôme qui fait les écrivains, au contraire, il faut une disposition d'esprit et une capacité à s'insérer dans une tradition d'écriture que l'on s'impose tout seul au bout parfois de plusieurs années de tâtonnements pour se constituer un stock de problématiques, des réseaux d'obsessions que vous nourrissez de vos lectures, de vos expériences humaines et de vos recherches. D'ailleurs, tous les amis de Sami que j'ai interrogés ne l'imaginaient pas écrivain, tous le voyaient professeur de sociologie. C'est pour cela que je puis dire que, *a contrario*, l'allusion à la sociologie revêt une grande importante pour comprendre comment l'œuvre littéraire de Sami Tchak va se constituer. La sociologie, voire l'anthropologie, ce sont d'abord des méthodes pour aller à la rencontre de quelque chose, découvrir et interpréter les sociétés humaines. La littérature de Sami Tchak se nourrit de sa formation, mais ce serait une erreur de croire que son œuvre romanesque n'est devenue ce qu'elle est que par la qualité de ces influences intellectuelles-là. En le lisant d'année en année, je comprends mieux ses propres ambitions d'écrivain soucieux de laisser de lui une trace originale. J'observe les terrains de recherche de l'apprenti sociologue, et je découvre les noms des pays qu'il a sillonnés. Le Togo et sa sous-région immédiate ont donné naissance au premier roman et à deux essais, dont le très remarqué *Formation d'une élite paysanne au Burkina Faso*, 1999, et récemment en 2013 *L'ethnologue et le Sage* publié à Libreville au Gabon. De ses explorations de chercheur bohémien à Cuba, dans La Caraïbe, naîtra *La Prostitution à Cuba. Communisme, ruses et débrouilles* (préfacé par l'écrivain cubain Eduardo Manet). Mais c'est sa découverte du Mexique, puis celle de la Colombie qui vont influencer ses choix littéraires. Ces espaces et les grands écrivains qu'ils ont donnés au monde lui ouvrent de nouveaux horizons. À tel point que la critique, presque unanimement ne retiendra que l'éloignement de Sami Tchak depuis son roman *Hermina* en 2003. D'autres critiques iront jusqu'à proclamer que désormais l'action de tous ses livres se déroule dans une Amérique latine « imprécise » faisant beaucoup penser à l'Afrique.

Je ne souscris pas à cette lecture de l'œuvre. Car avant *Hermina*, il y a eu le tonitruant *Place des fêtes*, qui se passe dans la diaspora africaine de Paris. L'œuvre a donc évolué du Togo et de l'Afrique vers ses diasporas, en réalité. Et l'Amérique latine de Tchak m'apparaît comme un des sous-espaces littéraires dans lesquels l'histoire de l'Africain continue de s'écrire autrement. D'ailleurs, rien ne prouve que notre auteur ne reviendra pas dans ses espaces du début, et ne nous racontera un jour par exemple sa relation épique au pays qui l'a fait naître, et qu'il a surnommé affectueusement dans son roman *La fête des masques* : « Ce Qui Nous Sert De Pays » ! Sami Tchak aime à raconter que le Togo lui a beaucoup donné, jusqu'à l'avion du président du Général Eyadema, dans lequel il a voyagé pour rejoindre la France la première fois comme étudiant, et à bord duquel l'État togolais le ramenait tous les deux ans au pays pour y passer des vacances. L'avion présidentiel, voilà un vrai privilège d'écrivain, mais surtout un prétexte solide pour raconter sa relation à « *Ce qui Nous Sert de Pays* », n'est-ce pas mon cher « Petit Diable » ?

Excellence, Monsieur le ministre de l'Enseignement supérieur et de la Recherche, Monsieur le Président de l'Université de Lomé, vous avez décidé d'honorer un écrivain des plus méritants. Un écrivain que certains considèrent comme sulfureux. Son roman *Place des fêtes* en 2001 aux éditions Gallimard a marqué fortement les esprits et secoué les lettres africaines. Pour une seule raison : c'est un roman dans lequel la sexualité se trouve au cœur de la narration. C'est vrai, pendant longtemps, la littérature africaine aura évité la question de la sexualité, on peut donc comprendre le choc provoqué par ce roman. Mais je crois qu'il y a une confusion souvent répétée par ceux qui veulent à tout prix rechercher le souffre dans *Place des fêtes*, *Hermina*, *La fête des masques*, *Le paradis des chiots*, *Filles de Mexico*, *Al Capone le Malien*. La sexualité comme élément de la littérature est un vieux prétexte que d'autres traditions ont suffisamment exploité. L'homme africain n'étant pas asexué, on peut donc comprendre ce que tente de faire l'écrivain, de roman en roman : montrer que les mœurs sexuelles ne renvoient point à la liberté de l'individu, encore moins au libertinage, mais appartiennent à des contraintes sociales que la fiction peut aider à mettre en scène.

Je reste persuadé que l'honneur que vous lui faites, Monsieur le Ministre, Monsieur le Président, ouvrira la voie à la découverte d'une œuvre riche et stimulante pour les lecteurs de son pays. Et ceci ne sera que justice. Je vous remercie.

Institut Confucius, Université de Lomé, 3 mars 2017.

(Cf. **ANNEXES** fig. 9, fig. 10, fig. 11)

N.B. : De Kangni Alem, Sami Tchak a introduit l'essai *Dans les mêlées – Les arènes physiques et littéraires*, Yaoundé, Éditions Ifrikiya, 2009, 107 p.

ORBITE TCHAKIENNE

Ananda Devi

L'artiste, couvert de chaumes, est mûr pour le silence. Il se mure aussi dans le silence.

À moins qu'il ne rencontre une sorte d'ange gardien ; un inspirateur, un instigateur, le vigilant observateur de son travail. Alors commence un échange qui s'enfle ou s'apaise, océan onduleux et dense, va-et-vient d'un dialogue littéraire où s'entrelace une amitié qui est plus qu'une amitié, une confiance qui va au-delà de la confiance.

Cet écrivain, je le rencontre au cours d'une manifestation littéraire. Depuis, par le biais du courrier électronique, notre dialogue ne s'est jamais tu. Je l'ai plus tard surnommé « l'ange noir ». Il lui était aussi important qu'à moi de se préserver de ces deux dangers contraires que cite Camus, le ressentiment et la satisfaction, qui nous guettent tous. Il est devenu le confident qui a suivi la genèse et le sort de mes textes, comme j'ai suivi les siens, chacun dans son monde quotidien, chacun dans son propre univers.

Il est ainsi devenu, lui aussi, un homme qui me parle – ou plutôt qui m'écrit.

Ce passage, tiré de mon livre *Les hommes qui me parlent*, résume, en quelques lignes, le rapport intense, parfois apaisé, parfois tourmenté, souvent décalé, mais toujours littéraire dans le sens le plus fort du mot, qui m'unit à Sami Tchak. Cela fait plus de quinze ans que ce dialogue dont je parle s'est instauré, mais plus qu'un dialogue, il s'agit d'un partage, d'une complicité bâtie sur la nécessité de nous entraîner toujours plus loin sur nos chemins de traverse, de nous bousculer, de nous basculer hors de nos limites et de nos habitudes.

Depuis nos abris de paille et de rêves, trop proches de nos brûlures pour être de vrais refuges, nous avons tenté de capturer notre autre, notre *alter ego*, notre garde-fou et notre folie à la fois. Déjà, dans *Indian Tango*, je le lui disais :

L'ange noir de l'écriture m'habite depuis toujours, mais je n'ai pas réussi à l'apprivoiser, à le plier à mes nuits, à mes exigences, à mes envies. Je l'imagine parfois, insufflant en moi, par la bouche, par la parole, son incandescence, j'imagine ce qui sortirait d'une telle union, d'un tel sortilège, je brillerais, habillée de sa flamme, de son amour, je vêtirais de ses cendres ma peau consumée, je raconterais chaque parcelle de mon corps en racontant des histoires qui écartèleraient mes lecteurs, je les entraînerais sur un chemin sanglant vers leur plus grande dérive, celle dont on ne revient pas inchangé, je les souffletterais de ma hargne, de mon amour, je ferais de la poésie le scalpel qui découperait en lambeaux leurs chairs et les ferait vivre plus magnifiquement, débarrassés de ces peaux qui les plombent et les engluent à leurs propres frayeurs, je les pousserais jusqu'au bout de leur fulgurance noire et rouge, mes mots seraient les séducteurs d'hommes et de femmes et les charmeurs de monstres et, toujours, l'ange noir serait à ma droite, surplombant mon épaule, me murmurant à l'oreille ses exigences et ses cruautés, et chaque soleil couchant, sur l'île de nos démences, dégorgerait sur nos corps son encre d'or et de boue.

Cet appel à l'excès, à l'irrémédiable, à la démence de l'écriture, il me semble que je le lui ai toujours lancé, obsédée par l'idée de toujours rester en-deçà de moi-même, de n'être jamais à la hauteur, d'être *insuffisante*, de terminer ma vie avec ce sentiment du pas assez, et persuadée que c'était lui qui parviendrait à me maintenir la tête au-dessus de l'eau.

Il est devenu, en tout état de cause, un personnage de mes livres, un fantôme qui hante mes pages parfois à mon insu et qui y est demeuré en secret, tandis que lui clamait haut et fort ma propre présence dans ses livres, en tout cas le *moi* écrivain, la Devi qui parvient à se dépasser et à remonter le cours de ses eaux, la crue ivre des mots.

La surprise est venue d'*Hermina*, le début du cycle Amérique latine, corps de braise qui consume les personnages tout comme la violence érotique des mots consume le lecteur, et où les multiples références littéraires intègrent mon roman *Soupir*, le plus ignoré de mes romans, le mal-aimé, et lui donne des ailes.

Ainsi, à la page 116 : « Ici l'amour engendre des démons, sème sur sa route des cadavres et des histoires pas faciles à dire. Le sexe prolonge toujours ses tentacules jusqu'au cœur de la malédiction, comme si tout le bonheur qu'il peut procurer n'aurait jamais de sens s'il ne pataugeait dans les eaux troubles de l'âme. (…) Enfin, l'écriture dévienne fait effet de cristal, donc attire, fascine, mais glisse progressivement, avec celui ou celle qui accepte de se laisser séduire par son charme, vers l'abîme. »

À travers ce regard, il m'a rendu *Soupir* de la plus belle des manières, et il a du même coup enlacé mes livres aux siens, en un sublime corps à corps.

Après, après… Comment expliquer la suite ? Lire dans ses livres les échos des miens, lui répondre par le biais d'allusions secrètes mais qui, lorsqu'elles sont lues sous l'éclairage de ce partage, deviennent limpides, sourire lorsque les lecteurs tentent de deviner, dans *Les hommes qui me parlent*, l'identité de l'ange noir, et finalement – dans mon cas – décider que ce secret n'en est pas un, puisque ceux qui nous suivent savent depuis longtemps ce qu'il en est.

Mais le savent-ils vraiment ? Nous sommes à l'ère des amitiés superficielles, des réseaux toujours plus vastes et insignifiants, des échanges qui s'effacent sous un simple *delete* du clavier. Les correspondances entre écrivains de jadis, avec ce papier dont ceux qui vantent les bienfaits de l'électronique veulent se débarrasser et qui pourtant sait survivre aux siècles, voire aux millénaires, tandis que l'électronique disparaît en quelques années d'obsolescence, ne sont plus de mise. Aujourd'hui, les écrivains sont entourés et médiatisés – et plus seuls que jamais. Pour moi, il n'y a jamais eu qu'un seul lecteur.

Il est le continent qui ancre mon île et la protège du naufrage. Peut-être avons-nous besoin de ce regard qui si souvent est un fil d'Ariane dans nos labyrinthes tourmentés parce que nous sommes en décalage par rapport à ce milieu littéraire qui va si vite, trop vite, les livres passent et disparaissent, les critiques font le service minimum, personne n'a plus le temps de s'attarder sur ce qui a été si cruellement, si délicieusement arraché de nos chairs, sauf les lecteurs fidèles qui nous suivent, sauf les universitaires qui nous étudient, sauf – nous-mêmes, arrimés à notre travail, suivant ce parcours qui parfois titube mais s'efforce de ne pas s'effondrer malgré les doutes, malgré les déceptions, malgré les inévitables tristesses qui accompagnent les pas de tout écrivain amoureux de la mort. Contrecarrer l'angoisse, s'arrimer à nos attentes mutuelles, et continuer, continuer parce que nous n'avons pas le choix, plus le temps passe et plus l'urgence, non seulement d'écrire, mais d'écrire mieux, de ne pas reculer ni piétiner les mêmes chemins, de nous pousser là où nous ne pensions pas aller, devient impérieuse.

Ce mariage littéraire, rêve de finir sa vie sur une île déserte ou en un pacte suicidaire sur un pont branlant de Pompéi parmi les corps figés et le temps piégé par le souffle du volcan, il a quelque chose de tellement étrange et unique, d'inviolable, presque, et pourtant d'inévitable, que lorsque je repense à notre première rencontre, dans un café au salon du livre de Paris, je m'étonne que cela se soit passé si simplement. Il avait lu *Moi, l'interdite*. Il l'avait aimé. Il m'a offert *Place des fêtes*, qui venait de sortir.

Dans le train me ramenant à Genève, j'ouvre le livre et m'y plonge. Je souris, je sursaute, je frémis, je m'effraie des lectures au premier degré qui pourraient être faites de ce livre, en en dévoyant le sens, et surtout, surtout, je suis happée par sa vitalité furibonde, la pulsation d'énergies qui transperce les pages, les milliers d'allusions littéraires et cinématographiques qui tracent un chemin de Petit Poucet dans la forêt tchakienne et qui révèlent déjà son immense érudition. C'est là que la magie opère et que tout commence.

Genève-Paris-Genève, puis d'autres voyages, Bamako, Naples, Saint-Malo, tant de rencontres qui nous jalonnent, mais surtout, ce sont les échanges électroniques qui vont approfondir le lien, creuser les aires d'ombres, aspirer nos vies dans leur trou d'air, les mots nous illuminent et sont notre orbite, il s'amuse à détourner ma solitude satellitaire, je fais ma danse d'évasion, et les livres continuent de nous naître.

À Saint-Malo, les remparts et les vagues nous ont cernés de cet absolu qui pulse au cœur de la ville, en particulier dans l'intense énergie littéraire qu'elle dégage pendant le festival Étonnants Voyageurs. À Naples, le monde s'est replié en deux comme une paume sur mon corps, dégageant un soupir poétique et étrangement libérateur alors même que ce ne fut qu'une parenthèse qui donna naissance à *Indian Tango* et à un motif orange dans les romans de Sami. Bamako et ses soleils et son fleuve dont j'ai écrit quelque part que, *à le voir, à le suivre quelques instants du regard, à entendre son silence, il vient en soi un profond bouleversement, une de ces émotions qui semblent n'avoir de source véritable, un de ces frémissements qui passent sous la peau comme un fantôme, une trace oubliée de soi-même, et qui gonflent le cœur de quelque chose qui ressemble à une douleur, mais qui ne l'est pas.* Toujours, la présence de Sami habillera dans mon souvenir tous ces lieux d'une couleur d'écrivain d'or et de nuit, dans une fête des masques et des mots.

Comment poursuivre cette histoire ? Dans *La couleur de l'écrivain*, il me fait un cadeau que je dois me persuader d'avoir mérité tandis qu'au fond de moi résonne la même vieille rengaine, la même litanie de doutes. Chaque nouveau roman offert à son regard me fait trembler (peut-être ne le sait-il pas lui-même). Je sais que la femme en moi ne mérite pas son estime. L'écrivain en moi doit être celui qui accepte de porter la charge à la fois magnifique et terrible de ne pas faillir, de ne pas céder à la facilité, de ne pas s'offrir au *ressentiment et à la satisfaction*, de continuer à escalader les pics solitaires jusqu'à ce qu'un jour le sol se dérobe sous ses pieds, et l'envol tant désiré sera là. Et lorsque la tentation de cet envol devient trop forte pour être repoussée, il sera encore là, à me dire, *tiens bon, je ne te pardonnerai jamais une telle lâcheté*. Tout ça parce qu'un jour il m'est venu un ange noir qui a su me voir telle que je suis, et dont l'exigence de son écriture est devenue un regard d'airain posé sur moi, un flambeau brûlant éclairant mon rapport avec la page, alors même que ses yeux m'offrent leur intimité complice et leur promesse toujours renouvelée : *je ne cesserai jamais de te comprendre ni de t'apprendre... et de t'attendre.*

N.B. : Ananda Devi signe la postface des *Fables du moineau* (Gallimard, xx, 152 pages) de Sami Tchak.

SAMI TCHAK, JOUISSEUR DE L'INSTANT

Annie Ferret

Quand je rencontre Sami Tchak la première fois, je n'ai lu de lui que quelques textes, d'abord le tonitruant *Place des Fêtes*, après lequel j'ai enchaîné *La Fête des masques* et *Al Capone le Malien*. J'ai puisé aux deux bornes chronologiques de son œuvre telle qu'elle s'écrit alors. Le souvenir de ces romans est encore vivace en moi et j'en ai conservé l'impression d'une écriture féroce, jubilatoire et pleine de risques. Puis je suis assise avec mes souvenirs dans le salon d'un grand hôtel et je parle depuis deux heures de littérature avec un inconnu, comme on peut le faire entre amoureux des livres, c'est-à-dire avec autant de sérieux que de badinage, quand tout à coup je comprends que cet inconnu est Sami Tchak et je reste en arrêt. Il comprend plus vite que moi et il rit. J'essaie en vain de faire défiler ses romans dans ma tête, de saisir en l'air cette langue hardie et nue, qui me revient par bribes. J'ai lu des textes vigoureux et drus, jouissifs jusqu'à la moelle, comme un jet de sperme, et voilà que je rencontre un homme doux et simple, plein de modestie et de timidité grivoise (parce qu'en deux heures de marivaudage littéraire, il a eu le temps de se montrer à la fois timide et grivois), et d'une érudition ahurissante. Tout à coup j'éprouve un frisson comme qui a trop parlé, puisque je me suis laissée aller à bavarder sans savoir et que maintenant je sais. Pendant quelques minutes, pour un peu, je n'ose plus rien dire du tout, je ne fais plus que l'écouter, mais, quand, au fil des mois, ce n'est plus lui seulement que j'écoute, mais des amis, des écrivains, des lecteurs, des proches qui souvent le connaissent bien mieux que moi, au fil de ces mois où j'ai lu tous ses textes que j'ignorais encore, à commencer par *L'Ethnologue et le sage* une première fois dès l'avion qui me ramène en France depuis ce grand hôtel et une seconde fois à mon retour à Paris, au fil de ces rencontres et de ces discussions nouvelles, je suis surprise de l'entendre qualifier dans la bouche de tous ces gens d'écrivain cynique, dur et volontiers provocateur. Quant à bousculer les idées trop communément admises et à renverser les poncifs, je suis d'accord, je reconnais l'homme, mais penser qu'il s'agit chez lui d'une posture cynique, d'un amusement, et qu'il y a, en somme, d'un côté, l'écrire et, de l'autre, l'être, qu'il joue ou plutôt qu'il se moque et sait très bien distinguer le jouir du paraître, à mesure que les mois passent, comme je le disais, j'ai l'impression que, d'eux ou de moi, il y a quelqu'un qui s'égare. Ou je me trompe et le lis mal ou ils ont de lui une image un peu biaisée, un peu illusoire, posée à la manière d'un voile qui atténuerait la réalité d'un écrivain qui va peut-être parfois trop loin pour être suivi, parce qu'il voue une haine féroce aux faux penseurs. Je crois, moi, et le temps ne fait que me renforcer dans cette découverte aujourd'hui encore, que Sami Tchak est habité, habité au sens plein, habité comme le sont les créateurs, les artistes, les poètes, habité d'un réalisme triste et tendre à la fois, d'une extra-lucidité décapante sur le monde, mais qui n'entame et ne ternit jamais son immense amour de l'humanité.

L'homme est, à mes yeux, fascinant et fasciné. L'humanité, il ne fait pas que l'aimer, elle le grise. Elle est une drogue épaisse et mate, qu'il avale dans des claquements de langue, tellement certains morceaux, parfois, sont durs à faire passer. Vous savez, les tranches les moins belles, la violence, la guerre et la faim dans le monde, ne souriez pas, il ne s'agit pas juste de lieux communs de journaux télévisés, ce sont, sans qu'on s'en délecte, les gros titres qui raclent la gorge et qui obligent à déglutir une salive abondante pour réduire en sucs toutes ces cochonneries-là et pouvoir passer à autre chose. On voudrait les ignorer, mais on sait qu'elles sont là et on les avale toutes rondes par peur de leur consistance sous la dent.

Sami Tchak ne ferme pas les yeux, mais ça ne fait pas de lui, à mon avis, un provocateur. Il reste au ras du monde et de sa boue, sans exhibitionnisme et sans illusion, avec la même lucidité qu'il prête, dans le *Paradis des chiots*, à Ernesto, qui n'ose pas s'essuyer avec une serviette blanche après s'être lavé parce qu'il est conscient que la crasse est toujours là, en embuscade, et que, même s'il semble propre, elle n'attend que le moment opportun de sauter aux yeux et de remettre les hiérarchies à leur place, les hiérarchies qui ne bougent pas dans un monde tout aussi immuable : bien plus qu'une simple image, ce que dit Ernesto, c'est qu'il ne sert à rien de faire semblant que l'univers tourne rond, alors qu'il est patent qu'il va si mal[1].

L'homme autant que l'écrivain Sami Tchak est martyrisé de souffrance, comme vous, comme moi, devant le monde comme il va, mais, pour autant, il ne le fuit pas et je ne l'ai jamais vu, moi, ni sous sa figure d'homme ni sous celle d'écrivain, que je me garderais bien, à dire vrai, de séparer l'une de l'autre, courir et se réfugier en haut d'une colonne comme un stylite (ne résistons pas à l'image d'un cynique stylite) et proclamer d'une voix d'oracle quels sont les bons et quels sont les méchants, renverser la vapeur, montrer son cul et dire tout fort : « Allez-y, faites ce que bon vous semblera : giflez vos mères et violez vos sœurs, je m'en contrebalance, le monde est paradoxe et jamais assez vilaine pitance à mon goût ! » Si jamais quelqu'un prétend l'avoir vu perché là-haut et que c'est là une de ses postures et un de ses subterfuges pour disséquer ses personnages, je pense, moi, le contraire, parce que le cynique n'aime pas l'homme comme l'aime Sami Tchak, il se place au-dessus et ne condescend pas jusqu'à lui tendre la main. Mais si vous vous obstinez vraiment à le voir tel, c'est après tout votre droit, prenez garde quand même, parce que, c'est vrai, de temps en temps, que, du haut de sa colonne, Sami Tchak pourrait vous chier dessus !

La nuance, que peut-être tout le monde ne voit pas comme une évidence, est énorme et, si vous êtes conchié, ce n'est pas parce que vous êtes petit, il n'y a pas de plus petit que lui dans l'humanité de Sami Tchak, c'est parce que vous vous prenez pour plus grand, et qu'il vous a démasqué comme médiocre, ça, c'est vrai, il n'aime pas du tout, surtout quand le médiocre s'est cru perché sur une colonne plus haute que la sienne, comme les chauves-souris de son village, qui dorment la tête en bas et, sous prétexte qu'elles se réveillent pour apercevoir la branche et les étoiles au-dessus de leurs têtes, s'imaginent qu'il n'y a rien au-dessus d'elles, qu'elles sont l'acmé de l'univers et qu'elles voisinent tout simplement avec Dieu.

Les postures ne sont pas des façades qui lui conviennent. Pas plus chez les autres que chez lui-même et, tel que vous le voyez, il est. Grandi dans la simplicité, il ne néglige rien des petites circonstances ni des petits événements de l'existence. Là où il y a de la vie, il y a pour lui de la jouissance et de la matière pour faire une écriture vivante qui ne s'arrête

---

[1] *Le Paradis des chiots*, Mercure de France, 2006, p. 199.

pas de mordre et de battre comme un cœur, elle ne bat pas d'agressivité, non, mais de vigueur. Et quand j'écris que l'humanité le grise, ce n'est pas une image non plus, c'est une excitation littéraire de tous les instants, l'excitation littéraire de la rue et du vivant : un portrait qui passe à sa portée, homme ou femme, saugrenu ou sordide, monte jusqu'à lui comme une ivresse due aux vapeurs de l'alcool. Il s'en saisit moins peut-être qu'il n'en est lui-même saisi et agrippé aux tripes, et parfois il se secoue et l'image s'efface, d'autres fois, malaxée et digérée, elle se retrouve dans un livre. Sami Tchak use du matériau humain sans parcimonie et comme un gourmand. Cette manière de faire feu de tout bois ne lui est pas particulière, sans doute, mais si je parle d'écriture vivante, c'est que je crois que ce qui l'est davantage dans sa manière de travailler, c'est la façon dont il convoque le présent dans une immédiateté déconcertante. Il ne garde rien pour demain, la matière n'est pas chez lui engrangée pour une utilisation future, il absorbe au contraire jusqu'à la dernière cuillerée de confiture tout de suite, de peur qu'elle ne soit déjà éventée dans quelques jours ou que le goût n'en soit plus tout à fait aussi fruité. Rien qui traîne longtemps dans ses papiers ou qui se laisse recouvrir d'une couche de poussière. Le réel appartient dès maintenant à la littérature, il l'engorge, elle le dévore, et le roman est pareil chez lui à un serpent qui abandonne les mues de ses vieilles peaux tous les jours, mais sans perdre sa route et sans cesser d'avancer. Ce qu'il gobe dans l'instant, il le fait progresser dans ses anneaux vers son œsophage avant de le broyer en minuscules fragments qui deviennent le terreau dans lequel il trempe ses phrases. La vie n'innerve pas seulement son écriture romanesque, elle la noie sous tous ses possibles. N'allez pas chercher aux confins de sa biographie l'origine de telle ou telle expérience, suivez-le plutôt à la trace, dans l'instant, dans le métro ou en train de faire la queue à la poste pour aller y retirer un livre, c'est là qu'il écrit, pas pour demain, mais pour tout de suite, pas dans des carnets empilés au cas où, pour plus tard, mais dans une jouissance enfantine de l'instant. C'est ainsi le présent le plus immédiat qui jaillit aussitôt sur le papier et il n'a jamais peur de faire prendre à un roman un tournant qu'il n'avait même pas envisagé un quart d'heure plus tôt.

L'ultime transformation s'opère ensuite dans le regard et elle est voile non de cynisme, comme certains ont toujours l'air de croire, mais de tendresse. Il faut lire Sami Tchak de près et sous la peau des mots pour comprendre que les sources les plus improbables du beau l'attirent, non pas la joliesse conventionnelle, convenue, sans charmes, mais l'appel languissant de la différence et de ce qui fait la grandeur, la beauté et la diversité de toutes choses et de toutes gens, l'étincelle ou le temps qui donnent à la réalité des contours d'autant plus habitables qu'ils paraissent accidentés. S'il y a autant d'humanité, et ce n'est pas vraiment discutable, dans un corps jeune et plein de force que dans un cadavre fraîchement recouvert par les mouches, alors il y a autant de beauté en chacun d'eux et la même quantité de tendresse à leur consacrer. Et puisqu'il est si facile d'aller gratter le beau là où tout le monde le voit, autant se donner un défi un peu plus grand et aller le chercher là où son évidence ne saute pas aux yeux. C'est cette attitude, je crois, pourtant d'une certaine manière la moindre qu'on puisse attendre d'un créateur, qui emporte ce jugement un peu fait à l'emporte-pièce sur l'auteur : ce Sami Tchak, alors, non mais quel cynique ! C'est à coup sûr ignorer qu'il n'y a chez lui, quand il va piocher dans le sordide et le moins avouable, aucune volonté de choquer, mais une vraie tentative de faire partager un regard… Échec de la connivence, quand on est mal lu, et limite parfois peut-être du dialogue avec les lecteurs, incompréhension entre l'écrivain et ceux avec qui et pour qui il crée…

Pour un moment donc, permettez que je retourne m'asseoir, dans le salon de ce grand hôtel, et que je réfléchisse à cette improbable rencontre entre le lecteur et l'écrivain, improbable pour moi qui faisais des écrivains aimés des êtres inviolables et ineffables et qui crains maintenant de me retrouver personnage…

Je crois que je perds un moment le fil de la conversation, parce que je songe soudain, au-delà de cette petite scène probablement vite oubliée de nos vies, je songe plus généralement à cette relation entre un auteur et son lecteur, cette relation qui n'existe pas en réalité ou que l'on qualifie elle aussi d'une bien mauvaise manière, parce qu'on devrait toujours penser plutôt à la relation qui unit un lecteur et *son* auteur. L'appropriation ne peut fonctionner que dans ce sens-là et voilà à quoi je songe dans mon fauteuil, je deviens espiègle et je ris à mon tour. Il n'y a que des écrivains de prédilection pour des lecteurs, non pas l'inverse, parce que l'auteur qui penserait en écrivant à un lecteur idéal, d'écrivain, je crois, deviendrait boutiquier. Un lecteur peut avoir ses auteurs favoris, qui lui appartiennent autant que des images de lui-même reflétées dans des miroirs, tandis que le lecteur idéal n'existe pas pour l'auteur, il n'a pas même à exister, il est libre d'être un mauvais lecteur, il est libre de dire tout ce qu'il veut, il n'est jamais qu'une construction théorique et exubérante, au plus une sorte de vœu pieux… Mettons donc que j'ai rencontré ce jour-là, en chair et en os, un de *mes* auteurs de cœur. Pour lui, je ne suis qu'une lectrice dans un flot, mais pour moi, il est l'incarnation même de ses romans. Mais qu'est-ce que je cherche, au juste ? Pas un personnage à qui il aurait prêté certains traits. Je devine bien que c'est sans doute dans ceux qui lui ressemblent en apparence le moins qu'il a laissé le plus de lui-même… Alors peut-être les mains qui ont écrit, la tête qui a pensé ? Un peu de tout ça, si on veut, je tente en un éclair d'apercevoir en tout cas la sensibilité, la luminosité et, avec Sami Tchak, je suis comblée, parce que je ne crois pas que l'homme marche très loin des personnages de ses livres. Sans se confondre entièrement avec eux, il déambule entre les pages ou plutôt il avance dans la vie avec la même liberté que ses êtres de papier, à qui il prête tous les droits et toutes les fantaisies. Je suis assise et je regarde cet homme et, pour la première fois, je voudrais pouvoir changer de prisme et apercevoir le monde par ses yeux. Je guette la brèche et le moment, comme une intuition, où, peut-être, conjointement l'un et l'autre, nous jouirons de l'instant vivant tel qu'il prend forme au loin et reflue comme une vague vers nos êtres dans un dialogue qui, en effet, je mesure ma chance, n'a jamais tari depuis.

LA GLOIRE DE L'AFRIQUE

Jean-Marie Gustave Le Clézio

Nous sommes de plus en plus nombreux à suivre la *comédie humaine* de Sami Tchak, depuis son livre culte, *Place des Fêtes,* jusqu'à ce nouveau roman, *Al Capone le Malien.* Il parle encore ici de l'Afrique, il faudrait dire les deux Afriques, celle du glorieux passé des empires noirs du Soudan – Songhaï, Bornu, Mandingue ; et celle, contradictoire et prosaïque, d'aujourd'hui, en proie aux ambitions politiques et à la corruption. Un continent à la dérive et à l'avenir incertain.

René, journaliste français, accompagné de Félix, un photographe baroudeur, part pour un reportage sur le grand balafon, le Sasso-Bala, objet légendaire autour duquel s'est cristallisée la mémoire du Mali. Approche ethnographique pour l'un, occasion d'un scoop journalistique pour l'autre, l'attrait du fétiche les conduit dans une aventure d'où ils ne sortiront pas indemnes. René, le narrateur, est à la recherche de l'Afrique fantôme, et cette quête va remettre en cause toute sa vie. Car ce qu'il découvre dépayse tout ce qu'il pouvait imaginer : la vie en brousse, en compagnie de Namane Kouyaté, son mentor en terre inconnue, dans un environnement à la fois misérable et riche en émotions.

Peu à peu la grandiloquence des discours s'empare de son esprit, au point qu'il se met à raconter, lui aussi, avec ces formules imagées, drolatiques et redondantes, répétant les noms, les paraboles, les clichés africains. Mêlant les rêves et la réalité, visité par les esprits, ou par la jeune femme de Namane, belle comme une image et sensuelle comme une déesse, Fatou, dont Namane a dit à ses parents, avant de l'épouser : « Votre fille est mon unique chemin, j'irai jusqu'au bout d'elle. »

Le comique n'exclut pas l'émotion, bien au contraire. Sentencieux, injuste et un peu arnaqueur, Namane sait parfois plaider la cause de son peuple. L'Afrique a été vaincue par l'Occident, mais elle a gardé son orgueil, sa capacité de résistance : « Fini le temps où les Blancs venaient prendre à nos vieux les paroles les plus précieuses, s'en allaient après avoir fait des photos et promis la lune [...], écrivaient des livres dont les véritables auteurs étaient nos vieux, alors que l'argent et les honneurs étaient à eux. »

Il s'en prend aussi aux « intellectuels et plumitifs qui n'ont pour référence que la gloire de ceux qui les ont vaincus ». Ses ennemis, les ennemis de l'Afrique traditionnelle, dit-il, « ce sont ces gens sans densité spirituelle qui promènent à travers le monde le creux sonore de leur tête », ces « singes fardés pour l'exposition postcoloniale ».

Pour faire sortir le balafon sacré à Niagassola, il faut payer, et le prix, c'est un taureau à sacrifier. Tractations, colères feintes ou réelles, la comédie des traditions joue dans tous les registres, et c'est elle qui a le dernier mot parce qu'elle a le temps, parce que de toute façon il ne s'agit pas de perdre ou de gagner et que le pouvoir des patriarches ne sera pas remis en cause – ni d'ailleurs celui des matriarches.

Sami Tchak est au meilleur de lui-même, quand il fait vivre cette société archaïque, extravertie, dans tout son *kitch*, on pense parfois aux reportages photographiques du Sud-Africain Pieter Hugo au Nigeria. Mais il ne se contente pas d'être un observateur, comme son héros René. Parfois l'émotion affleure, par exemple dans la scène admirable où la petite handicapée mentale Bi'Ntou Keïta, maltraitée par les habitants du village, est tout à coup sauvée de la vindicte publique par le même Namane, au nom de l'universelle humanité. Et pour la première fois, elle qui riait quand on la battait verse des larmes.

C'est le passé de l'Afrique qui tente de survivre, ce passé historique que les Blancs feignent de ne pas voir. La figure héroïque de Soundjata Keïta, vainqueur par magie du roi Sosso Soumaoro Kanté, qui institue l'empire du Mali, et crée la première Constitution africaine avec la charte du Manden en 1222. Alors l'Afrique noire offrait un modèle pour les Arabes, qui venaient y chercher la justification de leur pouvoir.

Et c'est cette gloire passée qui attire aujourd'hui les jeunes expatriés d'Afrique, venus des banlieues de Paris pour chercher leurs racines. Leur déception devant la pauvreté et l'arriération de l'Afrique est impossible à surmonter. De ce passé fabuleux il ne reste rien, pas même une motte de terre, et René lui-même comprend le choc des jeunes générations : « J'imagine que pour eux qui cherchaient les sources de fierté pour mieux supporter leur destin de caniveau en France, ah, c'était dur ». On se souvient des sarcasmes iconoclastes du narrateur dans *Place des Fêtes*.

C'est que l'autre Afrique l'emporte sur l'ancienne, l'autre Afrique, celle des faiseurs et des menteurs, des petits malfrats et des escrocs internationaux. L'arrivée en limousine d'un prétendu prince camerounais et de sa princesse, venus eux aussi assister à la sortie du Sosso-Bala, suffi t à rompre le charme des Anciens. Tout tourne maintenant autour de Joseph Tawa, alias Al Capone, et de sa compagne Sidonie Koagne, et surtout du fondateur de cette étrange secte des jouisseurs, Donatien Koagne, alias Dieu Do. Ce vortex du vice et du mal attire René irrésistiblement, il l'entraîne dans ce qu'il appelle « mon voyage au cœur des ténèbres ».

Dans ce nouveau monde, non pas en décalage mais en avance sur son époque, l'argent, le sexe et le pouvoir sont les maîtres absolus, capables de corrompre toutes les politiques. Ce que René, nouveau Marlowe conradien, découvre est la pente qui entraîne le monde entier vers la déconfiture. Le balafon sacré était un leurre, l'amour est impossible, et la célébration des plaisirs est aussi l'affirmation de la mort. Dans l'Afrique nouvelle, les dyéli, les maîtres de la parole, n'ont plus de place et les griots sont devenus des « flatteurs professionnels », et le pouvoir tutélaire des Anciens s'est réduit au folklore.

Dans ce roman puissant et inspiré, Sami Tchak, comme son contemporain Mabanckou, reprend à son compte l'engagement littéraire initié par ses prédécesseurs africains, Amos Tutuola, Wole Soyinka, Yambo Ouologuem ou Ahmadou Kourouma – mais ce qu'il dit ne concerne pas seulement l'Afrique. Le règne des jouisseurs et des corrupteurs est partout dans le monde, il n'est pas réduit à ce seul continent. Sami Tchak parle de l'Afrique en nous. Son œuvre – rien à voir avec les prétendues philosophies de la télécratie ni avec les chapelles littéraires autoproclamées – est pleine d'une ironie salutaire, si le mot n'était pas tant décrié on la dirait d'un moraliste. Elle est de celles qui aujourd'hui donnent des ailes à la littérature française.

EN CHEMINANT AVEC SAMI TCHAK

BONIFACE MONGO-MBOUSSA
(Sarah Lawrence College, Paris)

J'ai rencontré Sami pour la première fois aux éditions l'Harmattan à la fin des années quatre-vingt-dix. J'étais venu soumettre à Denis Pryen le projet de *Tresses*, une revue littéraire concoctée avec mon ami, le regretté Serge Mbourra, et mon épouse. Denis Pryen m'a, à ma grande surprise, aimablement reçu, puis suggéré de m'associer au sociologue sénégalais Babacar Sall, rédacteur en chef d'une revue naissante, *Sociétés Africaines et Diasporas*, dont Sami Tchak – à l'époque, on l'appelait Sadamba – était membre de la rédaction. Par bonheur, Babacar Sall était en train de peaufiner le premier numéro. J'ai donc aisément intégré la revue. À présent, je comprends pourquoi j'ai été aussi facilement accepté. La vérité est que Babacar Sall et Sami Tchak, bien que Sociologues de formation, chérissaient la littérature et tutoyaient déjà la muse.

Après l'entrevue au sous-sol, je suis remonté à la librairie, et suis tombé sur *L'Autre face du royaume*, un essai du philosophe Valentin Yves Mudimbé, publié aux Éditions l'Âge d'homme dans les années 70. Un essai souvent cité, mais aujourd'hui épuisé. Le livre était assez cher. Je voulais coûte que coûte me le procurer. C'est à ce moment que Sami Tchak, que je connaissais à peine, m'a proposé son aide. Je ne me rappelle plus s'il avait complété la somme manquante, ou s'il m'avait fait bénéficier de sa réduction en tant qu'auteur et employé de l'Harmattan. Depuis ce jour, nous ne sommes plus quittés. Il est vrai que les aléas de la vie ne nous permettent plus aujourd'hui de nous retrouver comme jadis. Mais cette rencontre a été féconde.

À l'époque, Sami habitait la rue des Pyrénées, non loin de Belleville. J'habitais la rue Eugène Jumin dans le dix-neuvième Arrondissement, en face de la Villette. Nous nous voyions presque tous les soirs, et le téléphone n'arrêtait pas de sonner. Au menu : la littérature, avec de temps en temps une petite incursion dans l'insoutenable solitude de l'Africain. On discutait beaucoup en marchant, selon un manège qui devait faire sourire les habitants du quartier. Je rendais visite à Sami, il m'accompagnait, puis je le raccompagnais à mon tour, ainsi de suite. Un moyen de conversation efficace pour perpétuer les discussions. Nous avions à l'époque des bagages différents. Sami était avant tout un sociologue qui venait de publier sa thèse, j'étais en passe de terminer la mienne en littérature africaine. Le savoir littéraire de Sami, à l'époque, était à mon goût trop francocentré, avec quatre auteurs de prédilection : Sade, Rousseau, Zola – pas tout Zola, mais l'auteur de *Nana* – et Maupassant, particulièrement *Boule de Suif.* Une connaissance littéraire qui s'arc-boutait à l'anthropologie, à la sociologie et à la philosophie. Mon petit bagage était moins prévisible. J'avais fait des études de Lettres russes à Leningrad. Je m'étais converti à la littérature latino-américaine en fréquentant Serge Mbourra qui préparait une thèse sur l'intertextualité et le travail d'écriture dans la littérature congolaise. Serge aimait passionnément les écrits de Jorge Amado, Mario Vargas Llosa et Borgès que je venais de découvrir en même temps que Julio Cortázar, et surtout Octavio Paz, dont *Le labyrinthe de la solitude* a été longtemps été au chevet de mon lit. D'ailleurs, ce livre est à l'origine d'une autre rencontre, avec Landry Wilfrid Miampika, qui comptera plus tard pour Sami Tchak. Voici comment j'ai fait sa connaissance.

J'allais en métro à l'ambassade du Congo, plus précisément à la paierie pour percevoir ma bourse. Je lisais *Le labyrinthe de la solitude.* En face de moi, un jeune Noir aux yeux interrogateurs, maigre comme un spaghetti, tenant dans ses mains *Ségou* de Maryse Condé. Sans s'annoncer, il m'interpelle à propos de Paz. Il s'avère, au fil de la conversation, qu'il est un compatriote, inscrit en thèse en Paris 8, et qu'il est un ancien étudiant à Cuba. Donc lisant les Latino-américains dans le texte. Me voici désormais lié à trois ogres littéraires : Serge Mboura, Sami Tchak et Landry Wilfrid Miampika. Trois ogres que j'ai fini par réunir autour d'un repas chez Serge Mbourra à Saint-Denis. Mais en amont, j'avais réussi à mettre en contact Sami Tchak et Landry qui avaient, outre la littérature, d'autres affinités électives… Depuis, ils sont inséparables. Cette rencontre a facilité les séjours de Sami Tchak en Amérique latine.

Puisqu'il est question de témoigner sur Sami Tchak, je m'en voudrais de ne pas convoquer ici un homme qui a joué un rôle d'accélérateur dans l'itinéraire de l'écrivain : Jovy, l'informaticien et l'homme à tout faire des éditions L'Harmattan. D'origine asiatique, probablement vietnamienne, toujours en bras de chemise, en hiver comme en été, jamais un mot plus haut que l'autre, Jovy était la sérénité incarnée. Nous croyions qu'il ne s'occupait que de ses machines. Il avait au fond un œil sur tout ce que nous entreprenions, sur notre dilettantisme en tout cas. Il suivait particulièrement Sami Tchak. Un jour, il l'interpelle, puis lui demande si l'écriture est sincèrement son projet de vie. Sans hésiter, Sami répond par l'affirmative. Joly le regarde droit dans les yeux : « Alors fais-le jusqu'au bout », lui dit-il. Cette injonction, venant d'un homme qui n'a jamais haussé le ton, n'est pas tombée dans l'oreille d'un sourd. Sami, qui était à cheval entre ses essais et la fiction, s'est jeté à corps perdu dans les livres – Sami, un lecteur hors du commun – et l'écriture fictionnelle.

Coup sur coup, il donna à lire *Place des fêtes*, *Hermina* et *La fête des masques*. De ces trois textes, le premier est celui à la genèse duquel je suis attaché : sa « venue est monde » relève d'anecdotes de la vie littéraire. Un après-midi, je croise par hasard Sami Tchak à Présence Africaine. Nous engageons comme d'habitude nos échanges littéraires en cheminant vers le métro. Nous longeons la rue des Écoles, bifurqué sur le boulevard Saint-Michel jusqu'au RER Saint Michel. La conversation était passionnante. L'heure tournait. Or, j'avais rendez-vous à la place de la Contrescarpe avec Jean-Noël Schifano, le Directeur de la collection « Continents Noirs » aux éditions Gallimard. Souhaitant perpétuer l'échange avec Sami tout en honorant mon rendez-vous, j'ai proposé à Sami Tchak de m'accompagner, ne soupçonnant pas le moins du monde, qu'il avait envoyé un manuscrit à Jean-Noël Schifano. Une fois au café, Jean-Noël Schifano m'accueille par une plainte : il reçoit trop de manuscrits. Il vient, me dit-il, de recevoir un dernier intitulé : *Les Seins de ma cousine*. Et part d'un rire entendu, qui voulait en substance dire qu'en matière de seins il n'était pas novice. Tout en parlant, Jean-Noël, fin psychologue, nous scrutait. C'est alors qu'il demanda à brûle-pourpoint à Sami Tchak s'il n'était pas finalement l'auteur des *Seins de ma cousine*. Sami opposa un refus timide. À la fin de l'entretien, au moment de prendre congé de Jean-Noël Schifano, Sami finit par lui dire qu'il est bien l'auteur du fameux manuscrit. Un manuscrit que Jean-Noël avait déjà écarté, mais qu'il promit de lire.

Nous sommes sortis de la Contrescarpe et avons continué nos échanges. Le lendemain, vers 16h, mon téléphone sonne. Au bout du fil, Jean-Noël Schifano, enthousiaste : « Ton ami, je le prends, je le prends tout de suite ». La suite est connue. Dès leur deuxième rencontre, le charme Sami a fait son effet. Très vite, Ils sont devenus amis. La bonne réception du roman a renforcé cette amitié. Même si Sami Tchak avait déjà publié aux nouvelles éditions togolaises un premier roman, *Femme infidèle* en 1988 sous le nom de Sadamba Tcha-Koura, c'est avec *Place des Fêtes,* dont le titre initial était *Les seins de ma cousine,* qu'il s'impose dans le champ littéraire africain et francophone. Dans une notice que j'ai consacrée dans *Africultures* à ce roman au moment de sa parution, j'ai fait référence au beau texte de Michel Leiris, *La littérature comme une tauromachie,* pour rendre compte de la violence qui traverse *Place des fêtes.* Même si Sami Tchak n'est pas un jeune *Black* né ici de parents venus de là-bas, comme son narrateur, j'associe ce statut de personnage hors-sol à la solitude des écrivains et intellectuels de notre génération. Si bien que je lis ce roman comme « une sorte d'autobiographie générationnelle ». Au fond, nous ne sommes pas si différents de ce personnage. Nous sommes certes nés en Afrique, mais sans avoir eu ni le temps ni les moyens de comprendre nos sociétés, et vivons dans une France que nous ne comprenons guère. D'avoir mis le doigt sur cette solitude était pour moi un acte de bravoure littéraire. Et le ressassement comme procédé littéraire utilisé par l'auteur rend bien compte de cette quadrature du cercle. Comme *Cons* de Juan Manuel Prada, la construction de *Places des fêtes,* au prime abord linéaire, est en réalité circulaire. Mais là où l'Espagnol suscite tout de suite l'adhésion du lecteur, parce qu'il – sans doute inspiré de *Seins* (de Ramon Gomez La Serna) – crée d'emblée une complicité sur un sujet plaisant, le roman de Sami, parce que beaucoup plus complexe, désoriente son lecteur. Une ambiguïté qui justifie son succès et sur laquelle je n'avais pas assez insisté à l'époque.

Toujours est-il que ce roman allait plus que jamais être associé à Sami, malgré la réussite, deux ans plus tard, d'*Hermina,* roman qui élargit et explose le procédé d'intertextualité déjà à l'œuvre dans *Place des Fêtes.* Voilà pourquoi, au moment de la présentation du manuscrit d'*Hermina,* son éditeur voulait l'intituler : *Le corps du texte.* Titre que Sami avait refusé. À l'époque, je partageais son refus : il me semblait que ce titre était davantage celui d'un essai. Avec le recul, je me dis qu'il aurait pu le prendre en sous-titre. Il rendait bien compte de l'originalité du roman reposant d'un bout à l'autre sur la littérature, ensuite parce qu'il y avait également des corps amoureux créant ainsi toute une polysémie autour du mot, en célébration de la littérature.

Après ces deux romans graves, vint *La fête des masques, a priori* plus « léger », mais qui condense les deux précédents romans et met en exergue le dédoublement, phénomène au cœur du projet littéraire de Sami. Moins connu que les deux autres, *La fête des masques*, texte servi par une plume alerte, mérite d'être revisité parce qu'il est lumineux sur la condition humaine. Je m'arrête sur ce livre, parce qu'il est celui de la fin d'un cycle au terme duquel Sami quitte la collection « Continents Noirs » chez Gallimard. Alors cesse notre collaboration littéraire. Car, c'est à partir de ce moment que je quitte momentanément l'Île-de-France pour la Provence en raison des « métamorphoses » intervenues dans ma vie privée, et par ricochet, le moment où je m'éloigne de la scène littéraire africaine dans l'Hexagone. Bien entendu, je continue de lire Sami Tchak, mais désormais comme un lecteur *lambda*.

Je me dois, avant de clore ce témoignage, d'écrire quelques phrases sur le rôle de Sami dans la réalisation et la réception de mon essai *Désir d'Afrique*. J'ai publié ce livre pour saluer la mémoire de Serge Mbourra. Sa mort brutale a été pour un moi un traumatisme. Il fut mon premier lecteur. Il m'avait convaincu que mes gribouillis avaient un sens. C'est lui qui avait pris la responsabilité de les mettre en forme. Après sa mort, je me devais de finir ce travail. Et Sami m'a accompagné. C'est Sami qui eut l'idée de demander une préface à Ahmadou Kourouma avant d'écrire une postface à la demande l'éditeur. Alors que la préface de Kourouma s'appuyait sur « la littérature africaine fille de l'exil » pour méditer sur la condition de l'écrivain africain – l'écrivain africain de la génération de Kourouma –, Sami Tchak, sans biaiser, prolongeait l'essai « Le degré zéro de l'exil ». Un essai gigogne.

Il m'a été inspiré par les écrits du philosophe béninois Paulin Hountondji sur l'extraversion intellectuelle et artistique de l'Afrique, qui lui-même élargissait les travaux de l'économiste franco-égyptien Samir Amin sur la déconnexion. C'est dire combien la question est cruciale. Je cite Sami : « Dans le texte de Mongo-Mboussa, ce problème est abordé avec une rare lucidité dès le deuxième chapitre : ''Le degré zéro de l'exil '' ». C'est sur ce point que j'aimerais insister : « Lorsqu'on parle des écrivains africains, poser le problème des conditions de production et de circulation des biens matériels en Afrique, poser le problème du public, c'est mettre le doigt sur une question non pas délicate, mais dont les réponses sont, à mon avis, trop claires et embarrassantes. ». Je m'excuse pour cette citation qui pourrait donner à penser que je procède à une autocélébration. J'ai beaucoup souffert et souffre encore de la légèreté de nos écrivains à propos de notre extraversion. Seul Sami a saisi son importance, sa formation y est pour quelque chose. Lorsqu'il m'arrive d'introduire la question dans un débat, la réponse des écrivains est toujours l'affirmation de leur attachement à l'universel, et ce, malgré Michel Torga[1], et malgré Étienne Balibar[2]. Et pourtant, dans les années soixante-dix le critique sénégalais Mohamadou Kane nous avait déjà mis en garde contre les risques que présente cette extraversion littéraire. Récemment encore, J. M. Coetzee a remis à l'ordre du jour la question dans son roman *Elizabeth Costello*. Mais rien n'y fait : l'écrivain africain, soit par ignorance, ou par cynisme, continue de faire l'autruche, alors qu'au moment où j'écris ces lignes le continent n'a aucune maison d'édition viable, aucune revue littéraire digne de ce nom, aucune critique, etc. Mais je m'égare. Mon propos était de témoigner sur Sami Tchak. L'heure est venue de mettre un terme à ces digressions. L'important n'est ni ma personne ni d'ailleurs la figure de l'écrivain. Nous autres, poussière, avons pour vocation de retourner à la poussière. Seule demeure l'œuvre de Sami. Une œuvre forte, qui appartient déjà au Temps.

N.B. : Sami Tchak signe la postface de *Désir d'Afrique* (Paris, Gallimard, 2002, 379 pages), essai de Boniface Mongo-Mboussa.

---

[1]   Je fais référence ici à la conférence « L'Universel, c'est le local moins les murs », prononcée le 14 et le 16 Août 1954 par Michel Torga dans les Centres *transmontanos* de Saö Paulo et Rio de Janeiro, au cours d'un voyage au Brésil.

[2]   Étienne Balibar, *Des universels*, Paris, Galilée, 2016.

DÉCRYPTAGE : TCHAK L'ENCHANTEUR

Kouam Tawa

J'ai lu *Al Capone le Malien* un matin d'hiver. J'étais à Darmstadt. Je n'y étais plus que pour une matinée et comptais l'occuper à sillonner les ruelles qui serpentent dans son vieux quartier. En attendant le lever du jour, j'ai ouvert l'*Al Capone* de Sami Tchak… et n'ai pu le refermer qu'après avoir dévoré ses quelque trois cents pages. J'avais été saisi par son déroulement : René Chérin, un journaliste français, est envoyé par un grand magazine à Niagassola (en Guinée) pour un reportage sur le Sosso-bala. Le Sosso-bala est le balafon sacré qui fut offert par un génie à Soumaoro Kanté, le roi de Sosso. Après que Soundjata Kéita, le fondateur de l'empire du Mali, avait vaincu Soumaoro Kanté lors de la bataille de Kirina, il s'était emparé du balafon magique et l'avait confié à la garde de son griot Balla Fasséké, l'ancêtre des Kouyaté. René pour se rendre à Niagassola passe par Conakry où l'attend pour l'accompagner Namane Kouyaté, l'ancien diplomate guinéen qui a fait classer le Sosso-bala comme patrimoine mondial immatériel de l'humanité. Le balafon sacré trône dans l'une des cases de la concession des Kouyaté. René le voit en même temps que son collègue photographe (arrivé par Bamako) et de jeunes Franco-Maliens qui cherchent « des sources de fierté pour mieux supporter leur destin de caniveau en France ». Le Sosso-bala est grand, mais un balafon est un balafon.

Un prince camerounais, Edmond VII alias Al Capone, arrive à Niagassola avec sa princesse camerounaise dans une longue limousine noire. C'est un feyman tout d'or vêtu qui donne « de l'argent avec la même facilité que l'arbre à karité verse des larmes blanches ». Les jeunes Franco-Maliens puisent dans l'éclat de sa voiture la fierté que n'a pu leur procurer le balafon ancestral. René qui pour la première fois de sa vie se trouve si près d'une limousine est, comme eux, envoûté. On sort le Sosso-bala pour le prince, mais le prince est là pour une femme, l'unique femme du groupe des Franco-Maliens qu'il suit depuis Bamako. Il fait un numéro de magie pour éblouir la belle et ravit la vedette au balafon sacré. Namane est hors de lui et la fête tourne au vinaigre, mais il reste encore cent quatre-vingts pages de narration. René Chérin retrouve Al Capone à Bamako et s'approche de son monde d'escroquerie, de corruption et de jouissance. Il est si fasciné par ce disciple de Donatien Koagne, le roi des feymen, qu'il fait un voyage au cœur de leurs ténèbres et s'y perd, comme Clarence dans *Le regard du roi* de Camara Laye se perd dans le manteau du roi.

J'ai relu *Al Capone le Malien* un matin de saison sèche. J'étais à Bafoussam. La journée doucement ensoleillée était propice à la promenade et à la rêverie. Ayant rouvert ce dernier-né des romans de Sami Tchak pour relire les passages soulignés, j'ai eu le malheur de commencer par l'incipit. La première page m'a conduit à la deuxième qui m'a conduit à la troisième et ainsi de suite… jusqu'à la dernière page. Le fait de connaître la teneur de ce que je lisais n'avait aucunement fatigué ma lecture. Il y a du charme dans l'art de Sami Tchak ! Sa phrase ne court pas, ne rampe pas, elle marche. Elle avance comme un ruisseau dans la plaine, sans se presser, sans piétiner, mais elle s'attarde pour traduire le mouvement d'une parole et d'une pensée émues : « Namane Kouyaté, mon Namane, est parti, s'en est allé, triste, parce qu'il m'avait perdu, Namane ».

Sami Tchak écrit en écrivain qui n'oublie pas qu'un livre est fait de pages, qu'une page est faite de phrases, qu'une phrase est faite de mots. Il choisit ses mots comme un menuisier tire parti du bois et les assemble avec soin et ferveur. Il a le style simple et savoureux des maîtres de la parole et des raconteurs d'histoires qui savent que « le pain quotidien du langage est plus nourrissant, plus nécessaire, que les truffes, et qu'on se lasse vite des truffes et jamais du pain », comme dit le poète mauricien Robert-Edward Hart. Mais Sami Tchak n'est pas qu'un styliste. Il est aussi penseur quand il écrit *Al Capone* et son roman sécrète l'idée qu'il se fait de la littérature, en plus de nous donner à réfléchir, entre autres, sur les fondements de notre Histoire. Il a dit à propos de *La fête des masques* : « J'ai surtout voulu montrer qu'en ce qui concerne les personnages politiques dont nous dénonçons facilement les travers, si l'on renonce aux représentations paresseuses pour saisir la complexité de l'humain en nous, on constatera qu'ils ne sont pas si différents de nous, nous les portons en nous, ce sont nos frères. » Et j'entends sa voix dans celle de l'inoubliable Namane quand celui-ci affirme : « Beaucoup de nos écrivains africains, surtout dit francophones, produisent des caricatures sur leur pays et sur l'Afrique, rarement ou presque jamais ils ne créent des œuvres denses, complexes comme les grands auteurs latino-américains dont les pays connaissent pourtant des situations de violence encore plus dramatiques, qui ont traversé ou traversent des dictatures encore plus sanglantes. »

Cette pensée me rappelle celle du personnage Elizabeth Costello dans le roman éponyme du prix Nobel de littérature J. M. Coetzee, Elizabeth Costello qui dit que « le roman africain n'est pas écrit par des Africains pour des Africains », que les romanciers africains n'explorent pas leur monde dans toute sa profondeur parce qu'ils écrivent sans arrêter de loucher vers les étrangers qui les liront.

J'ai relu, à haute voix, vingt des trente-cinq chapitres que totalisent les quatre parties d'*Al Capone le Malien*. C'était le 6 avril dernier « Chez Denise », un café-restaurant-théâtre de la ville de Bafoussam. La salle était remplie d'hommes et de femmes venus pour la plupart écouter les extraits du « roman togolais » qui apportent un autre éclairage sur la feymania camerounaise et évoquent quelques-uns des faits qui ont récemment défrayé la chronique au Cameroun : le scandale de « l'homosexualité au sommet de l'État », la mort de Donatien Koagne au Yémen, l'assassinat de sa sœur à Yaoundé, l'affaire « Albatros », etc. Quelles ne furent pas ma surprise et ma joie de voir à la fin de la lecture les discussions tourner autour du regard décapant de Sami Tchak, de la vaste culture littéraire de Sami Tchak, de la prose musicale de Sami Tchak ! Je me souviendrai longtemps de ma conversation avec la vendeuse d'oranges qui au lendemain d'*Al Capone* « Chez Denise » m'a demandé : « Combien coûte le livre de notre grand auteur ? » J'ai dit « Pourquoi ? » pour jouer au Camerounais qui répond à une question par une question et dissiper ma gêne. Elle a répondu « Je veux l'avoir » et a ajouté cette phrase qui me trotte dans la tête : « Je ne savais pas qu'on peut faire de la musique avec les mots ! »

Des semaines ont passé depuis cette lecture d'hommage et mon exemplaire d'*Al Capone le Malien* circule de main en main, de foyer en foyer. J'ignore combien d'escales il fera avant de prendre place dans ma bibliothèque entre ses aînés *Place des fêtes* et *Le paradis des chiots*, mais je sais qu'il insufflera à beaucoup de lecteurs sa musique de balafon lyrique, sa musique qui me captive et m'enchante.

BIBLIOGRAPHIE DE SAMI TCHAK

La sexualité féminine en Afrique, essai, Paris, L'Harmattan, 1999, 240 pages.

La prostitution à Cuba, essai, Paris, L'Harmattan, 1999, 158 pages.

L'Afrique à l'épreuve du sida, essai, Paris, L'Harmattan, 2000, 141 pages.

Place des fêtes, roman, Paris, Gallimard, 2001, 294 pages.

« Postface » de *Désir d'Afrique* de Boniface Mongo-Mboussa, essai, Paris, Gallimard, 2001, 325 pages.

Hermina, roman, Paris, Gallimard, 2003, 339 pages.

La Fête des masques, roman, Paris, Gallimard, 2004, 104 pages.

Le Paradis des chiots, roman, Paris, Mercure de France, 2006, 222 pages.

Filles de Mexico, roman, Paris, Mercure de France, 2008, 179 pages.

« Préface » de *Dans les arènes physiques et littéraires*, essai de Kagni Alem, Yaoundé, Éditions Ifrikiya, 2009, 107 pages.

Al Capone le Malien, roman, Paris, Mercure de France, 2011, 300 pages.

Alu wasangar, bilingue tem-français, Lomé, Graines de pensées, 2011, 199 pages.

Nyonu d'afo gbe, bilingue mina-français, traduction de Kuamvi Mawulé Kuakuvi, Lomé, Graines de pensées, 2001, 197 pages.

« Une très bonne nouvelle », in *Enfances* (Nouvelles recueillies par Alain Mabanckou), Yaoundé –Bertoua, Éditions Akoma Mba et Ndzé, 2006, p. 135–145.

L'ethnologue et le sage, roman, Libreville, Éditions ODEM, 2013, 127 pages.

La Couleur de l'écrivain, essai, Ciboure, La Cheminante, 2014, 221 pages.

« Préface » des *Mille et une bibles du sexe* de Yambo Ouologuem, La Roque-d'Anthéron, Vents d'Ailleurs, 2015, 218 pages.

Ainsi parlait mon père, biographie, Paris, Éditions Jean-Claude Lattès, 2018, 271 pages.

Les Fables du moineau, contes, Paris, Gallimard, 2019, 139 pages.

Le duo de l'étoile et de la Luciole, roman, Abidjan, Éditions Hadassa, 2020.

Signés du nom de Sadamba Tcha-Koura :

Femme infidèle, roman, Lomé, Nouvelles Éditions Africaines, 1988, 144 pages.

Formation d'une élite paysanne au Burkina Faso, essai, Paris, L'Harmattan, 1995, 204 pages.

ANNEXES

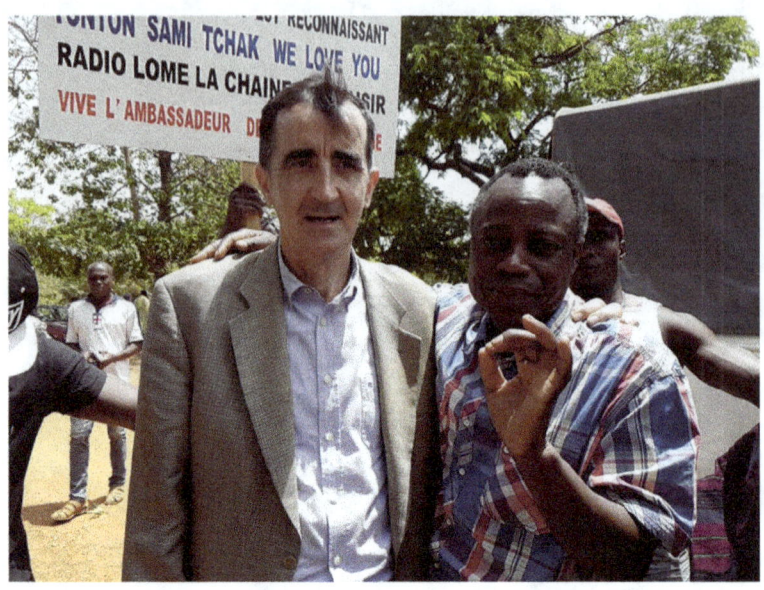

Fig. 1. Avec l'Ambassadeur de l'Union Européenne au Togo

Fig. 2. Vers Kamonda-Bowounda, village natal de Sami Tchak

Fig. 3. Kamonda-Bowounda

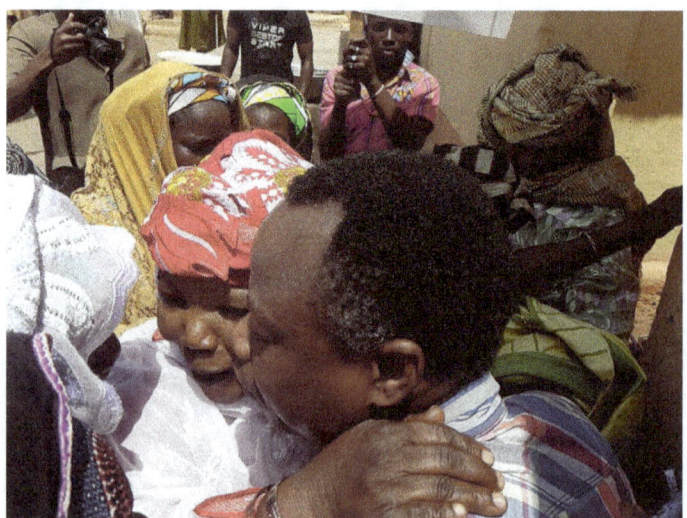

Fig. 4. Accueil au village

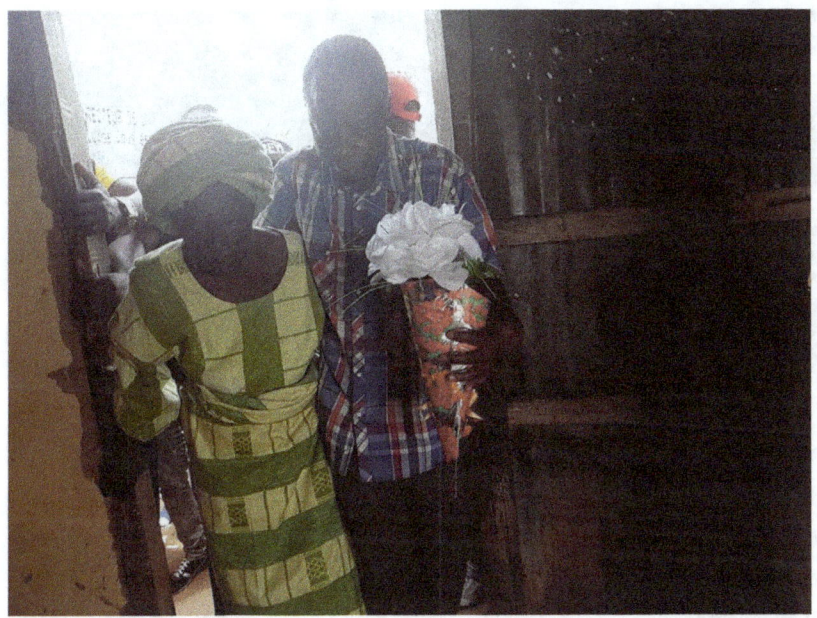

Fig. 5. Avec la doyenne d'âge du village

« *Cela me fait toujours grand plaisir de revenir ici au village. Et je me dis toujours : "C'est peut-être la dernière fois !"* »

(Sami Tchak, in *La Caravane littéraire* : « L'Écrivain Sami Tchak, héros de son village natal », par Ambroisine Mêmèdé, jeudi 2 mars 2017).

Fig. 6. Accueil traditionnel

Fig. 7. La forge du père

« Assis dans cette forge, je pense à mon père, mort à la Mecque, et qui n'a donc pas laissé de tombe ici. Je pense aussi à ma mère, morte loin d'ici il y a quarante-cinq ans aujourd'hui. Je pense à la très grande probabilité que je n'aurai pas de tombe ici. Mais la forge est la chose que je porte en moi »

(Sami Tchak, in *La Caravane littéraire* : « L'Écrivain Sami Tchak, héros de son village natal », par Ambroisine Mêmèdé, jeudi 2 mars 2017).

Fig. 8. El Hadj Métchéri Salifou Tcha-Koura, père de Sami Tchak

Fig. 9. Institut Confucius, Université de Lomé

Fig. 10. Université de Lomé, 3 mars 2017

Fig. 11. Diplôme d'excellence, Université de Lomé (Auditorium Confucius, 3 mars 2017)

CONTRIBUTEURS AU VOLUME

Marie-Rose **Abomo-Maurin**

Marie-Rose Abomo-Maurin, HDR (U.P.E.C.), a enseigné à l'Université de Yaoundé 1. Ses domaines de recherche sont l'ethnolinguistique, les littératures francophones écrites, les littératures orales et écrites en langues *fang-boulou-beti*, ainsi que la culture de cette région. Elle est également romancière et nouvelliste, poète, dramaturge et traductrice.

Kangni Alem

Né à Lomé en 1966, Kangni Alem est d'abord reconnu comme dramaturge, nouvelliste et romancier. Il a obtenu le Prix Tchicaya U Tam'si du Concours Théâtral Interafricain pour sa pièce *Chemins de Croix*, et le Grand prix littéraire d'Afrique noire pour son roman *Cola Cola jazz*. *Le Sandwich de Britney Spears* est son troisième recueil de nouvelles. Traducteur en français de l'écrivain nigérian Ken Saro-Wiwa et du Malawien Steve Chimombo, il est professeur de Littérature Comparée et de Pédagogie du Théâtre à l'Université de Lomé.

Kodjo **Attikpoé**

Kodjo Attikpoé est titulaire d'un doctorat en littérature allemande de l'Université de Francfort-sur-le-Main en Allemagne et d'un Ph. D. en littératures de langue française de l'Université de Montréal (Québec, Canada). Il est Associate Professor au Department of Modern Languages, Literatures and Cultures de la Memorial University of Newfoundland (Canada). Ses domaines de recherche sont les littératures francophones et la littérature de jeunesse. Auteur de nombreux articles, Il a aussi dirigé les collectifs suivants : *L'inscription du social dans le roman contemporain pour la jeunesse* (2008) ; *L'image de l'enfant dans les conflits* (codirigé par Jean Foucault, 2013) ; *Poétique de l'enfance : perspectives contemporaines* (2017) ; *Les pouvoirs de la littérature de jeunesse* (2018) ; in *Présence Francophone* 91, 2018 (dossier « Les figures de l'écrivain et de l'écrit dans le roman africain », codirigé par Josias Semujanga).

Flora **Boffy**

Née en Franche Comté, Flora Boffy a vécu à New York, à Auckland et à Yaoundé, avant de s'installer à Paris où elle travaille dans l'édition.

Odile **Cazenave**

Odile Cazenave est Professeur d'Études Françaises à la Boston University et dirige le Département de Romance Studies. Ses recherches portent sur l'écriture, l'esthétique et la réception de textes littéraires et filmiques postcoloniaux en français. Elle a publié *Femmes rebelles : naissance d'un nouveau roman africain au féminin* (1996 ; en anglais, 1999), *Afrique sur Seine. Une nouvelle génération de romanciers africains à Paris* (2003 ; en anglais, 2005) et, en co-écriture avec Patricia Célérier, *Contemporary Francophone African Writers and the Burden of Commitment* (2011). Elle a édité ou co-édité plusieurs numéros de revues, dont *Présence Francophone, Cultures Sud, Nouvelles Études Francophones*. Ses publications les plus récentes portent sur les littératures de l'Océan Indien, film et mondialisation ; sur des écrivains ou cinéastes tels qu'Assia Djebar, Ananda Devi, Véronique Tadjo, Raharimanana et Sami Tchak, Abderrahmane Sissako, Khady Sylla et Kivu Ruhorahoza.

Isabelle **Chariatte Fells**

Après une thèse en littérature française du XVIIe siècle (*La Rochefoucauld et la culture mondaine. Portrait du cœur de l'homme*, Classiques Garnier, 2011), Isabelle Chariatte, Maître de conférences à l'université de Bâle, enseigne depuis 2007 la langue et la littérature françaises ainsi que les littératures francophones. Ses recherches portent d'une part sur les moralistes du XVIIe siècle, d'autre part sur la littérature africaine francophone. Outre ses activités d'enseignement et de recherche, elle organise régulièrement des lectures publiques avec des écrivains africains ou des événements culturels, comme « Kongo am Rhein », Festival des arts contemporains du Congo, créé à Bâle en 2017 avec l'écrivain In-Koli Jean Bofane.

Ananda **Devi**

Ananda Devi est née à Trois Boutiques, Île Maurice, en 1957. Elle commence à écrire dès l'enfance et publie son premier recueil de nouvelles à l'âge de dix-neuf ans. Elle est l'auteure d'une vingtaine d'ouvrages qui ont contribué à en faire l'un des auteurs les plus en vue de l'Océan Indien. Traduite en plusieurs langues, elle puise dans ses identités multiples pour construire une œuvre sombre, dense, poétique et violente.

Papa Samba **Diop**

Professeur émérite de l'Université Paris-Est Créteil, Papa Samba Diop a publié : *La poésie d'Aimé Césaire, Propositions de lecture* (Honoré Champion, 2010) ; *Léopold Sédar Senghor, Poésie, Étude critique* (Honoré

Champion, 2015) ; en collaboration avec Alain Vuillemin, *Littératures en langue française-Histoire, Mythes, Création* (Presses Universitaires de Rennes, 2015).

Annie **Ferret**

Née en banlieue parisienne, Annie Ferret, agrégée de Lettres modernes, est modèle professionnelle et écrivain. Elle a publié des contes et des nouvelles : *Graines de chagrin* (2013), *La Sorcière dans la lune* (2014), *Les Pattes du chacal* (2015), *Sur la sellette* (2015), *Des Villes et des hommes* (2016) ; et un roman, *Les Hyènes*, paru chez Grasset en 2021.

Guillaume **Gauthier**

Titulaire d'un Master de langues française et anglaise à l'Université de Bâle, Guillaume Gauthier est doctorant en linguistique interactionnelle dans le cadre de la recherche sur la « multisensorialité ».

Jean-Marie Gustave **Le Clézio**

Auteur d'une cinquantaine d'ouvrages de fiction (romans, nouvelles, contes) et d'essais, Jean-Marie Gustave Le Clézio reçoit à vingt-trois ans le Prix Renaudot avec son premier roman, *Le Procès-verbal*, paru en 1963. En 2008, il obtient le Prix Nobel de Littérature.

Alice **Lefilleul**

Alice Lefilleul est titulaire d'un doctorat en littérature comparée, « Animismes : de l'Afrique aux premières Nations, penser la décolonisation avec les écrivains », en cotutelle Paris III-Université de Montréal. Outre cette thèse, soutenue en 2018, elle a écrit plusieurs articles sur des auteurs francophones d'Afrique subsaharienne, dont sa contribution au présent volume.

Charif **Majdalani**

Romancier libanais de langue française, Charif Majdalani est né à Beyrouth en 1960. Professeur à l'Université Saint-Joseph de Beyrouth, membre du comité de rédaction de *l'Orient Littéraire* et président de la Maison Internationale des Écrivains à Beyrouth, il a publié sept romans aux éditions du Seuil, parmi lesquels *Histoire de la Grande Maison* (2005) ; *Caravansérail* (2007), qui a obtenu le prix Tropiques et le prix François Mauriac de l'Académie Française ; *Villa des femmes* (2015), couronné par le prix Jean Giono ; *l'Empereur à pied* (2017), et *Des vies possibles* (2019). Son dernier ouvrage, *Beyrouth 2020, journal d'un effondrement,* paru en 2020 chez Actes-Sud, a été récompensé du « Prix spécial du Jury » du Prix Femina.

Landry-Wilfrid **Miampika**

Landry-Wilfrid Miampika est Docteur ès Lettres et Enseignant-chercheur à l'Université d'Alcalá (Madrid, Espagne) en littératures et cultures postcoloniales francophones et comparées. Il y dirige le Groupe de recherches « Afriques et diasporas : imaginaires culturels et littéraires ». Il est auteur et éditeur de nombreux ouvrages et catalogues d'expositions. Dont : *Voix africaines : Poésie d'expression française 1950–2000* (2000) ; *Transculturación y poscolonialismo en el Caribe* (2005); *Migraciones y mutaciones interculturales en España: sociedades, artes y literaturas* (2007); *De Guinea Ecuatorial a las literaturas hispanoafricanas* (2010); *La palabra y la memoria* (2010); *Africa y escrituras periféricas. Horizontes comparativos* (2016).

Boniface **Mongo-Mboussa**

Boniface Mongo-Mboussa enseigne la littérature francophone à l'antenne parisienne de Sarah Lawrence College. Il est l'auteur de plusieurs essais : *Désir d'Afrique* (2002), *L'Indocilité* (2005), *Tchicaya U Tam'si, J'étais nu pour le premier baiser de ma mère* (2013), et *Tchicaya U Tam'si, le viol de la lune* (2014), parus chez Gallimard où il est coordinateur des œuvres complètes de Tchicaya U Tam'si.

Pierre **Ndemby Mamfoumby**

Pierre Ndemby Mamfoumby enseigne les littératures francophones à l'Université Omar Bongo de Libreville (Gabon). Maître de recherche (CAMES) et HDR (UPEC), il est l'auteur de l'ouvrage *Le roman et son ombre, Étude et caractérisation du récit chez Henry Bauchau et Nancy Huston, Essai de théorie sur le double dans les textes littéraires* (2017) paru aux Éditions Bergame.

Steeve Robert **Renombo**

Steeve Robert Renombo est titulaire d'un Doctorat nouveau régime en Littérature générale et comparée de l'université de Paris-Sorbonne Paris-IV. Maître de conférences-HDR à l'université Omar Bongo de Libreville (Gabon), il y enseigne la théorie littéraire, l'intermédialité et l'écopoétique ; et y remplit depuis 2019 les fonctions de Vice-Doyen de la Faculté des Lettres, Langues et Arts. Auteur de nombreux articles publiés dans des revues francophones, il a coécrit ou codirigé les ouvrages suivants : *Césaire, le veilleur de conscience* (2009) ; *Les chemins de la critique africaine* (2012) ; *Du réalisme au roman écologique, dans l'œuvre romanesque d'Okoumba-Nkoghé* (2019). Il est aussi l'auteur d'un roman historique, *Remember Charles* (2019).

Juan Sebastián **Rojas**

Docteur en Littérature Comparée de l'Université de Paris-Nanterre (2016), Juan Sebastián Rojas est Professeur à la Universidad Santiago de Cali depuis 2016, et enseignant au Lycée Français Paul Valéry de Cali depuis 2019. Il a organisé en 2017 le colloque « Littérature Comparée dans l'espace franco-colombien », inscrit dans le cadre de l'Année Croisée France-Colombie (2017). Il est aussi écrivain et traducteur.

Thorsten **Schüller** (*in memoriam*)

Mitarbeiter de 2003 à 2018 à l'Université Johannes Gutenberg de Mayence, à la Faculté de Philosophie und Philologie – Romanisches Seminar, Thorsten Schüller a publié « La Littérature africaine n'existe pas, ou l'effacement des traces identitaires dans les littératures africaines subsahariennes de langue française » dans *Études littéraires africaines,* « *L'enfant-soldat : langages et images* », *D*ossier coordonné par Nicolas Martin-Granel, n° 32, 2011, p. 135–146 ; et collaboré à l'ouvrage *Les littératures africaines, textes et terrains* (dir. Virginie Coulon et Xavier Garnier, Paris, Karthala, 2011), avec un article intitulé « À la recherche de l'Afrique perdue : le retour au pays natal dans le roman contemporain de l'Afrique noire d'expression française (Éfoui, Alem, Effa, Miano) », p. 321–333.

Vincent **Simedoh**

Vincent Simedoh est titulaire d'un BA de l'Université de Fribourg (1999), d'un MA de la même université (2002), puis d'un BA Éducation (2003). En 2008 il passe un Ph.D à Queen's University. Assistant Professor au Department of French à Dalhousie University, ses domaines de recherche sont : littérature francophone, théorie et critique littéraires, littératures et cultures des minorités francophones hors du Québec.

Rachel **Stucky**

Rachel Nellen-Stucky a fait ses études en histoire et littérature françaises à l'Université de Bâle. Après un deuxième Master en Relations internationales obtenu à l'*Institute for European Global Studies*, elle travaille pour l'O.N.G. *Public Eye*, puis est Assistante scientifique dans le domaine de la « migration » au Département des Affaires Étrangères (DFEA) du Gouvernement suisse, ensuite au Secrétariat d'État à l'Économie (SECO), et à l'Université de Lucerne au sein du Séminaire de sciences politiques. Depuis 2012, elle enseigne le français à l'École de Maturité Spécialisée à Bâle-Ville.

Kouam **Tawa**

Auteur d'une quinzaine de pièces, dont la plupart ont été mises en lecture ou en scène en Afrique, en France, au Canada ou au Japon, Kouam Tawa est né en 1974 à l'Ouest du Cameroun. Il s'y consacre au théâtre et à l'animation d'ateliers d'écriture.

VII. INDEX (RERUM ET NOMINORUM)

Dans la collection

N° 41 – Marc QUAGHEBEUR et Judyta ZBIERSKA-MOSCICKA (dir.), *Entre belgitude et postmodernité. Textes, thèmes et styles*, 2015, ISBN 978-2-87574-014-4, série « Théorie ».

N° 40 – Marc QUAGHEBEUR (dir.), *Histoire, Forme et Sens en Littérature. La Belgique francophone. Tome 1 : L'engendrement (1815-1914)*, 2015, ISBN 978-2-87574-276-6, série « Théorie ».

N° 39 – Dominique NINANNE, *L'éclosion d'une parole de théâtre. L'œuvre de Michèle Fabien, des origines à 1985*, 2014, ISBN 978-2-87574-211-7, série « Europes ».

N° 38 – Isabelle MOREELS, *Jean Muno. La subversion souriante de l'ironie*, 2015, ISBN 978-2-87574-199-8, série « Europes ».

N° 37 – Juvénal NGORWANUBUSA, *Le regard étranger. L'image du Burundi dans les littératures belge et française*, 2014, ISBN 978-2-87574-162-2, série « Afriques ».

N° 36 – Marc QUAGHEBEUR (dir.), *Les Sagas dans les littératures francophones et lusophones au XXᵉ siècle*, 2013, ISBN 978-2-87574-110-3, série « Théorie ».

N° 35 – Kasereka KAVWAHIREHI, *Le prix de l'impasse. Christianisme africain et imaginaires politiques*, 2013, ISBN 978-2-87574-104-2, série « Afriques ».

N° 34 – Ana Paula COUTINHO, Maria DE FÁTIMA OUTEIRINHO et José DOMINGUES DE ALMEIDA (dir.), *Nos & leurs Afriques. Constructions littéraires des identités africaines cinquante ans après les décolonisations / Áfricas de uns e de outros. Construções literárias das identidades africanas cinquenta anos após as descolonizações*, 2014, ISBN 978-2-87574-218-6, série « Afriques ».

N° 33 – Marc QUAGHEBEUR (dir.), *Francophonies d'Europe, du Maghreb et du Machrek. Littératures & libertés*, 2013, ISBN 978-2-87574-096-0, série « Théorie ».

N° 32 – Olivier DARD, Étienne DESCHAMPS et Geneviève DUCHENNE (dir.), *Raymond De Becker (1912-1969). Itinéraire et facettes d'un intellectuel réprouvé*, 2013, ISBN 978-2-87574-097-7, série « Europes ».

N° 31 – Marc QUAGHEBEUR (dir.), *Violence et Vérité dans les littératures francophones*, 2013, ISBN 978-2-87574-089-2, série « Théorie ».

N° 30 – José Domingues DE ALMEIDA, *De la belgitude à la belgité. Un débat qui fit date*, 2013, ISBN 978-2-87574-082-3, série « Théorie ».

N° 29 – Jean-Christophe DELMEULE, *Les mots sans sépulture. L'écriture de Raharimanana*, 2013, ISBN 978-2-87574-070-0, série « Afriques ».

N° 28 – Samir MARZOUKI (dir.), *Littérature et jeu*, 2013, ISBN 978-2-87574-039-7, série « Théorie ».

N° 27 – Maria Clara PELLEGRINI, *Le théâtre mauricien de langue française. Du XVIIIᵉ siècle au XXᵉ siècle*, 2013, ISBN 978-90-5201-036-6, série « Afriques ».

N° 26 – Alexandre DESSINGUÉ, *Le polyphonisme du roman. Lecture bakhtinienne de Simenon*, 2012, ISBN 978-90-5201-844-7, série « Europes ».

N° 25 – Cécile KOVACSHAZY et Christiane SOLTE-GRESSER (dir.), *Relire Madeleine Bourdouxhe. Regards croisés sur son oeuvre littéraire*, 2011, ISBN 978-90-5201-794-5, série « Europes ».

N° 24 – Emilia SURMONTE, *Antigone, la Sphinx d'Henry Bauchau. Les enjeux d'une création*, 2011, ISBN 978-90-5201-773-0, série « Europes ».

N° 23 – Émilienne AKONGA EDUMBE, *De la déchirure à la réhabilitation. L'itinéraire littéraire d'Henry Bauchau*, 2012, ISBN 978-90-5201-771-6, série « Afriques ».

N° 22 – Claude MILLET, *La circonstance lyrique*, 2012, ISBN 978-90-5201-759-4, série « Théorie ».

N° 21 – Jean-Pierre DE RYCKE, *Africanisme et Modernisme. La Peinture et la Photographie d'inspiration coloniale en Afrique centrale (1920-1940)*, 2010, ISBN 978-90-5201-687-0, série « Afriques ».

N° 20 – Valentina BIANCHI, *Nougé et Magritte. Les Objets bouleversants*, 2011, ISBN 978-28-7574-242-1, série « Europes ».

N° 19 – Geneviève MICHEL, *Paul Nougé. La poésie au cœur de la révolution*, 2011, ISBN 978-90-5201-618-4, série « Europes ».

N° 18 – Kasereka KAVWAHIREHI, *L'Afrique, entre passé et futur. L'urgence d'un choix public de l'intelligence*, 2009, ISBN 978-90-5201-566-8, série « Afriques ».

N° 17 – Geneviève HAUZEUR, *André Baillon. Inventer l'Autre. Mise en scène du sujet et stratégies de l'écrit*, 2009, ISBN 978-90-5201-540-8, série « Europes ».

N° 16 – Marc QUAGHEBEUR (dir.), *Analyse et enseignement des littératures francophones. Tentatives, réticences, responsabilités*, 2008, ISBN 978-90-5201-478-4, série « Théorie ».

N° 15 – Annamaria LASERRA, Nicole LECLERCQ et Marc QUAGHEBEUR (dir.), *Mémoires et Antimémoires littéraires au XXᵉ siècle. La Première Guerre mondiale*, 2008, ISBN 978-90-5201-470-8, série « Théorie ».

N° 14 – Bernadette DESORBAY, *L'excédent de la formation romanesque. L'emprise du Mot sur le Moi à l'exemple de Pierre Mertens*, 2008, ISBN 978-90-5201-381-7, série « Europes ».

N° 13 – Marc QUAGHEBEUR (dir.), *Les Villes du Symbolisme*, 2007, ISBN 978-90-5201-350-3, série « Europes ».

N° 12 – Agnese SILVESTRI, *René Kalisky, une poétique de la répétition*, 2006, ISBN 978-90-5201-342-8, série « Europes ».

N° 11 – Giuliva MILÒ, *Lecture et pratique de l'Histoire dans l'œuvre d'Assia Djebar*, 2007, ISBN 978-90-5201-328-2, série « Afriques ».

N° 10 – Beïda CHIKHI et Marc QUAGHEBEUR (dir.), *Les Écrivains francophones interprètes de l'Histoire. Entre filiation et dissidence*, 2006 (2ᵉ tirage 2007), ISBN 978-90-5201-362-6, série « Théorie ».

N° 9 – Yves BRIDEL, Beïda CHIKHI, François-Xavier CUCHE et Marc QUAGHEBEUR (dir.), *L'Europe et les Francophonies. Langue, littérature, histoire, image*, 2006 (2ᵉ tirage 2007), ISBN 978-90-5201-376-3, série « Théorie ».

N° 8 – Lisbeth VERSTRAETE-HANSEN, *Littérature et engagements en Belgique francophone*, 2006, ISBN 978-90-5201-075-5, série « Europes ».

N° 7– Annamaria LASERRA (dir.), *Histoire, mémoire, identité dans la littérature non fictionnelle. L'exemple belge*, 2005, ISBN 978-90-5201-298-8, série « Théorie ».

N° 6 – Muriel LAZZARINI-DOSSIN (dir.), *Théâtre, tragique et modernité en Europe (XIXᵉ & XXᵉ siècles)*, 2004 (2ᵉ tirage 2006), ISBN 978-90-5201-271-1, série « Théorie ».

N° 5 – Reine MEYLAERTS, *L'aventure flamande de la* Revue Belge, 2004, ISBN 978-90-5201-219-3, série « Europes ».

N° 4 – Sophie DE SCHAEPDRIJVER, *La Belgique et la Première Guerre mondiale*, 2004 (3ᵉ tirage 2006), ISBN 978-90-5201-215-5, série « Europes ».

N° 3 – Bérengère DEPREZ, *Marguerite Yourcenar. Écriture, maternité, démiurgie*, 2003 (2ᵉ tirage 2005), ISBN 978-90-5201-220-9, série « Europes ».

N° 2 – Marc QUAGHEBEUR et Laurent ROSSION (dir.), *Entre aventures, syllogismes et confessions Belgique, Roumanie, Suisse*, 2003 (2ᵉ tirage 2006), ISBN 978-90-5201-209-4, série « Europes ».

N° 1 – Jean-Pierre BERTRAND et Lise GAUVIN (dir.), *Littératures mineures en langue majeure. Québec / Wallonie-Bruxelles*, 2003, ISBN 978-90-5201-192-9, série « Théorie ».